佛山市人文和社科研究丛书编委会

顾　　问：郭文海
主　　任：邓　翔
副 主 任：温俊勇　曾凡胜
编　　委：（按姓氏笔画顺序）
　　　　　邓　辉　申小红　许　锋
　　　　　李自国　李若岚　陈万里
　　　　　陈丽仪　吴新奇　聂　莲
　　　　　曹嘉欣　淦述卫　曾令霞

中共佛山市委宣传部
佛山市社会科学界联合会　主编

佛山市人文和社科研究丛书
FOSHANSHI RENWEN HE SHEKE YANJIU CONGSHU

思维变革

佛山政府、企业"互联网+"
—— 兼论城市社区治理与服务

陈万里 著

中山大学出版社
·广州·

版权所有　翻印必究

图书在版编目（CIP）数据

佛山政府、企业"互联网+"：兼论城市社区治理与服务/陈万里著． —广州：中山大学出版社，2018.7

（佛山市人文和社科研究丛书）

ISBN 978-7-306-06386-1

Ⅰ.①佛… Ⅱ.①陈… Ⅲ.①地方政府—电子政务—研究—佛山 ②互联网络—应用—企业管理—研究—佛山 ③互联网络—应用—社区管理—研究—佛山 Ⅳ.①D625.653-39②F279.276.53-39③D669.3-39

中国版本图书馆CIP数据核字（2018）第154318号

出 版 人：王天琪
策划编辑：李海东
责任编辑：李海东
封面设计：范利阳
责任校对：赵　婷
责任技编：何雅涛
出版发行：中山大学出版社
电　　话：编辑部 020-84110771，84113349，84111997，84110779
　　　　　发行部 020-84111998，84111981，84111160
地　　址：广州市新港西路135号
邮　　编：510275　　传　　真：020-84036565
网　　址：http：//www.zsup.com.cn　E-mail：zdcbs@mail.sysu.edu.cn
印 刷 者：广州家联印刷有限公司
规　　格：787mm×1092mm　1/16　1插页　14.5印张　280千字
版次印次：2018年7月第1版　2018年7月第1次印刷
定　　价：48.00元

如发现本书因印装质量影响阅读，请与出版社发行部联系调换

《佛山市人文和社科研究丛书》
出版前言

文化是一座城市的品格和基因，佛山是座历史传统悠久、人文气息浓郁、文化积累深厚的城市。近年来，佛山经济社会发展日新月异，岭南文化名城建设如火如荼，市、区有关部门及镇街从各自工作职能或地方发展特点出发，陆续编辑出版了一些人文社科方面的书籍及资料。但从全市层面看，尚无一套完整反映佛山历史文化和人文社科方面的研究丛书，实为佛山社会文化传承的一大憾事。为弥补这不足之处，中共佛山市委宣传部、佛山市社会科学界联合会决定联合全市社会科学研究力量，深入挖掘佛山历史文化资源，梳理佛山哲学社会科学研究成果，编辑出版《佛山市人文和社科研究丛书》，并力争将其打造成为佛山市的人文社科研究品牌和城市文化名片。

本套丛书的策划和编辑，主要基于以下几个方面的考虑：一是体现综合性。丛书从全市层面开展综合性研究，既彰显佛山社会经济文化综合实力，也充分展现佛山人文社科研究水平，避免了只研究单一领域或个别现象，难以形成影响力的缺憾。二是注重广泛性。丛书对佛山历史文化、名人古迹、民俗风情、非物质文化遗产和经济、政治、社会、生态等各个方面都给予关注，而佛山经济社会发展亮点、历史文化闪光点和研究空白领域更是丛书首选。三是突出本土性。丛书选题紧贴佛山实际，具有鲜明的地方特色，作者主要来自佛山本地，也适当吸收外部力量，以锻炼培养一批优秀的人文社科研究人才。四是侧重研究性。丛书严格遵守学术规范，注重学术研究的广度、深度和高度，注重理论的概括、提炼和升华，在题材、风格、构思、观点等方面多有独到之处，具备权威性、整体性、系统性和新颖性，是值得收藏或研究的好书籍。五是兼顾通俗性。丛书要求语言通俗易懂，行文简洁明了，图文并茂，条理清晰，易于传播，既可做阅读品鉴之用，也是开展对外宣传和交流的好读物。六是坚持优质性。丛书综合考虑研究进度和经费安排，本着宁缺毋滥的原则，采取成熟一本出版一本的做法，"慢工出细活"，保证研究出版的质量。七是力求系统性。每年从若干选题中精选一批进行资助出版，积沙成塔，形成规模，届时可再按历史文化、哲学社会科学、佛山典籍整理等形成系列，使丛书系列化、规模化、品牌化。八是讲究方便性。每本书，既是整套丛书的一部分，编排体例、形式风格保持一致，又独立成书，自成一体，各有风采，避免卷帙浩繁，方便携带和交流。

自 2012 年底正式启动丛书编辑工作以来，包括这一辑在内，已编撰出版五辑。每一辑书籍的编撰，编委会都要多次召开专门会议，讨论确定研究主题、编辑原则、体例标准、出版发行等事宜。经过选题报告、修改完善、专家审定、编辑校对等环节，形成每一辑的《佛山市人文和社科研究丛书》。此次第五辑《佛山市人文和社科研究丛书》包括《烟草大王简照南研究》《源流、传播与传承——佛山粤剧发展史》《佛山文苑人物传辑注》《佛山政府、企业"互联网+"——兼论城市社区治理与服务》《陈启沅评传》《佛山冶铸文化研究》《佛山幼儿教育实践与探索——佛山市机关幼儿园愉快园本课程建设》等七本著作。通过数年的持续努力，现已初步形成了一整套覆盖佛山人文社科方方面面的研究丛书，使之成为建设佛山岭南文化名城、增强地方文化软实力的一项标志性工程。

本套丛书的编辑得到了佛山科学技术学院、广东东软学院、广州城建职业学院、佛山市博物馆、佛山市机关幼儿园等单位和全市广大人文社科工作者的大力支持，中国社会科学院首批学部委员、著名学者杨义教授欣然为丛书作总序，中山大学出版社为丛书的出版做了大量艰苦细致的工作，在此一并表示衷心的感谢，并对所有关心和支持丛书编撰工作的社会各界人士致以深深的敬意！

佛山市人文和社科研究丛书编委会
2018 年 6 月

都来了解佛山的城市自我
——《佛山市人文和社科研究丛书》总序

杨 义
（中国社会科学院首批学部委员）

大凡有文化底蕴的地方，都有它的身份、品格和精神，有它的人物、掌故和地方风物，从而在祖国文化精神总谱系中留下它独特的文化DNA。佛山作为一座朝气蓬勃而又谦逊踏实的岭南名城，自然也有它的身份、品格、精神，有它的人物、掌故、风物和文化DNA。对于佛山人而言，了解这些，就是了解他们的城市自我；对于外来人而言，了解这些，就是接触这个城市的"地气"。

佛山有"肇迹于晋，得名于唐"的说法。汉武帝派张骞通西域之后，中国始通罽宾，即今克什米尔。罽宾属于或近于佛教发祥之地，在东汉魏晋以后的数百年间，多有高僧到中原传播佛教和译经。唐玄奘西行求法，就是从罽宾进入天竺的。据清代《佛山志》，东晋时期，有罽宾国僧人航海东来传教，在广州西面的西江、北江交汇的"河之洲"季华乡结寮讲经，宣传佛教，洲岛上居民因号其地为"经堂"。东晋安帝隆安二年（398），初来僧人弟子三藏法师达昆耶舍尊者，来岛再续传法的香火，在经堂旧址上建立了塔坡寺。因而佛山经堂有对联云："自东晋卓锡季华，大启丛林，阅年最久；念西土传经上国，重兴法宇，历劫不磨。"其后故寺废弛。到了唐太宗贞观二年（628），居民在塔坡冈下辟地建屋，掘得铜佛三尊和圆顶石碑一块，碑上有"塔坡佛寺"四字，下有联语云："胜地骤开，一千年前，青山我是佛；莲花极顶，五百载后，说法起何人。"乡人认为这里是佛家之山，立石榜纪念，唐贞观二年镌刻的"佛山"石榜至今犹存。佛山的由来，因珠江冲积成沙洲，为佛僧栽下慧根，终于立下了人灵地杰的根脉。

明清以降的地方志，逐渐发展成为记录地方历史风貌的百科全书。读地方志一类文献，成为了解地方情势，启示就地方而思考"我是谁"的文化记忆遗产。毛泽东喜欢读地方志书。在战争年代，每打下一座县城，他就找县志来读。1929年打下兴国县城，获取清代续修的《瑞金县志》，他如获至宝，挑灯夜读。新中国成立后，毛泽东到各地视察、开会，总要借阅当地志书。1958年在成都会议之前，他就率先借阅《四川通志》《蜀本纪》《华阳国志》，后又要来《都江堰水利述要》《灌县志》，并在书上批、画、圈、点。他在这次成都会议上，提倡在全国编修地方志。1959年，毛泽东上庐山，就借阅民国时期吴宗慈修的《庐山志》及《庐山续志稿》。可见编纂地方人文社会科学文献，是使人明白"我从何而来"，"我的文化基因若何"，保留历史记忆，增加文化底蕴的重要工程。

从历史记忆可知，佛山之得名，是中外文化交流的一个亮丽的典型。它栽下的慧根，就是以自己的地理因缘和人文胸怀，得经济文化的开放风气之先。因为佛教东传，不只是一个宗教事件，同时也是开拓文化胸襟的历史事件。随同佛教而来的，是优秀的印度、波斯、中亚和希腊文化，它牵动了海上丝绸之路。诸如雕塑、绘画、音乐、美术、物产、珍宝、工艺、科技、思想、话语、逻辑、风习，各种新奇高明的思想文化形式，都借助着航船渡过瀚海，涌入佛山。佛山的眼界、知性、文藻、胸襟，为之一变，文化地位得到提升。

但是佛山胸襟的创造，既是开放的，又是立足本土的。佛山的城市地标上"无山也无佛"，山的精神和佛的慧根，已经化身千千万万，融入这里的河水及沃土。佛山的标志是供奉道教北方玄天大帝（真武）的神庙，而非佛寺，这是发人深省的。清初广东番禺人屈大均的《广东新语》卷六说："吾粤多真武宫，以南海佛山镇之祠为大，称曰祖庙。"那么为何本土道教的祖庙成了佛山的标志呢？就因为佛山为珠江水流环抱，水是它的生命线，如屈大均接着说的："南溟之水生于北极，北极为源而南溟为委，祀赤帝者以其治水之委，祀黑帝者以其司水之源也。"于是从北宋元丰年间（1078—1085）起，佛山就建祖庙，宋元以后各宗祠公众议事于此，成为联结各姓的纽带，遂称"祖庙"。祖庙附有孔庙、碑廊、园林，红墙绿瓦，亭廊嵯峨，雕梁画栋，绿荫葱茏，历数百年而逐渐成为一座规模宏大、制作精美、布局严谨、具有浓厚岭南地方特色的庙宇建筑群。

这种脚踏实地的开放胸襟，催生和推动了佛山的社会经济开发的脚步。晋唐时期的佛山，还只是依江临海的沙洲，陆地尚未成片。到了宋代，随着中原移民的大量涌入和海外贸易的兴起，珠江三角洲的进一步开发，佛山得到了进一步发展，于是有"乡之成聚，肇于汴宋"的说法。佛山邻近省城，可以分润省城的人才、文化、交通、商贸需求的便利；但它又不是省城，可以相当程度地摆脱官府权势压力和体制性条条框框的约束，有利于民间资本、技艺、实业和贸易方式的发育。珠江三角洲千里沃野，需要大量铁制的农具，因而带动了佛山的冶炼铸造业。屈大均《广东新语》卷十五说："铁莫良于广铁，……诸炉之铁冶既成，皆输佛山之埠，佛山俗善鼓铸，……诸所铸器，率以佛山为良，陶则以石湾。"生产工具的改进和省会、海外需求的刺激，又进一步带动了以桑基鱼塘为依托的缫丝纺织业。

起源于南越先民的制陶业，也在中原制陶技术的影响下，迅速发展起来了。南宋至元，中原移民把定、汝、官、哥、钧诸名窑的技艺带到佛山石湾，与石湾原有的制陶技艺相融合，在吸取名窑造型、釉色、装饰纹样的基础上，使"石湾集宋代各名窑之大成"。石湾的土，珠江的水，在佛山人手里仿佛具有了灵性，它们在南风古灶里交融裂变、天人合一，幻化出了五彩斑斓的石湾陶。清人李调元《南越笔记》卷六记载："南海之石湾善陶。凡广州陶器，皆出石湾，尤精缸瓦。其为金鱼大缸者，两两相合。出火则俯者为阳，仰者为阴。阴所盛则水浊，阳所盛则水清。试之尽然。谚曰'石湾缸瓦，胜于天下。'"李调元是清乾嘉年间的四川人，晚年著述自娱，这也取材于《广东新语》。水下考古曾在西沙沉没的古代商船中发现许多宋代石湾陶瓷。在东至日本朝鲜、西至西亚的阿曼和东非的坦桑尼亚等地，也有不少石湾陶瓷出土。自明代起，石湾的艺术陶塑、建筑园林陶瓷、手工业用陶器不断输出国外，尤其是园林建筑陶瓷，极受东南亚人民的欢迎。东南亚各国如泰国、越南、新加坡、马来西亚、印度尼西亚等地的出土文物中，石湾陶瓷屡见不鲜。至今在东南亚各地以及香港、澳门、台湾地区庙宇寺院屋檐瓦脊上，完整保留有石湾制造的瓦脊就有近百条之多，建筑饰品更是难以计其数。石湾陶凭借佛山通江达海的交通条件和活跃的海外贸易，走出了国门，创造了"石湾瓦，甲天下"的辉煌。石湾陶瓷史，堪称一部浓缩的佛山文化发展史，也是一部精华版的岭南文化发展史：南粤文化是其底色，中原文化是其彩釉，而外来文化有如海风拂拂，引起了令人惊艳的"窑变"。

佛山真正名扬四海，还因其在明清时期演绎的工商兴市的传奇。明清时期的佛山，城市空间不断拓展，商业空前繁荣，由三墟六市一跃而为二十七铺。佛山的纺织、铸造、陶瓷三大支柱产业，都进入了繁荣昌盛的发展阶段。名商巨贾、名工巧匠、文人士子、贩夫走卒，五方辐辏，汇聚佛山。或借助产业与资本的运作，富甲一方，造福乡梓；或潜心学艺、精益求精，也可创业自强。于是，佛山有了发迹南洋的粤商，有了十八省行商会馆，有了古洛学社和佛山书院，有了诸如铸铁中心、南国丝都、南国陶都、广东银行、工艺美术之乡、民间艺术之乡、中成药之乡、粤剧之乡、武术之乡、美食之乡等让人艳羡的美名，有了陈太吉的酒、源吉林的茶、琼花会馆的戏……百业竞秀、名品荟萃，可见街市之繁华。乡人自豪地宣称："佛山一埠，为天下重镇，工艺之目，咸萃于此。"外地游客也盛赞："商贾丛集，阛阓殷厚，冲天招牌，较京师尤大，万家灯火，百货充盈，省垣不及也。"清道光十年（1830）佛山人口据说已近六十万，成为"广南一大都会"，与汉口、景德镇、朱仙镇并称"天下四大镇"，甚至与苏州、汉口、北京共享"天下四大聚"之美誉，即清人刘献廷《广阳杂记》卷四所云："天下有四聚，北则京师，南则佛山，东则苏州，西则汉口。"佛山既非政治中心，亦非军事重镇，它的崛起打破了"郡县城市"的旧模式，开启了中国传统工商城市发展的新途径。它以"工商成市"的模式，丰富了中国城市学的内涵。

  近现代的佛山，曾经遭遇过由于交通路线改变，地理优势丧失、经济环境变化的困扰。但是，佛山并没有步同列四大名镇的朱仙镇一蹶不振的后尘，而是在艰难中励志探索，始终没有松懈发展的原动力，在日渐深化的程度上实行现代转型。改革开放以来，佛山又演绎了经济学家津津乐道的"顺德模式"和"南海模式"。前者是一种以集体经济为主、骨干企业为主、工业为主的经济发展方式。借助这种模式，顺德于20世纪80年代完成了从农业社会到初始化工业社会的过渡，完善了有利于科学发展的体制机制，诞生了顺德家电的"四大花旦"——美的、科龙、华宝、万家乐。后者是以草根经济为基础，按照"三大产业齐发展，五个层次一齐上"的方针，调动县、镇、村、组、户各方面的积极性和社会资源，形成中小企业满天星斗的局面。上述两种模式衍生了佛山集群发展的制造基地、各显神通的专业市场、驰名中外的佛山品牌、享誉全国的民营经济。

  佛山在自晋至唐的得名过程中埋下了文化精神的基因，又在现代产业经济发展中，培育和彰显一种敢为人先、崇文务实、通济和谐的佛山精神。这种文化基因和文化精神，使佛山人得近代风气之先，走出了一批影响卓著的名人：从民族资本家陈启沅到公车上书的康有为，从"近代科学先驱"邹伯奇到"铁路之父"詹天佑，从"岭南诗宗"孙蕡到"我佛山人"吴趼人，从睁眼看世界的梁廷枏到出使西国的张荫桓，从岭南雄狮黄飞鸿到好莱坞功夫巨星李小龙。在现代工商发展方式上也多有创造，从工商巨镇到家电之都，从"三来一补"到经济体制改革，从专业镇建设到大部制改革，从简镇强权到创新型城市建设，百年佛山人在政治、经济、文化领域引领风骚，演绎了一个个岭南传奇。佛山适时地开发了位于中国最具经济实力和发展活力之一的珠江三角洲腹地，位于亚太经济发展活跃的东亚及东南亚的交汇处的地理位置优势，由古代四大名镇之一转型为中国的改革先锋。

佛山人生生不息、与时俱进的创造力，蕴含着深厚的文化血脉和丰富的文化启示，值得进行系统的梳理和深层次的阐释。当代的佛山人，在默默发家致富、务实兴市的同时，应该自觉地了解生于斯、长于斯的这个城市的"自我"，总结这个城市发展的风风雨雨、潮起潮落的足迹，以佛山曾是文献之邦、人文渊薮的传统，来充实自己的人文情怀，提高"佛山之梦"的境界。佛山人也有梦，一百年前"我佛山人"吴趼人在《南方报》上连载过一部《新石头记》，写贾宝玉重入凡世乃是晚清社会，他不满于晚清种种奇怪不平之事，后来偶然误入"文明境界"，目睹境内先进的科技、优良的制度，不胜唏嘘。他呼唤"真正能自由的国民，必要人人能有了自治的能力，能守社会上的规则，能明法律上的界线，才可以说自由"；而那种"野蛮的自由"，只是薛蟠要去的地方。这些佛山文化遗产，是佛山人应该重新唤回记忆，重新加以阐释的。

"我佛山人"是我研究小说史时所熟悉的。我曾到过佛山，与佛山人交流过读书的乐趣和体会，佛山的文化魅力和经济成就也让我感动。略有遗憾的是，当我想深入追踪佛山的历史身份、品味和文化 DNA 时，图书馆和书店里除了旅游手册之类，竟难以找到有丰厚文化底蕴的新读物。"崇文"的佛山，究竟隐藏在繁华都市的何方？"喧嚣"的佛山，可曾还有一方人文的净土？我困惑着，也寻觅着。如今这套《佛山市人文和社科研究丛书》，当可满足我的精神饥渴。它涵盖了佛山的方方面面，政治、经济、文化、历史、人文、地理、城市、人物、事件，时空交错、经纬纵横，一如古镇佛山，繁华而不喧嚣，富有而不夸耀；也如当代佛山，美丽而不失内秀，从容而颇具大气。只要你开卷展读，定会感受到佛山气息，迎面而来；佛山味道，沁人心脾；佛山故事，让人陶醉；佛山人物，让人钦佩；佛山经验，引人深思；佛山传奇，催人奋进。当你游览祖庙圣域、南风古灶、梁园古宅之后，从容体味这些讲述佛山文化的书籍，自会感到精神充实，畅想着佛山的过去、当下和未来。我有一个愿望，这套丛书不止于三四本，而应该是上十本、上百本，因为佛山的智慧和传奇，还在书写着新的篇章，佛山是一部读不完的大书。佛山，又名禅城。佛山于我们，是参不透的禅。这套丛书可以使我们驻足沉思，时有顿悟！

我喜欢谈论人文地理，近来尤其关注包括佛山在内的南中国海历史文化。但是对于佛山，充其量只是走马观花、浮光掠影，爱之有加，知之有限。聊作数言，权作观感，是为序。

2014 年 2 月 9 日

序

刘　鹏

（中国企业联合会、中国企业家协会副理事长）

2018年1月31日，中国互联网络信息中心发布的《中国互联网络发展状况统计报告》显示，截至2017年12月，我国网民规模达7.72亿，普及率达到55.8%，亚洲平均普及率为46.7%，全球平均普及率为51.7%；我国手机网民规模已达7.53亿，网民中使用手机上网人群的占比由2016年的95.1%提升至97.5%；我国移动支付用户规模持续扩大，用户使用习惯进一步巩固，网民线下消费使用手机网上支付比例由2016年底的50.3%提升至65.5%。

正如人们曾用"车轮上的国家"来形容美国一样，今天，我们可以用"网络上的地球村"来形容互联网的普及程度以及人类对互联网的依赖。网络不仅仅几乎覆盖了整个地球，还延伸到了太空。目前，甚至已有人提出以卫星为基础的"空天互联网"构想与计划。互联网已成为整个人类社会的操作平台，世界各地各行各业都将在网络上运行或与网络对接。因此，近年来，"互联网+"成了很多机构乃至国家的战略选择。

习近平总书记在党的十九大报告中多次提到互联网，强调要"加强互联网内容建设，建立网络综合治理体系，营造清朗的网络空间"，要"推动互联网、大数据、人工智能和实体经济深度融合"，要"善于运用互联网技术和信息化手段开展工作"。互联网的发展与应用，早已提升到国家战略层面，全国各行业都在为建设智慧社会，将我国打造为网络强国、科技强国而努力。

随着网络技术与云计算、大数据、人工智能与机器人、移动计算等前沿技术融合的不断深入，我们正进入网络化、信息化与智能化并行的时代，互联网已成为人们的生活方式，更是人们的事业帮手。互联网＋是"大众创业，万众创新"、企业转型与优化升级乃至行政管理、社会治理的有效方式与有力工具。当然，正如很多业界专家所指出的，在社会及组织实施"互联网＋"与信息化进程中，更重要的，是要运用互联网思维去构建运行模式与机制。

新技术、新模式的迅速迭代，让我们应接不暇。以互联网为代表的新技术与新模式究竟会对个人、组织乃至整个人类社会带来怎样的影响？"互联网＋"与信息化都有哪些相关工具、手段与方法，我们应该怎样运用？什么是互联网思维模式？不少个人与组织对此依然缺乏系统了解，这将严重制约个人、组织与社会"互联网＋"的有效性与信息化进程。

针对上述问题，陈万里教授通过本书作出了较为系统、全面的解答。陈教授现任广东东软学院副院长，是我在东北大学就读时期的恩师，一直是我学习的榜样和楷模。他拥有近 30 年大学教育管理与教学经历，同时作为创业者与企业高管，在商海打拼了 15 年。置身学商两界，陈教授一直坚持立足实践的学术研究，且笔耕不辍，目前已发表 60 多篇论文，出版 6 部专著。或许正是因为横跨学商两界，兼具产业经济学、管理学、教育学和信息技术的学养，陈教授才能将"互联网＋"这样前沿、专业、技术性很强的话题阐述得深入浅出、简明易懂，甚至读来让人饶有兴致。

本书立足于佛山市政府与企业的"互联网＋"实践，同时探讨社区治理与服务的网络化解决之道，但相关理念、方法、工具及案例具有广泛的通用性与普适性。作者旁征博引，却并非人云亦云，而是在采众家之长的基础上，提出自己独特的思考、感悟与见解。

本书内容系统、全面、丰富、深入：从政府、企业、公益事业到大众日常生活，涉及电子政务云、智慧城市、企业"互联网＋"、智慧警务与治安防控、智能社区与智慧民生等诸多方面的应用；既有各类概念、工具的解释与介绍，又有丰富的应用案例；既有对"互联网＋"与信息化的价值挖掘与成果展示，又有教训总结与风险提示……

可以说，本书是一幅以佛山为蓝本的互联网时代"清明上河图"，也是一册"互联网＋"与信息化的普及读本。相信本书可资各行各业人士在"互联网＋"与信息化实践中借鉴、参考，并帮助社会大众更好地了解、创造和享受网络化、信息化、智能化新生活。

前　言

当下的信息技术发展令人惊叹

20世纪70年代我上大学的时候，听班级同学讲起他爷爷的有趣往事。说是住在辽宁省边远山区小村庄的爷爷，从来不信世上还有电话"'这玩意'，说你们被（别）逗乐子了，弄个'带线的把手'就能和千里以外的人'唠嗑'（交谈），咱才不信呢！"后来老爷子得了重病，不到两天的时间，他姑娘从北京赶回来看他了。老人很奇怪，"你咋知道我病了呢？""他们打电话告诉我的"，女儿说。老爷爷这才信了，"电话这东西可是真灵呀！"

1990年初，我在东北大学主抓大学科技园创建工作，在全校中层干部中，我是最先开始使用计算机办公的人之一。记得当时的办公台式机机型是"286"，办公软件用的是金山的"WPS"。那时东软集团董事长兼CEO刘积仁博士，刚从美国学成回校创业，他向大家介绍使用"电子邮件"与美国通信，我们都很新奇，第一次听说用"电子"还能相互"通信"。后来大家才搞明白了，用的是"互联网"。

刘积仁博士在他的大作《融合时代——推动社会变革的互联与创意》的自序中，曾回忆自己硕士学位论文的主题是"如何将个人计算机联网并实现电子邮件发送、文件共享、网上聊天等功能"。1980年，这样的主题还是重点大学东北大学的硕士学位论文。但如今，我们已经超越了探讨"互联网+"，在研究如何加速运用人工智能，甚至开始探索怎样实现"万联网"了。

早在2008年，东软集团在介绍自己的主营业务时，总会不无骄傲地表示，中国40%的手机短信业务是东软企业完成的。而短短的几年之后，互联网的翘楚企业之一腾讯公司，就推出了网上综合业务平台QQ。近几年在QQ应用平台如火如荼占领个人交流主阵地的情势下，腾讯企业令人意外地推出了微信平台业务；微信一上线就呈现出"爆发式"增长态势，给予QQ业务巨大的冲击，大有后来者居上之势。腾讯的马化腾颠覆自我的精神相当可嘉，但更重要的是其自我革新精神，来自技术层面的"高瞻远瞩"，是一种高境界的"不得已而为之"。

2015年初，又一轮技术冲击波到来，李克强总理在《政府工作报告》中提出了"互联网＋"的概念，要求制定"互联网＋"行动计划加以落实。官方是如此释义的："互联网＋"代表一种新的经济形态，即充分发挥互联网在生产要素配置中的优化和集成作用，提升实体经济的创新力和生产力，形成更广泛的以互联网为基础设施和实现工具的经济发展新态势。"①

如果说以前历史上的电子邮件通讯方式、短信业务、微信应用程序都是一种互联网业务方式，是一种移动互联基于自身特点的技术业务，那么"互联网＋"则是移动互联技术面向社会的生产方式、生活方式、消费方式、治理方式甚至是人们思维方式的渗透、延展和扩充。到底"＋什么"，"＋到什么程度"，"怎么＋"？一切都才刚刚开始，一切都在未知中。我们现在只能预测到这个"互联网＋"，如果会同大数据、云计算、物联网和人工智能等现代信息技术群，将来会极大地改变社会、改变组织、改变世界，甚至改变人类自身，这是毋庸置疑的！

中国手机网民明显超过电脑网民

2018年1月31日，中国互联网络信息中心发布的《中国互联网络发展状况统计报告》显示，截至2017年12月，我国网民规模达7.72亿，普及率达到55.8%。亚洲平均普及率为46.7%，全球平均普及率为51.7%；我国手机网民规模已达7.53亿，网民中使用手机上网人群的占比由2016年的95.1%提升至97.5%。

从中国互联网络信息中心发布的《中国互联网络发展状况统计报告》看出，尽管我国农村互联网普及率依然保持稳定增长，达到了31.7%，但城镇地区的互联网普及率仍然超过农村地区35.6个百分点，城乡差距依然很大。

统计报告显示，近几年来国民的上网方式发生了明显的改变。原来主

---

① 微信公众号"中国政府网"：《2015〈政府工作报告〉缩略词注释》。

要是通过 PC 端的门户网站和搜索引擎，现在改变为智能手机和 APP 等，开始进入移动互联新时代。台式电脑、笔记本电脑和平板电脑上网的比例开始下降，智能手机上网的人数已经超过了电脑上网的人数。

智能手机促使网络新业态进一步迸发

中国互联网络信息中心发布的统计报告还反映出，我国互联网普及率已达到了 55.8%，超过世界平均水平 4.1 个百分点。

国人的手机从原来的通信工具开始转变为网上终端，由于手机的便捷性催生了海量的"低头族"。这些人随时随地碎片化上网，极大地增加了民众"在线"时长。2016 年上半年我国网民人均每周上网时间达到了 26.5 小时，即 7 亿多网民平均每天上网 3.8 小时。在 7.1 亿网民中，中青年人又占有大比例；据说有不少青少年每天黏在手机上的时间达六七个小时甚至更长。

从国家统计报告还可以看出，国人手机上网的主要用途是五大项：一是即时通讯，其中包括微信和 QQ 等，使用率为 91.9%，用户人数达 6.03 亿；二是用于搜索功能，使用率为 79.8%，用户人数达 5.24 亿；三是观看网络新闻，使用率为 78.9%，用户人数达 5.18 亿；四是收听网络音乐，使用率为 67.6%，用户人数达 4.43 亿；五是收看网络视频，使用率为 67.1%，用户人数达 4.4 亿。

除了即时通信、搜索所需信息、观看新闻、收听音乐和收看视频这五大主要功能以外，民众还用于网络购物、网上金融业务、网络游戏、网上支付和网络文学欣赏等。人们这些不断增加的需要催生了各行各业迅速由线下向线上转移和扩张，尤其是各类服务业态对于"上网"更是"趋之若鹜"。如今"上网"和"触网"已经是我国行业和国民的"新常态"了。

面对国内汹涌而来的新一轮信息技术大潮，职场人应当如何应对？各类公务人员、企事业单位等人员应当如何应对？需要每个人深入思考。东软集团董事长刘积仁博士的回答是，实时学习和持续进步。

世界越来越复杂，节奏越来越快，知识更新的周期也越来越短。联合国教科文组织的一项研究表明，18 世纪，知识的更新周期为 80～90 年；19 世纪到 20 世纪初，缩短为 30 年；20 世纪六七十年代，一般学科知识更新周期为 5 年到 10 年。而到了 20 世纪八九十年代，许多学科的知识更新周期缩短为 5 年;进入 21 世纪,更缩短为 2 年到 3 年。①

也就是说,专科知识两三年之后、本科知识三四年之后、硕士知识四五年之后、博士知识七八年之后就已经过时了。且不说文化水平低的人,就是现在一些高等院校毕业出来的人,无论是大专生、本科生、硕士生和博士生,如果对现代技术的飞速发展不敏感,缺少跟上时代发展、与时俱进的学习意识,在相应的年份后你的知识储备基本被清空了,内存知识已经过时了;在诸君手中只剩下了一纸文凭,它的作用仅仅是入职的"敲门砖",现在已中看不中用了。

各位高校毕业的"同学们",看过如上的文字段落,再想想自己离开大学以后,每天在职场中忙忙碌碌,业余时间又有心无心地钟情于取悦家人和子女,平心而论还剩下多少时间学习新知呢?

我曾记得 2010 年在四川都江堰市工作时,一位本科生业务合作伙伴对我说过的话:"陈老师,我本科毕业六七年了,一直在职场辛辛苦苦地干,为的是养家糊口。总觉得如今自己的知识像是被'掏空',心里没有底了,近来一直在想,要不要去读个硕士。"这位老青年(也就三十二三岁)的感慨,那时对我触动很深,因此,后来我本人一直边工作边充电,从不敢懈怠。

如今,我希望从高校毕业的新老"校友们"也要问问自己,整天忙于业务和养家糊口,长此以往,面对一日千里的现代科学技术发展,你有没有感觉到"背后冷风嗖嗖"?有没有感觉到"有朝一日"会在职场上被淘汰出局?

佛山应如何面对汹涌而来的互联网大潮

让我们再来看看技术快速发展对地方政府的影响。佛山作为地级大市,地处我国改革开放的前沿广东省,据不完全统计,2016 年常住人口已达到 847 万。佛山市曾经有过自己社会、政治和经济辉煌的历史,至今也是中国同类城市中的制造业大市。但是需要注意的是,在中国地方社会和经济争创新、调结构、促转型的时期,一个技术历史阶段没有主动适应和跟进,就可能被赶超和甩下。例如,近些年来江苏、重庆等省市进步很

---

① 《强化学习实践能力 锻造与时俱进品质》,http://cpc.people.com.cn/GB/64093/64099/17621745.html。

快。2017年前三季度广东省GDP 6.48万亿元，人均58928元，而江苏省6.26万亿元，人均78269元；江苏的人均GDP大大超过广东。再看广州与重庆的比较，2017年广州GDP为2.17万亿元，年均增长率10.5%；重庆为2.01万亿元，年均增长率14.4%；重庆的年均增长率明显快于广州。再看一下地级市的2017年GDP比较，全国地级市GDP排名前60强：江苏无锡排第15位，浙江宁波第16位，广东佛山第17位，广东东莞第20位。这种情况回放到20年前，是不可想象的。这说明与江苏省相比，广东省的优势已经不那么明显了；与重庆市和宁波市相比，广州市和佛山市的优势也不一定很大了。

2015年国家发布了"互联网+"行动计划，姑且不说以前的情况，起码在"互联网+"行动方面，我们佛山和全国同类城市站在同一起跑线上。对于"互联网+"的态度和行动力度，会决定下一轮社会经济竞赛中，佛山市在同一城市群中的位次。我们真心希望佛山这个自己的城市家园善用"互联网+"，争取超前和领跑，避免落后和被赶超。

那么，在已经到来的"互联网+"行动大比拼中，谁可以称为"操盘手"呢？应当是地方的市委、市政府，它们需要引领佛山社会组织、企业和市民，充分发挥"移动互联+…，+…，+…，…"的无限想象力，打赢一场"互联网+X"的持久系列战役。

对于佛山各级政府而言，在今后相当长的历史时期内，只有主动跟上现代信息技术群的发展节拍，积极变革思维、热情拥抱技术发展、持续探索开拓，才能立于"互联网+"风口，搭乘先进技术之舟，奔向未来技术社会的美好明天。

作　者
2018年2月

目 录

第一章 祖国大地神奇的"互联网+" ·············· 1
    一、对"互联网+"的多种释义 ·············· 3
        （一）互联网与"互联网+"的释义 ·············· 3
        （二）值得注意的"互联网+"时代特征 ·············· 5
        （三）"互联网+"概念的误区及其危害 ·············· 7
    二、如今国内的"互联网+"与其边界 ·············· 8
        （一）"互联网+"有无边界 ·············· 8
        （二）"互联网+"前途几何 ·············· 9
        （三）移动互联网的新动向 ·············· 10
    三、"互联网+"与佛山智慧城市 ·············· 13
        （一）互联网影响下的城市思维 ·············· 13
        （二）智慧城市的产业布局 ·············· 14
        （三）智慧城市的公共服务 ·············· 15
        （四）智慧城市的政府事务管理 ·············· 16

第二章 当代互联网技术能否一枝独秀 ·············· 17
    一、《国家信息化发展战略纲要》民生看点解读 ·············· 20
    二、现代信息技术群落与佛山 ·············· 21
        （一）大数据、云计算与佛山 ·············· 21
        （二）物联网、智能家居与佛山 ·············· 25
        （三）万联网、人工智能、机器人与佛山 ·············· 30

第三章 "互联网+"的沟通利器 ·············· 41
    一、移动互联依赖的沟通工具 ·············· 43
        （一）互联网计算机和智能手机 ·············· 43
        （二）平板电脑和网络电视 ·············· 44

二、移动互联技术主要的应用方式 ………………………… 45
　　（一）电子邮件和手机短信 ……………………………… 45
　　（二）QQ 软件和移动应用 APP ………………………… 46
　　（三）微信软件和小程序 ………………………………… 47
三、"互联网＋"颠覆佛山民众原有的生活方式 …………… 48
　　（一）购物上网成为时尚 ………………………………… 48
　　（二）虚拟厨师自动到家 ………………………………… 49
　　（三）一机在手出行天下 ………………………………… 50
　　（四）微信、QQ 亲友永驻 ……………………………… 51
　　（五）直播娱乐一网打尽 ………………………………… 52
　　（六）移动支付瞬间搞定 ………………………………… 53
四、"互联网＋"对佛山未来生活的持续改变 ……………… 55
　　（一）任何时间任何个人都可以终身学习 ……………… 55
　　（二）自由职业者在人力资源中的比重大大增加 ……… 56
　　（三）地球真正变成了"地球村" ……………………… 57
五、过度"互联网＋"的负面影响 …………………………… 58
　　（一）过度使用空耗了宝贵的时间资源 ………………… 58
　　（二）对青少年个人成长的负面影响 …………………… 59
　　（三）削弱了正常的人际交往 …………………………… 60
　　（四）有人深陷虚拟现实难以自拔 ……………………… 61

第四章　"互联网＋"对佛山企业的影响力 ………………… 63
　一、佛山"互联网＋"经济方面日益扩展的势头 ………… 65
　二、专家学者热议"互联网＋"的实质 …………………… 66
　　（一）移动互联技术支撑生产性服务业发展 …………… 66
　　（二）新趋势逼迫传统制造业转型升级 ………………… 66
　　（三）政府搭台促进生产性服务业发展 ………………… 67
　　（四）对服务业过度繁荣不同的声音 …………………… 67
　三、佛山塑料产业的"互联网＋" ………………………… 68
　四、"互联网＋"助力佛山陶博会 ………………………… 69
　五、佛山铝材行业在"互联网＋"的路上试水前行 ……… 69
　六、千亿顺德电商有志再创辉煌 …………………………… 70
　　（一）顺德区本土电商与国内大鳄争锋 ………………… 70
　　（二）佛山传统企业急于"触网"谋变 ………………… 70
　　（三）顺德培育电商生态圈以寻求突破 ………………… 71

七、老字号企业破题必须借助"互联网+" ………………………… 71
    （一）老字号是"+互联网"还是"互联网+" ………………… 72
    （二）领军者主打互联品牌 …………………………………… 72
    （三）赶时髦让老字号变年轻 ………………………………… 72
    （四）唤醒"广货"核心品牌的启示 …………………………… 73

八、佛山两个典型家具企业的"互联网+" …………………………… 75
    （一）佛山网络公司转型家具定制企业 ……………………… 75
    （二）佛山网店转型自产自销的家具企业 …………………… 75

九、佛山传统企业如何实现数字化转型战略 ……………………… 76
    （一）佛山传统企业首先必须完成"互联互通" ……………… 77
    （二）佛山传统企业一定要搭建大数据平台 ………………… 77
    （三）佛山传统企业在管理上要注重精细化 ………………… 77

第五章 佛山政府运用"互联网+"强化执政为民 ……………… 79

一、当前我国信息化水平的总体态势 ……………………………… 81
    （一）我国信息相关技术发展回溯 …………………………… 81
    （二）城乡"数字鸿沟"依旧存在 ……………………………… 81

二、强力推进"互联网+"，佛山党委和政府在行动 ……………… 82
    （一）促进"互联网+"资源陆续进入佛山 …………………… 82
    （二）创新平台助力佛山企业拥抱"互联网+" ……………… 82
    （三）城市重点打造国家机器人中心 ………………………… 83

三、智库专家促进佛山企业"迎娶""互联网+" ………………… 83
    （一）佛山要凭借大数据搏击未来 …………………………… 84
    （二）着眼布局抢抓佛山潜在机遇 …………………………… 84

四、佛山借助智慧警务编织治安防控"安居网" ………………… 85
    （一）运用智能技术，织密治安防控 ………………………… 85
    （二）强化现代科技，汇聚信息监控 ………………………… 85
    （三）健全责任措施，形成制度防范 ………………………… 86

五、"互联网+"助力城市政府与公民沟通 ……………………… 86
    （一）政府信息化如何强力改进民生 ………………………… 86
    （二）解决"万里长征图"困境的思考 ………………………… 87
    （三）民意提出应当全面推广智慧菜场模式 ………………… 89

六、公民行政事务"互联网+" …………………………………… 90
    （一）电子政务是全球性发展方向 …………………………… 90
    （二）佛山市电子政务"云"的雄心计划 ……………………… 90

七、城市综合执法事务"互联网+" 91
  (一) 筹建网上大厅,指尖预约办理 91
  (二) 打造网调平台,试行网上调节 92
  (三) 完善信息平台,提升监管水平 92
八、顺德强力推进公安警务信息化 92
  (一) 全天候自助办理公安事项 93
  (二) "E机通"社区民警人手一台 93
  (三) 刷脸后才能考勤和领取枪支 93
九、城市公共信息采集事务"互联网+" 94
  (一) 解决公共事务"不对称"问题 94
  (二) 公共信息采集要助力国外人才引进 95
十、佛山特定人群服务"互联网+" 96
  (一) 政府创设创新创业大空间 96
  (二) 南海区为"上班族"开启"5+2"服务模式 96
  (三) 一个将要开始应对的特定服务人群 98
十一、城市卫生医疗服务"互联网+" 101
  (一) "互联网+医疗"卫生便民建设 101
  (二) 佛山高新区东软熙康云医院平台服务 102
  (三) "社区延伸处方" 103
十二、佛山运用"互联网+"思维打造旅游平台 104
  (一) 创建一站式旅游平台 105
  (二) 打造全域旅游,留下过夜客 105
十三、市委、市政府怎样带领佛山走向国际化 106
  (一) 佛山推动落实国际化现状 106
  (二) 频出重拳破解国际化瓶颈 107
  (三) 努力打造软硬件环境,抢占制高点 107

第六章 佛山社区:管理和治理、权力与服务 109
一、值得分外关注的佛山社区建设 111
  (一) 社区起源和国内认同度 111
  (二) 世界经济发达国家和中国社区施行情况 112
  (三) 社区国内推行发展趋势预测 112
  (四) 对佛山地区今后推行社区建设的建言 113
二、佛山政府管理和政府治理 114
  (一) 政府管理概念与实际 115

（二）政府治理概念和操作 …………………………… 116
　　（三）管理转化为治理需要过渡与时日 ………………… 116
三、城市政府权力与政府服务 ……………………………… 118
　　（一）必须改变原有的习惯思维 ………………………… 118
　　（二）坚持向服务型政府转化 …………………………… 119
　　（三）政府权力收缩和分权，做好社区服务 …………… 121
　　（四）多元主体治理社区 ………………………………… 122
四、佛山社区党组织的作用 ………………………………… 122
　　（一）社区党组织如何参与社区治理 …………………… 122
　　（二）社区党组织的主要任务与参政方式 ……………… 125

第七章　漫议佛山社区社会组织 ………………………… 127
一、中华民族历史中施行社会保障的借鉴 ………………… 129
　　（一）国家社会保障的理念起源 ………………………… 129
　　（二）官府与其他组织的做法及功绩 …………………… 129
　　（三）执政官员个人作用不容忽视 ……………………… 130
二、探索佛山"志联网+"——志愿服务更贴心 ………… 131
　　（一）逐步建立公益生态链 ……………………………… 131
　　（二）通过争取扶持资金，加速项目孵化 ……………… 131
　　（三）志愿团队实现自我造血功能 ……………………… 131
　　（四）菠萝义工队——佛山市最有代表性的公益队伍 … 132
三、被"互联网+"深度改变的慈善事业 ………………… 135
　　（一）草根 NGO 破土茁壮成长 ………………………… 135
　　（二）互联网助力慈善新时代 …………………………… 135
　　（三）公众主导个人捐赠强力回归 ……………………… 136
四、政府变革思维，主动让社会组织"接棒" …………… 136
　　（一）服务项目社会组织完全可以做好 ………………… 137
　　（二）政府有理由退出更多的公共服务领域 …………… 137
　　（三）政府、社会组织各司其职，相互促进 …………… 137
五、值得鼓励的合作，佛山政府与社会组织联手解决社会难题
　　　　……………………………………………………… 138
　　（一）联手打造"互联网+医疗服务"平台 …………… 138
　　（二）慢性病管理需要多种相关主体参与解决 ………… 139
六、引导和助力现有社会组织解决内部民生难题 ………… 141
　　（一）建设慈善扶贫济困基金 …………………………… 141

（二）运用传统文化启发组织村民 …………………………………… 141
（三）禅城区张槎街道大富村带给我们的启示 ………………………… 142

第八章　佛山社区自选动作：传递正能量 ………………………………… 143
一、如何认识佛山社区品牌效应 …………………………………………… 145
二、从思维上认识"互联网＋"的正能量 ………………………………… 145
　（一）网络现状带来的反思 ………………………………………………… 145
　（二）佛山社区要主动出击移动互联阵地 ………………………………… 146
三、佛山民众遭遇移动互联媒体的负面效应 ……………………………… 147
　（一）爱恨交加的朋友圈 …………………………………………………… 147
　（二）叫人欲哭无泪的网络投票 …………………………………………… 147
　（三）欲罢不能的网络点赞 ………………………………………………… 148
　（四）真真假假的网络打赏 ………………………………………………… 149
　（五）令人纠结的网络求助 ………………………………………………… 150
　（六）观点不同产生感情嫌隙 ……………………………………………… 152
四、佛山社区传递"互联网＋"正能量的做法与方式 …………………… 154
　（一）开展互联网直播业务 ………………………………………………… 154
　（二）借助互联网平台开展居民社团活动 ………………………………… 155
　（三）组织志愿者关爱孤寡老人活动 ……………………………………… 155
　（四）集合社区智力资源教育青少年 ……………………………………… 155
　（五）为社区居民组织多种"团购"活动 ………………………………… 156
　（六）动员社区专业人士为居民传授、咨询移动互联技能 …………… 156
　（七）倡导新风改变陋俗活动 ……………………………………………… 156
　（八）开展废物利用节约共享活动 ………………………………………… 157
五、佛山社区应急事件中的舆情应对 ……………………………………… 158
　（一）应急事件中的信息沟通 ……………………………………………… 158
　（二）社区突发事件中的信息发布 ………………………………………… 159
　（三）应急风险中的舆情管控 ……………………………………………… 159
　（四）佛山周边地区突发风险应对不当的典型案例 …………………… 160

第九章　危机化解：佛山社区踏着自信的脚步 ………………………… 161
一、佛山社区面对的是风险社会 …………………………………………… 163
　（一）自然风险 ……………………………………………………………… 164
　（二）人为风险 ……………………………………………………………… 164
　（三）互联网风险 …………………………………………………………… 164

（四）佛山市南海区案例 …………………………………… 165
二、国家各级政府对社会灾害预防的重视 …………………………… 166
三、2016 年河北省井陉县大水灾的警示及教训 …………………… 167
　　（一）突如其来的暴雨——毁灭性打击 ………………………… 167
　　（二）特大水灾的应对检讨 ……………………………………… 168
　　（三）佛山地方政府的应对行动 ………………………………… 168
四、社区民众面临"互联网+"的种种社会陷阱及纠结 …………… 169
　　（一）投资理财不知信谁 ………………………………………… 169
　　（二）手机电信陷阱防不胜防 …………………………………… 170
　　（三）不断伤害群众的"爱心救助" …………………………… 171
　　（四）网上诈骗及误导居民 ……………………………………… 172
　　（五）遭人怨恨的网络打手 ……………………………………… 173
　　（六）相关移动互联技术问题救助无门 ………………………… 174
五、社区居民信息危机预防与化解策略 ……………………………… 174
　　（一）佛山各界建立预防网络犯罪合作机制 …………………… 175
　　（二）社区要设专人负责 ………………………………………… 175
　　（三）在社区组织信息技术志愿者队伍 ………………………… 176
　　（四）居民信息安全宣传常态化 ………………………………… 177
六、应急事件的应对方式及流程 ……………………………………… 177
　　（一）应急事件的前置动作 ……………………………………… 178
　　（二）应急事件的及时预警 ……………………………………… 179
　　（三）应急事件的妥善处置 ……………………………………… 180
　　（四）应急事件的常态复原 ……………………………………… 181
七、全面提升佛山社区防范应急事件的能力 ………………………… 182
　　（一）佛山社区变化情况 ………………………………………… 182
　　（二）应急事件的动员和多方参与 ……………………………… 182
　　（三）国际应急治理借鉴 ………………………………………… 183

附　　录 …………………………………………………………………… 186
参考文献 …………………………………………………………………… 194
后　　记 …………………………………………………………………… 201

第一章

祖国大地神奇的『互联网＋』

前些年有个很时髦的关键词，叫信息化，只要一提起现代技术，必然涉及信息化，工业要信息化，农业要信息化，教育也要信息化。2015年李克强总理在《政府工作报告》中，首次推出了"互联网＋"的概念，三年多来，在中国大地上"互联网＋"又成为热词中的热词。

一、对"互联网＋"的多种释义

（一）互联网与"互联网＋"的释义

我们先从专业和学术的角度来定义互联网："所谓互联网，就是把分布在不同地理区域的计算机与专门的外部设备用通信线路互联而成的网络系统，从而使众多的计算机可以方便地互相传递信息，共享硬件、软件、数据信息等资源。互联网的本质是信息的加工聚合，最终实现公众对于事件无限接近真实的了解。互联网价值实现的关键是信息分享及加工。当前互联网发展呈现出带宽不断提高、多种接入方式并存、智能手机逐渐取代PC成为互联网主力军等特点。"[1]

以上概念只是我们广东东软学院"互联网＋"项目组的"一家之言"，我们自己也不认为这是互联网的最准确定义。国内外信息技术的各类专家肯定会有自己独特的解释，这是毫无疑问的。又因为互联网的思维与实践发端于美国，发端国实际发明人的定义是权威的。这里要讨论的是互联网的应用及扩展，不是其严格准确的含义，因此不费精力深入探讨。

对于"互联网＋"，国内业界和官方有着不同的语言描述。因为这是中国国内的创造性关键词，我们暂不考虑国外的见解。

官方的语言可以看成李克强总理2015年《政府工作报告》中的解释："'互联网＋'代表一种新的经济形态，即充分发挥互联网在生产要素配置中的优化和集成作用，提升实体经济的创新力和生产力，形成更广泛的以互联网为基础设施和实现工具的经济发展新形态。"

我国业界的观点如下表示：

百度公司创始人、董事长兼首席执行官李彦宏："互联网＋"计划，我的理解是互联网和其他传统产业的一种结合模式。这几年随着中国互联

---

[1] 陈万里等：《"互联网＋"背景下佛山推动传统产业与新兴产业融合发展研究》，佛山市社会科学重点项目成果，2016年4月。

网网民人数的增加,现在渗透率已经接近50%。尤其是移动互联网的兴起,使得互联网在其他产业当中能够产生越来越大的影响力。我们很高兴地看到,过去一两年互联网和很多产业一旦结合的话,"duang"!就变成了一个化腐朽为神奇的东西。尤其是 O2O 领域,比如线上和线下结合。①

腾讯公司董事局主席兼首席执行官马化腾:"互联网+"是一个趋势,加的是传统的各行各业。过去十几年,互联网的发展很清楚地显示了这一点:加媒体产生网络媒体,对传统媒体影响很大;加娱乐产生网络游戏;加零售产生电子商务,现在已经很大;互联网金融非常热,互联网将让金融更加有效率,更好地为经济服务,符合"普惠金融"的精神。②

民间环保机构"绿色北京"负责人宋欣洲:驱动我们当今世界变革的,不仅仅是无所不在的网络(泛在网络),还有无所不在的计算(普适计算)、无所不在的数据、无所不在的知识。无所不在的网络与无所不在的计算、无所不在的数据、无所不在的知识,一起形成和推进了新一代技术的发展,推动了创新民主化进程,催生了创新2.0,改变着我们的生产、生活方式,会同政府市场社会关系的进一步调整,将进一步极大地激发社会活力。③

清华大学美术学院信息艺术设计系副主任、硕士生导师付志勇:"互联网+"是信息化促进工业化的提法的升级版。例如在智慧民生服务当中,强调用户体验,利用"互联网+"可以促进市民真正参与到服务创新中来。之前我们的学生基于创新2.0的理念做过一个叫 City Care 的项目,通过市民移动端的应用收集他们对社区的意见和建议,发动其他社区成员点赞支持,从而推动管理部门做出改善,之后改进的结果又可以反馈给市民。④

比较如上官方及个人对于"互联网+"概念的释义,既存在共性的理解,又含有一定的差异。共性的理解:都不否认"互联网+"是一种新的经济形态,互联网会逐步成为一种新的基础设施,今后"互联网+"对人类社会的影响将日益明显。差异在于:释义人所站位的角度不同,对"互联网+"认识的层次不同,以及所强调的重点不同。就像现代社会一句调侃的话:"屁股决定脑袋。"可以理解国家宏观和企业微观不能相同,政府部门和科技部门、学校的关注点也不可能相同。

---

① 《李彦宏谈互联网与传统产业结合:化腐朽为神奇》,http://www.chinanews.com/gn/2015/03-11/7118892.shtml。
② 姜奇平、周其仁、陈志武等著:《读懂互联网+》,中信出版集团2015年版,第27页。
③ 姜奇平、周其仁、陈志武等著:《读懂互联网+》,第30页。
④ 姜奇平、周其仁、陈志武等著:《读懂互联网+》,第28页。

(二) 值得注意的"互联网+"时代特征

互联网进入中国的时间还不到 20 年,我们对它的认识还不成熟。"互联网+"概念是 2015 年初才提出的,对其含义、特征和作用更是有个理论探讨和实践摸索的过程,这个过程需要多长时间,可能谁也说不好。

价值中国会联席会长、"互联网+百人会"发起人、《价值中国智库丛书》主编张晓峰认为,"互联网+"时代具有明显的六大特征:

1. 跨界融合

"+"本身就是一种跨界,就是一种变革,就是一种开放,就是一种融合。敢于跨界了,创新的基础才会坚实;融合协同了,群体智能才会实现,从研发到产业化的路径才会更垂直。融合本身也指代身份的融合、客户消费转化为投资、伙伴参与创新等,不一而足。融合就会提高开放度,就会增强适应性,就不会排斥、排异。互联网如果能够融合到每个行业里,无论对于传统行业还是互联网,应该都是一件好事。

2. 创新驱动

中国粗放的资源驱动型增长方式早已难以为继,必须转变到创新驱动发展这条正确的道路上来。同时,要敢于打破垄断格局与条框自我设限,破除束缚生产力发展的因素,建立可跨界、可协作、可融合的环境与条件。这正是互联网的特质,用互联网思维来求变、自我革命,也更能发挥创新的力量。

政府的一些信号、政策已经足够明确,国家现在正处于向创新驱动发展转型的关键时期。中国未来是创意创新创业创造驱动型发展,发展是靠打破机制的藩篱,是靠更多的个人发挥创造精神,是靠协同创新、跨界创新、融合创新,这就是最不应该被忽视的"新常态"。

3. 重塑结构

重塑结构从互联网时代就开始了。信息革命、全球化、互联网业已打破原有的社会结构、经济结构、关系结构、地缘结构、文化结构。结构被重塑的同时带来很多要素如权利、关系、连接、规则和对话方式的转变。

出版人卢俊指出,其实互联网重新塑造了社会,在弱关系社会里重新建立契约和信任关系,这是互联网非常重要的一个方面。连接的关系里产生了新的能力、新的人际关系。"互联网+"最终描述的还是一个智能社会，大家更加高效、节能、舒适地在这个社会里生存，"互联网+"给人类社会提供了一个非常大的福利。①

4. 尊重人性

人性的光辉是推动科技进步、经济增长、社会进步、文化繁荣的最根本的力量。尊重人性是互联网最本质的文化。互联网除却冷冰冰的技术性，其力量之强大最根本地也来源于对人性的最大限度的尊重、对用户体验的敬畏、对人的创造性的重视。例如 UGC（用户生成内容）、卷入式营销、分享经济，都是透视人性、尊重人性的产物。

人性是检验的标尺，人性是关系的核心。重视人性、尊崇人性的机构，可以为服务增值。君不见，一些知名连锁酒家为什么每天有那么多人排队，等一个小时也无悔？传统的行业、过去的服务谈转型、讲升级，最根本的出发点是不要忘记初心——基于人性！

5. 开放生态

"互联网+"行动计划的核心是生态计划，要重塑教育生态、创新生态、协作生态、创业生态、虚拟空间生态、资源配置和价值实现机制、价值分配规则。最亟待关注的生态包括但不限于：内在创造性激发导向的教育生态，专业教育与职业教育并重，消弭高中前与大学教育、大学教育与应用教育的鸿沟；社会价值创新导向的创意创新生态，搭建创意创新与价值创造之间的桥梁；协同创新、融合创新、价值网络再造的生态，让知识产权、人力资本和努力与可预期结果匹配。这的确将引发一场越来越深入的改革。

6. 连接一切

马化腾在"互联网+"建议上最终落脚于建设一个连接一切的生态，这个定义非常人性化，当然也更体现了互联网未来将如何对这个社会、世界施加影响。理解"互联网+"，一定要把握它和"连接"之间的关系。跨界需要连接，融合需要连接，创新需要连接。连接是一种对话方式、一种存在形态，没有连接就没有"互联网+"；连接的方式、效果、质量、机制决定了连接的广度、深度和持续性。②

---

① 微信公众号"腾云"：《云中智库专家研讨：你眼中的互联网+》，2015 年 4 月 3 日。
② 张晓峰：《"互联网+"时代的六大特征》，马化腾等著：《互联网+：国家战略行动路线图》第二章，中信出版社 2015 年版。

（三）"互联网+"概念的误区及其危害

作者认为，把"互联网+"看作一种思维利器，具有相当积极的意义，它可以使现代人的工作、生活以及交往等一切社会活动"如虎添翼""锦上添花"；但是，在少数人手中可能会产生相反的效果。从某种意义上讲，"互联网+"也是一把"双刃剑"。

现在我们经常可以看到把"互联网+"用歪了的现象。例如社会上一些心术不正的人疯狂地利用网络大搞电信诈骗，很多人深受其害，甚至付出了生命的代价。又如大数据产生的时间不长，但已经开始催生了"地下产业链"，地下数据交易黑市规模快速壮大，针对用户信息的非法交易、窃取与利用的行为猖獗。

国内相当多的政府部门为了信息通畅，更好地与群众联系，开通了部门网站、微博、部门热线、市长信箱等新兴的沟通方式。但是相当多的情况是，部门热线打不通，市长信箱无回复，网站长时间不更新、内容不实用，使其网站、微博、热线和信箱变成了"哗众取宠"的摆设，导致群众认为政府在搞"互联网+作假"，甚至"神回复"屡屡发生，严重损害了政府的公信力。

一些公务人员在上班时间打游戏、看大片、刷微博和玩手机等，耽搁了工作，引起了民众的不满，很大程度上影响了政府的形象。更多的大中小学学生沉迷于移动互联设备，耽搁了学业，消磨了学习意志。还有不少普通的市民用微信圈、QQ平台来搞销售、拉选票和要赞助，败坏了虚拟空间的风气，影响了社会民众之间的感情。

"互联网+"是个非常好的东西，如果用歪了将产生很大的破坏性，甚至危及人的生命。例如大学生被骗走全部学费急火攻心骤然去世，还有多起玩弄手机被车撞死和失足掉河淹死的事故。如何避免这些应用的误区和危害，也是值得我们深思的。

但是，我们必须认识到"互联网+"的正面意义是主流，用得好将会极大地促进社会和经济的发展。它的副作用是社会人运用中出现的问题，或者是少数不法分子的恶意行为，与互联网技术本身无关，况且我们也不能"因噎废食"。

二、如今国内的"互联网+"与其边界

（一）"互联网+"有无边界

从我们目前掌握的情况看，"互联网+"的概念是在2013年左右由中国互联网新锐人物马化腾、马云和马明哲等人提出的。

2014年2月习近平总书记在中央网络安全和信息化领导小组第一次会议讲话中指出："信息化和经济全球化相互促进，互联网已经融入社会生活方方面面，深刻改变了人们的生产和生活方式。我国正处在这个大潮之中，受到的影响越来越深。我国互联网和信息化工作取得了显著发展成就，网络走入千家万户，网民数量世界第一，我国已成为网络大国。"

李克强总理在2015年《政府工作报告》中正式提出了"互联网+"的概念，并要求制定"互联网+"行动计划，之后"互联网+"在社会各界迅速火了起来。

2015—2017年两年多的时间里，国内"互联网+X"的行动风起云涌，如互联网+工业、互联网+农业、互联网+商业（实体）、互联网+教育、互联网+金融、互联网+健康、互联网+生活，等等。

前面我们已经表述过，仅仅在"互联网+"提出的两年时间里，我国人民的工作和生活方式确实是发生了颠覆式的变化。如今我们已不能想象，如果没有了电子邮件、智能手机、平板电脑、微信和视频，大家该如何工作和生活。

今后"互联网+X"中的X究竟代表哪个行业，或者是代表哪些领域，起码现在我们是说不清的。互联网在哪些领域可以发挥作用，与哪些行业可以结合，要看互联网和其他行业、其他领域人们的探索和努力；"互联网+X"中的X，可以任意想象，一切皆有可能。

中国社会科学院信息化研究中心秘书长姜奇平认为，"互联网+"是制度创新，"互联网+X"后的行事规则应当由互联网和X两方商量着确认，最后要朝着市场发挥决定性作用的方向行进。"互联网+"多指产业创新，就是转变了产业发展方式。

作者认为，互联网和X之间应当是一种互补的关系，而不是X加上了互联网就被彻底颠覆了；但X通过与互联网的深度融合，确实产生了新变化、新方式和新功能。

社会上一些权威人士和专家提出,"互联网＋X"中的X(代表某些领域或者行业等)在与互联网＋中应当完全遵循互联网的规律。本书并不这样看,作者认为,互联网与X之间应当存在三种关系:一是互联网为主,X为辅,即"互联网＋X";二是互联网同X大致是等量关系;三是X为主,互联网为辅,即"X＋互联网"。例如网上销售,是一种互联网＋商业的模式,属于"互联网＋X"的关系。又如大型商业实体店面,如中心城市大型商业中心、规模超市等,要向网上扩展,可能就是"X＋互联网"的模式。这些大型商业企业是线下为主,线上为辅,不大可能出现相反的情况。

还有国内的一些老字号企业和商家,完全可以借助于互联网的优势加速发展。但是这些老字号本来就需要文化影响范围和营业地点等必要条件来支撑,如果失去了这些赖以生存的环境,完全依靠网络,可能是难以持久维持的。因此老字号应当走"X＋互联网"的模式,最多也是老字号自身优势与互联网优势大体相当,互为补充。

本书认为,在互联网与多个领域或多种行业的融合和行事规制上,不一定必须以互联网为主。但务请读者注意这是作者的学术观点,完全可以争鸣或质疑。

(二)"互联网＋"前途几何

说到"互联网＋"的前途,我们还需要仔细考虑"互联网＋X"究竟代表了什么。

腾讯董事会主席兼首席执行官马化腾认为,"互联网＋"是个趋势,加的是传统的各行各业。

北京大学移动政务实验室宋刚博士提出,"互联网＋"的"＋",不仅仅是技术上的"＋",也是思维、理念、模式上的"＋",以人为本推动管理与服务模式创新与创业是其中的重要内容。

北京大学政府管理学院副教授黄璜:"互联网＋"不仅包括制造业,也包括电子商务、工业互联网、互联网金融以及创客创新。"互联网＋"是两化融合的升级版,不仅仅是工业化,而是将互联网作为当前信息化发展的核心特征提取出来,并与工业、商业、金融业等全面融合。这种融合不是简单的叠加,不是一加一等于二,一定是大于二。其中关键就是创新。只有创新才能让这个"＋"真正有价值、有意义。

"互联网＋"的概念刚刚出现几年的时间,业界对其中"＋"的认识还很不全面。因为正确的理论来源于实践,对"互联网＋"的实践可以说现在才开了个头。理论确认和完善将要走很远的路，需要很长时间的理论探讨和实践摸索。

那么在当前，我们对于"互联网+"在实际行动中可以大胆实践，在理论方面也应当勇于提出多种"假说"。今后若干年，在国家级"互联网+"行动计划的贯彻和实施中，今天的一些"互联网+"假说有可能就成长为正确的"互联网+"指导理论了，这是大多数业界人士所企盼的。

迄今为止，我们只能说"互联网+"的前途无量，将来的发展势头完全可能超乎我们现在的想象。中国软件整体解决方案提供商龙头企业之一是东软集团，东软集团董事长兼首席执行官刘积仁博士在其著作《融合时代——推动社会变革的互联与创意》中，对移动互联的未来提出了自己的见解。未来到底会是个什么样子，谁都难以精确地预测。但是，能够确定的一点是：一切都在改变，某些变化正以不可阻挡之势席卷而来。

我们需要通过合理的想象去预见未来。谈到想象，不能不提到美国互联网趋势预测专家玛丽·米克尔（Mary Meeker），她发布了一份针对互联网发展趋势的深度解析报告《2012年互联网趋势报告》，其论述的主要核心是集中于"再想象"的方法论上。她的观点是，我们需要重新审视被我们习惯认为早已"摸透"的各行各业。对于这些行业，如果我们能够以一种重新审视的姿态去"再想象"，将会发现，我们以往所谓的"摸透"，其实不然。

这些行业、领域包罗万象，包括计算（台式电脑、平板电脑）、笔记备忘（笔记本，相关软件如EverNote）、绘图、摄影、杂志、书籍、音乐、音响、市场、医疗、教育、视频、新闻、交通、电视、出租预订等。

我们认为"互联网+"在中国的土地上具有广阔的生机，在今后的几年、十几年里，对我国，甚至对于国家最微小的地域——城市社区或者农村的乡村，到底能带来多少变化和多大的变化，确实是说不清；但有一点可以肯定，这种变化和变化之大，定会超出我们现在最大胆的想象。

（三）移动互联网的新动向

1. 移动互联是否迎来了"拐点"

2016年7月，由人民网研究院发布了移动互联网蓝皮书《中国移动互联网发展报告（2016）》，分析了移动互联网自身发展变化和面临的一些问题。

（1）政务微博微信增速开始放缓。截至2015年12月，新浪认证的政务微博有152390个，其中政务机构官方微博114706个，公务人员微博

37684个。全国政务民主微信公众号超过了8.3万个,各部委微信公众号拥有率大于40%。从这些情况分析,机构的政务微博微信不可能再保持大幅增长,公务人员个人微博微信还是具有发展潜力,但在现有管理模式下也不存在继续大幅增长的可能性。一些专家认为,今后,政务微博微信不必再追求量方面的扩张,应当沉下去做服务、做内容,提供及时准确有用的信息,解疑释惑,让民众愿意看、喜欢看、主动找来看。

(2)电子证据尚待立法。在移动互联网发展趋稳的态势下,安全问题始终是人们关注的重点问题之一。

从蓝皮书中可以看出,2015年中国网络安全综合性立法步伐加快,对移动端信息内容治理常态化。可是,随着移动互联网发展的脚步,电子证据问题屡屡出现。例如微信上借钱,聊天记录可不可以当作证据?这个记录反映的行为是不是用户的行为?等等。有专家指出,移动互联立法需要进一步系统化,应建立合理科学的数据保护制度,继续强化电子证据立法,完善电子证据规则。

(3)智能新闻越来越热。2015年9月,腾讯财经开发Dreamwriter应用,在国内率先试水机器人新闻。紧随其后,2015年11月,新华社推出新闻写作机器人"快笔小新"。日益增多的机构及媒体人开始预测,智能新闻生产将在未来媒体行业占有一定的地位。武汉大学新闻与传媒学院副教授王琼对智能新闻生产的前景看好,认为"通过机器分析来预测什么样的文风能使新闻传播得更远;自动识别那些对某类新闻感兴趣的人群,并针对他们进行写作;预测某人或某个群体读到某条消息后的情绪反应等,写作将更多变成由用户驱动的过程"。

2. 有人提出"互联网+"不是无边界的

2016年10月,易选股董事长易欢欢做客南都公众论坛,认为中国互联网市场目前面临"人口红利"消失、企业垄断等带来的一系列问题,互联网创新已经到了"无人区"。他提出下一个重点金融投向可能是与场景、产业结合,以及VR/AR、人工智能等高科技领域。

"互联网+"不是万能的。易欢欢表示了这样一种观点,将来任何一个行业都会受到互联网的影响,任何一个行业都有可能与互联网结合,但并不是互联网+一切,一切都OK。如何在层出不穷的创新面前识别真正经得起产业周期考验的方向,这是我们今天要去思考的问题。

"目前互联网创新已找不到标杆。""中国互联网产业的发展只有一个逻辑——一种模式出来以后,上千个企业在复制,然后拼命跑成业内第一,再兼并老二、老三形成垄断。"易欢欢认为滴滴就是实例,"然而垄断以后,监管却上来了,各省市陆续出台网约车规范的相关意见稿,滴滴一家独大的盈利模式遭受了制约。"

除了垄断带来规范制约的"瓶颈",互联网市场发展所凭借的"用户红利"正在消失。拿电子商务来说,一个社会什么业态不发达,互联网对其影响与冲击就越大。当前电子商务的互联网渗透率已超过60%,不可能再翻倍了。得益于纯粹"用户数量红利"的互联网发展模式已很难再维持下去,因此现阶段的互联网创新已经到了"无人区"阶段,因为在这个领域中,已经找不到真正的标杆了。我们看出,易选股董事长易欢欢的观点十分明确。

移动互联网面临出局的看法。2016年11月,第三届世界互联网大会移动互联网论坛在乌镇召开,百度公司CEO李彦宏提出,"移动互联网的时代已经结束,靠移动互联网的风口已经没有可能再出现独角兽了。互联网市场已经进入了一个相对平稳的发展阶段,人工智能是互联网发展的新契机。"李彦宏的论述让不少现场嘉宾和广大网民深感诧异,因为在两年以前,他还在述说"我们怎样去适应移动互联网时代"。"难道互联网的风口就这样过去了?"有人在网络上如此评论。

联想集团董事长兼CEO杨元庆在会上表示,"如今的互联网正从移动互联网向智能互联网跨越:人与智能终端的交互方式将会更加自然,随着计算机图像识别、语音识别和自然语言处理方面的进步,人机交互的形态将会被重新改写,设备不再是冷冰冰的机器了,而是可以听、说、看、写,具有日益增多的自然交互能力,也是一位越来越懂你,越来越知心的小伙伴。"

杨元庆提出了智能互联网时代的概念,让办公设备、电器都不再被动地听从指令进行运算,而是贴心地替你着想,主动为你服务。在他的设想中,智能互联网会催生更多的商业模式,人们可以大胆构想与实现那些过去不敢想象的生活。制造业也会向"智造"升级,产品从研发、生产、销售到服务的全生命周期都会被智能网络串联起来,满足客户的"个性化需求"。

在李彦宏的想象中,"以后不管是你家里的电视、冰箱,还是办公室的椅子、桌子,都可以用自然语言跟它进行对话"。人工智能的应用存在着无限的可能性,每一个人、每一个行业,都会因为人工智能时代的到来而发生巨大的改变。

3. 本书作者的不同观点

本书作者有着自己的观点。"互联网+"的概念与行动只是出现了四五年的时间；2015年初李克强总理在《政府工作报告》中，首次推出了"互联网+"的概念，到现在才三年多点。可以说很多传统行业或企业才开始尝试如何进行"互联网+"，真正乘上"互联网+"快车的只是少数行业或企业。对于大多数行业或企业而言，还有政府机构与社会组织，"互联网+"还做得很不够，不存在"过时"问题，还要"开足马力"全力实施"互联网+"。

对于互联网企业和互联网新锐人物，他们思维敏感超前，从战略角度上提早思维、超前布局也无可厚非。但这与相当多的行业及企业还未搞好"互联网+"的现状是两码事。即使说人工智能技术和产品来势很猛、上得很快，与同时实施"互联网+"并不矛盾，完全可以采取"并行工程"的方式去对待。

尽管现在业内高端人士已经提出了移动互联将来有可能被"智能互联"所替代，但作者还是认为移动互联是智能互联的基础，搞好了移动互联，将来才能更好地进入"智能互联"阶段。

三、"互联网+"与佛山智慧城市

（一）互联网影响下的城市思维

随着全球经济的快速发展，国内外城市在城市化的进程中"城市病"日趋显现。在各国寻求医治"城市病"的过程中，孕育了"智慧城市"的思维和探索。1999年在美国的IBM实验室首次诞生了"智慧地球"的概念，这是当今"智慧城市"的雏形。

在我国对智慧城市认识出现的比较晚，直到"智慧地球"的概念提出的十几年后，2011—2012年科技部才完成了智慧城市技术架构和总体方案，开始启动城市试点工作。从2013年起，住房和城乡建设部等相关部委每年都要发布智慧城市的有关推进文件，使中国智慧城市建设以较快的数度发展。

智慧城市的特征在于"智慧"，而"智慧"的程度要通过五个方面来保证：覆盖广泛的信息网络、深度互联的信息体系、实现信息的智能处理、协同的信息共享机制和扩展信息的开放应用。

就我们现在的认识程度而言，智慧城市需要的主要支撑技术是数字城市相关技术、物联网技术和云计算技术。有一个形象的公式得到了国家有关部门和业界专家的认可,即智慧城市=数字城市+物联网+云计算。

还有专家提出,智慧城市是由两大关键要素逐步推动而完善的:关键要素之一是以物联网、移动互联网和云计算为代表的新一代信息技术,关键要素之二是知识社会环境下逐步孕育的开放城市创新生态。前者代表的是技术创新层面的技术因素,后者代表的是社会创新层面的社会经济因素。

(二)智慧城市的产业布局

对于智慧城市,互联网是最基础的技术。城市在初步建立起消费互联网的基础上,还要建立产业互联网。

消费互联网针对的是个人用户,它有效改善了人们在购物、出行、阅读和娱乐等方面的生活体验,使其更便利和快捷。有人说,消费互联网是一种"眼球经济",即体验经济。

产业互联网以生产者为主要用户,通过在生产、融资、交易和流通等环节的网络渗透,起到提升效率和节约能源等作用。这种互联网通过资源配置、生产与交易效率的提升而得到推进。它以"价值经济"为主,通过传统企业和互联网的融合,寻求全新的管理与服务模式,给消费者提供更好的服务体验,创造更高的产业形态。

将来随着我国各行业信息化进程的加快和城镇化的提速,互联网将逐步从消费互联网向产业互联网过渡;产业互联网孕育着超过消费互联网的更大的变革,它定会深刻推动城市产业的升级换代,这是智慧城市发展的必然趋势。

智慧城市的互联网经济将对其产业布局产生影响。首先,城市功能服务化趋势显现,信息密集型服务业向城市的中心地段聚集,形成以大型中央商务区为核心,周围分散着各种批发市场和微型商务街区的服务网络体系。

城市中还出现了新的产业空间,如高新技术开发区、工业园、大学城和科技城等。这类新兴的产业空间注重功能上的互补和空间上的集聚,在区位选择上多远离城市中心,位于城市郊区或者边缘区。佛山高新技术产业开发区以及南海大学城等情况就是如此。

在大城市郊区、出城高速公路旁边还出现了特大型商业新城,以城市居民休闲购物为主,以及一些大型专业批发市场。例如,佛山市近两年在城郊出现了国内著名商圈品牌"佛罗伦萨小镇"。

从如上情况可以看出,智慧城市的建设确实影响和改变了原来佛山城市的产业布局。

（三）智慧城市的公共服务

在智慧城市建设中，与互联网成功对接，会在智能医疗、智能教育以及智能交通、体育设施和文化娱乐等多方面获得质的飞跃。

智能医疗，是以人的整个生命周期健康管理和医疗服务为核心，以云计算、物联网、大数据、移动互联等信息服务为支撑，实现跨部门医疗信息共享、跨平台医疗业务协同，在全面、准确采集人群健康信息、公共卫生信息的基础上充分利用卫生资源，实现高效安全的卫生服务。

在大医院，多少年来门诊挂号、候诊、取药时间很长，而就诊的时间很短的问题十分突出，因此病人满意度一直是个难以解决的大问题。佛山市第一人民医院从2013年开始，努力构建"智慧医疗"，让市民享受优质医疗，以利于病患便捷就医。2013年7月，佛山市第一人民医院在全国率先启动手机实时同步挂号、在线支付，凭短信直接就诊服务；2014年7月，又推出全功能微信医疗服务，病人关注微信公众号后，可使用预约挂号、缴费、押金补缴、智能导诊、检查报告查询等多种贴心服务，患者就医省时与轻松。

现在，佛山第一医院的信息化应用已全面覆盖医院管理、医疗服务、医疗质量控制、结算系统等方面。

智能教育可以运用人工智能技术，依据家教活动规律设计出具有一定智能的自动家教系统。该系统可以要求计算机模拟真人家教的工作，模拟人类解题思维，自动解答学生的疑问，给出符合人们辅导习惯的专业解答信息。

智能教育是一个关键技术整体解决方案，可以协助青少年开发自身潜力和聪明才智，同时获得创造性思维能力。有了智能教育，就如同找到了一位优秀教师对青少年实施跟踪式教育，24小时全天候为他们提供高质量而全面的教学服务。

文化娱乐方面，娱乐产业与互联网融合速度正在加快。传统影视产业链将会在这波新势力的冲击下，历经一次真正的重塑。互联网主导下的娱乐业会释放出"破坏性创新"力量。

作者本人多年来养成了每晚必看中央电视台新闻联播的习惯。但由于从事学校管理工作，时不时晚上不能按时下班，这样就错过了新闻联播的播放时间；总是有些纠结，一天的国内外新闻大事没有及时了解。可如今佛山的家用电视都已经进化到网络电视了，具有7天的节目回放功能。现在的"娱乐产业互联网+"真好！

随着社会科技发展的快速进步，民众对于精神文化的追求日益加强。佛山市南海区通过不断强化与打造现代化公共文化服务体系，让民众在家门口享受便捷的满意服务。从 2010 年起，南海区委区政府实施了"文化引领"战略，文化硬件从无到有，文化设施由旧变新，文化服务由少变多。例如，在辖区内主要地点布置了智能化、全天候、无人值守和小型化阅读空间——读书驿站，构成了一道优美的城市风景线。到 2016 年底，全区已建成 69 个读书驿站，2017 年终会建成 100 个以上。为了打通公共文化服务的"最后一公里"，2015 年南海区完成了 50 个基层综合性文化服务中心的创建任务，2017 年按计划完成全区 249 个社区（行政村）基层综合文化服务中心的全覆盖，实现"城乡十分钟文化圈"。

（四）智慧城市的政府事务管理

电子政府是指政府内部在运用自动化技术、电子化技术的基础上，凭借网络和信息技术，建立起网络化的政府信息系统，并且依据该系统为政府机构、社会组织以及普通公民提供方便、高效的政府服务和政务信息。

互联网＋政府，表示政府借助于互联网这种物美价廉的手段，实现从电子政府到网络政府的提升和转型，并可以全力打造信用型政府、技术型政府、开放型政府和学习型政府。

各级政府通过"互联网＋"战略，使其从以前的单纯管理型向着管理服务型职能转化。我们可以从三方面来认识这种变化：

一是政府向着开放服务型政府转变。现在可以通过技术，把管理、服务甚至办公环境移动到网络上，超越了空间、时间和部门责任分割等限制条件，全时空、全方位和全人员为市民和社会组织提供规范、透明、优质和高效的服务。

二是强化对网络媒体的引导与监督，建设公信力政府。政府要强化对网络的监管，引导媒体、网络加强自律，净化其环境。建立起素质合格的从业人员队伍，不断提高这些人员的职业道德和职业素质。

三是创建"专业职能"的学习型政府。学习型政府的特点是内部具有较完善的终身教育机制和体系，形成浓郁的学习氛围，能够开展良好的团队学习和全员学习活动。强化学习型政府组织的建设，关键环节是对"专业职能"的有效开发和利用。

佛山市禅城区委书记刘东豪曾表示，"禅城要坚定提升城市管理水平、获取市民和市场认可的思路，进一步营造舒适、美感的城市。"其中，信息化革新已经成为禅城"智慧城市"治理模式的支撑。

第二章 当代互联网技术能否一枝独秀

依笔者的理解，通常目前所说的互联网技术，较准确的称呼应当是移动互联网技术，它也是计算机互联网技术的"升级版"。先有计算机的相互连接，形成互联的网络；经过技术进步后，才出现了移动互联技术和设备，形成了移动互联网络。

那么将来移动互联网技术可以独打天下吗？答案是不能。移动互联网技术的大概念是"信息技术"，"信息技术"可以说是一个技术"群体"，从广泛意义上讲，它涵盖了移动互联网技术、物联网技术、大数据、云计算、虚拟现实等技术。

有业内权威人士认为，在移动互联技术发展阶段之后的是人工智能技术阶段。我们认为要推进和实现人工智能技术，绝对离不开信息技术群的支撑与配合，这一点是毋庸置疑的。

21世纪初，八国集团在冲绳发表《全球信息社会冲绳宪章》，认为："信息通信技术是21世纪社会发展的最强有力动力之一，并将迅速成为世界经济增长的重要动力。"

国际社会都制定了面向信息通信技术的国家战略和技术进步的策略，包括美国、欧盟、日本、韩国、印度，都有明确的时间表，而且渗透到整个社会的每一个细枝末节当中。他们把信息通信技术作为走出危机、开发新增长点的依托。2012年，美国科学技术顾问委员会向奥巴马提交了关于下一个15年技术创新的动向和重点领域的报告，其中所提八个领域有五个领域全部是信息通信技术。[①]

大家都会记得，前些年"信息化"很快就成了国内各业界的热词，官方及民间无处不在议论如何赶上信息化浪潮，怎样才能尽快实现某某业界的信息化。现在看来，那时是世界性的技术发展大趋势，也逐步波及我国。我国随之出现的信息化热潮，充分说明了无论社会制度如何千差万别，但技术发展潮流是不分国界的。

信息化与当前蓬勃发展的"互联网+"是个啥关系？对于专业技术业内人士不难理解，对于远离相关专业技术的局外人士，可能会有点"晕"。笔者作为理工出身的专业技术人士认为，"互联网+"是信息化大概念中，对于移动互联技术的一种突出强调。它突出聚焦于移动互联技术的应用、延展和深化，也可以说"互联网+"是信息化的重要突破点。我国"互联网+"的纵深突破，会大大促进我国社会、经济以及各个方面的信息化程度，可以在较短的历史时期内，通过借助于推行"互联网+"这种"弯道超车"，挤进世界信息化先进国家的前列。

---

① 林永青：《顺势而为，势是什么?》，马化腾等著：《互联网+：国家战略行动路线图》第三章。

一、《国家信息化发展战略纲要》民生看点解读

2016年7月,中共中央办公厅、国务院办公厅印发了《国家信息化发展战略纲要》,将进一步规范和指导未来十年中国的信息化发展。那么未来的十年,信息化发展将会对老百姓生活产生哪些影响?新华社记者梳理解读出八大民生看点,这里选出其中的四点来明确和理解:[①]

看点1:全面推开——分类推进农村网络覆盖。

《纲要》:科学灵活选择接入技术,分类推进农村网络覆盖。发达地区优先推进光纤到村。边远地区、林牧区、海岛等区域根据条件采用移动蜂窝、卫星通信等多种方式实现覆盖。

解读:"2015年,我国互联网普及率超过50%,固定宽带接入数量达4.7亿,覆盖到全国所有城市、乡镇以及95%的行政村。"国家互联网信息办公室副主任庄荣文说。据工信部和财政部联合下发通知显示,全国将在2020年实现98%通宽带、农村宽带接入能力超过12 Mbps等"宽带中国"战略目标。具体到2016年,将支持1.5万个未通村、2.2万个升级村宽带建设和运行。

看点2:政务便民——推进"互联网+政务服务"。

《纲要》:持续深化电子政务应用,着力解决信息碎片化、应用条块化、服务割裂化等问题,以信息化推进国家治理体系和治理能力现代化。

解读:国家发展和改革委员会秘书长李朴民指出,开展"互联网+政务"服务,构建一体化公共服务体系是推进"放、管、服"改革向纵深发展的重要措施。到2016年底,全国将在80个试点城市基本实现政务服务事项的"一号申请、一窗受理、一网通办"服务模式,实现政务随时随地触手可及。

看点3:5G应用——让生活更快、更好、更便捷。

《纲要》:积极开展第五代移动通信技术的研发、标准和产业化布局。

解读:"为支撑5G技术研发和国际标准化,我国已于今年初全面启动了5G技术研发试验。"工业和信息化部总工程师张峰表示,5G网络具有速度快、低时延、万物互联的特点。例如,5G的速度是4G的10到100倍,峰值速度可达10 G/s,在5G条件下,下载一部10 G的电影只需要几

[①] 新华社记者:《信息化将如何影响你我生活?》,《佛山日报》2016年7月28日。

秒钟。

看点 4：信息保护——依法保护个人隐私。

《纲要》：加强采集管理和标准制定，提高信息资源准确性、可靠性和应用性。依法保护个人隐私、企业商业秘密，确保国家信息安全。

解读：全国人大代表、知名律师秦希燕表示，随着信息技术的广泛应用和互联网的普及，公民个人和企业信息泄露已成为一个严重的社会问题。因此，通过法制和信息化技术的手段，进一步加强信息保护，既是维护社会公平正义的需要，也是彰显人权理念的需要。

从如上的民生看点 1 我们得知，无论是光纤通信、移动蜂窝还是卫星通信，都是涵盖移动互联的技术方式。看点 2 是推进"互联网＋政务服务"，要把移动互联技术和设备配置于政府政务。看点 3 第五代移动通信自不必说，就是普及移动互联技术和设备，其中有一点需要注意，5G 是万联网的技术基础和支撑，普及 5G 技术设备，为万联网的实施和应用奠定了可能性。看点 4 是只有通过加强移动互联的采集管理和标准制定，才能依法保护个人隐私、企业商业秘密，确保国家信息安全。因此我们说，通过解读《国家信息化发展战略纲要》，无疑证明了移动互联技术及其设备是国家信息化的最重要组成部分。

那么现在我们要问，单凭推行"互联网"，就可以一枝独秀或者说是"包打天下"吗？我认为是不行的，通过互联网要打造出形形色色的"互联网＋"，改造我国的社会、经济以至于其他方方面面，必须有信息技术群的支撑与配合，目前看，至少需要有大数据、云计算、物联网、虚拟现实等关键技术的支持。

二、现代信息技术群落与佛山

（一）大数据、云计算与佛山

1. 大数据

"大数据"要成为海量、高增长率和多样化的信息资产，离不开全新的挖掘和发现等先进数据处理技术的支撑。大数据分析常与云计算联系在一起。大数据技术的战略意义不在于掌握庞大的数据信息，而在于对这些含有意义的数据进行专业化处理，即在于提高对数据的加工能力，通过加工实现数据的增值。这是美国著名研究机构高德纳给出的大数据定义。

大数据的四个主要特点是：数据体量大，处理速度快，数据类型多，价值密度高。

端然先生在《经济日报》撰文，认为大数据并非指海量数据，而更多的是指这些数据都是非结构化的、残缺的、无法用传统的方法进行处理的数据。这些看似枯燥晦涩的数据背后，潜藏着促进信息化与工业化深度融合、提升工业制造效率的魔力。① 相对于企业转型而言，大数据能够帮助企业更加清晰地掌握客户需求，提供更优质的产品和服务。用好大数据，对企业加快数字化转型，以及推动"中国制造"走向"中国智造"都具有积极的意义。

我们关注和研究大数据，关键是为了使其配合移动互联技术，为现实社会和经济直接服务，因此我们更关注的是其应用问题。

（1）运用大数据服务大数据的观点。②

1）大数据应用现状与挖掘。说到大数据必然需要知道其如何获取。把单位相关部门的原有采集数据一汇合，不就是了吗？没那么简单。北京因特睿软件公司首席科学家黄罡认为，"如果将大数据比作石油，那么获取大数据价值首先就需要采油机。目前，大量信息孤岛的存在不利于数据的流通、共享和整合，因此，创新数据价值，第一步就是要搭建数据开采融合平台，这个平台就是采油机。"

依据专家预测，未来5年中，中国大数据产业规模平均年增长率会达到50%以上，到2020年可以占到全世界数据产业的20%。可是，如今业界公认的一个实际情况是，我国大数据产业仍处在发展初期，企业大量的资源都投入到数据采集、清洗、组织与管理中，只有大约10%的投入用于真正可以产生价值的数据分析上。用好大数据，激活数据价值应当说是"当务之急"。

2）运用单位面临的实际问题与破解。当前，政府及企事业单位都或多或少地认识到了运用大数据的重要性，但是深层次的数据研究和开发不是件简单事，少数数据使用人员难以胜任。一些大数据开发团队缺位，商业系统封闭，文档源码缺损；不少服务主体也会由于多种原因，很难确保数据的实效性和一致性。因特睿CTO张颖表示："要破解以上难题，就必须破除信息孤岛，大数据不应该是同一个数据源的大量数据，而应是不同数据源的跨界融合。"

为实现本单位大数据的实际应用，需要专业技术公司开发的专用产品

---

① 端然：《用好"数据"这笔大资产》，《经济日报》2016年8月2日。
② 参见《因特睿：用大数据服务大数据》，http://www.sohu.com/a/108623636_120702。

或解决方案,就像我们大家现在都使用各种类型的手机 APP(如高德地图、车辆导航等),而无须自行研发一样。例如燕云 DaaS 是一款面向大数据的数据开采融合平台,它可以快速实时挖掘出系统数据,形成多源数据共享池,为政务、通信、能源、金融、交通和医疗等大数据重点部门和行业提供平台支撑。

3)国内典型产品应用及效果。当然,运用哪家产品和何种方案是大数据应用单位的自选,我们在这里只是为应用提供案例参考。仍以燕云 DaaS 系统为例,推向市场半年后,在国内 20 多个省市的近 200 个政府部门和企业单位运用。其特点是数据的开放性、快速优化性和数据的流转性。它不但解决了数据开放问题,而且使数据服务社会并且产生了实在价值,因此受到了市场的欢迎和认可。

深圳坪山新区将此类产品用于"一门式"政务建设后,助力当地政府部门在没有原开发商介入的条件下,打通了十几个部门、几十个应用系统的数据对接,使数据在多个业务系统中高速流转,极大提高了数据应用效能,使"政务+互联网"实实在在落地。

(2)佛山运用大数据案例。

1)市领导重视大数据应用。2017 年 4 月,佛山市委书记鲁毅在市深化改革会议上表示,要看到大数据对于提升政务服务精准化、商事服务便捷化、市场监管高效化的基础性、根本性作用。佛山信息化基础好,很早就进行了大数据创新实践,尤其是南海区作为一个区级单位在全国率先成立数据统筹局,统筹大数据开发与应用,禅城区也通过云平台建设对大数据进行了较好探索。但是市级层面一直缺乏全市统筹,2017 年将"创新构建数据统筹管理机制体制,加快佛山大数据建设和应用"列入改革重点项目,让大数据在政务服务和市场监管领域大显身手,为佛山发展大数据产业打下坚实基础。

2)禅城区大数据应用率先发力。禅城区很早就开始了对大数据的留存、沉淀与采集。2014 年 3 月,禅城启动了一门式改革,以信息共享为基础,建设覆盖区、镇街、村居三级的公共服务综合信息协作平台,在市民办事难和公共信息共享难的"两难"上获得了突破,初步实现了"让数据多跑路,让群众少跑路"。

如今,禅城区的一门式综合信息平台,还有区域化党建信息平台已成为该区两大数据"端口",整合了自然人、法人、城市综合管理、社会信用以及党建等数据资源,初步构建了综合城市基础数据库。区委书记刘东豪认为,未来,信息将和人、物、事捆绑在一起,通过大数据平台可以实时看到社会动态以及群众、企业的动态,实现智慧管理。

3）民主党派协商、调研大数据监管。2017年7月,南海区环境保护局和民主党派就村级工业园治理召开专题协商会,各民主党派人士踊跃建言献策。

在对企业进行加强监管方面,民进南海总支支委黄衍雄提出,可以利用大数据强化对排污企业的在线监管力度;民建南海总支主委章飞月认为,要从区镇部门联动入手,注重发挥"规划先行"的作用,从源头加大对污染的监管。

考虑到企业参与环保的积极性不高,致公党南海总支支委骆红建议,在已经设立了村级工业园改造提升专项基金的基础上,针对企业专设环境整治专项资金,鼓励企业主动参与环保。各民主党派人士纷纷建议,政府利用大数据实现污染企业的在线监督管理。

2. 云计算

对于云计算,维基百科给出的解释:一种基于互联网的计算方式,通过这种方式,共享的软硬件资源和信息可以按需求提供给计算机和其他设备。这是继20世纪80年代大型计算机到客户端-服务器的大转变之后的又一巨变。用户不再需要了解"云"中基础设施的细节,不必具有相应的专业知识,也无须直接进行控制。云计算描述了一种基于互联网的新的IT(信息技术)服务增加、使用和交互模式,通常涉及通过互联网来提供动态、易扩展而且虚拟化的资源。它有不同的服务提供方式,包括软件即服务、平台即服务和基础架构即服务等形式。

(1) 禅城区社会综合治理云平台的神奇。

云平台是城市治理的中枢,就像人类的大脑。现在在佛山市禅城区,迎春花市、行通济和水舞声光秀等数以万计民众参与的大型活动中,云平台综合调动监控、人流量热力图等技术监控现场,为调动公安警治力量统筹决策提供可视化、数据化参考依据。以前接到"投诉",政府部门不时要耗费很长时间分辨责任人,"三不管""踢皮球"现象时有发生,市民不满意。现在,云平台根据划定的业务职责,直接将责任落实到人头。

群众要是发现施工扰民、宠物烦扰或道路井盖缺失等烦心事,通过微信拍照或挂个电话向云平台举报,"云端"这一"大脑"在数秒钟内就可判断、指派相关部门人员现场处理。这种秒级响应、整合治理的情况,在禅城区社会综合治理云平台上已经得到实现。

在禅城区五峰四路云平台指挥中心,可以看到这样的情景:相关人员拨动鼠标,调动城市视频监控探头对接"投诉"进行复核,再由数据库调出相关数据,按照事先设计的流程向公共、城管等部门发出指令,随后通过探头、APP 等回传图像，对处理结果跟踪监控。云平台人员表示，云平台整合政府治理的多种信息资源，形成全方位、立体化的监督体系，实现区域、现场、流动人口、人流密度、网络舆情和危险源的"六个查看"，把以前管理凭经验判断变为数据、现场图示说话，实现了遍布城区的"天眼网络"。

（2）借助云平台创新服务模式。

截至 2016 年中期，禅城区全面完成了公共法律服务体系三级实体平台建设，实现了区、镇街、村居 145 个公共法律服务网络平台建设全覆盖，面向基层市民提供专业、公益、均等和便民"一站式"基本法律服务。探索构建"互联网+"公共法律服务体系，将公共法律服务项目引入禅城区云平台，实现服务模式的创新，力求给群众提供更便捷的法律服务。目前，开设了"禅城区公共法律服务"微信公众号，届时，公证事务办理在线咨询、预约、受理、进度查询和法律援助申请、律师业务查询、人民调解、普法宣传、社区矫正等公共法律服务事项，均可不出门，在指尖上办成。

（二）物联网、智能家居与佛山

1. 物联网与佛山

（1）物联网是什么？

物联网概念最先于 1999 年由美国麻省理工学院提出。物联网还可以称为传感网，它包含两层含义：其一是物联网以互联网为基础，是互联网的延伸和扩展；其二是这种延伸与扩展可以包括任何物体，就是说，任何入网的物体都可以实现信息的搜集和交互。

2005 年，国际电信联盟对物联网的概念作了补充："无所不在的物联网通信时代即将来临，世界上所有的物体，从轮胎到牙膏、从房屋到纸巾都可以通过互联网主动进行信息交换。"传感器技术、无线射频识别技术、智能嵌入技术和纳米技术等会得到更加广泛的应用。公文包会提醒主人忘带了的物品，司机发生操作失误时汽车将自动报警，要洗的衣服会通知洗衣机对水温和颜色的要求……这些情况均可以通过物联网来实现。如果说互联网实现了人和人之间的信息交换，物联网则实现了人与物、物与物之间的泛在交往。

现在，世界上物联网正处在产业快速增长的重要时期，网络广域覆盖、终端智能互联和平台开放服务是现阶段物联网产业生态发展的主要特征。欧洲智能系统集成技术平台在发布的《2020 年的物联网》中预测，2015—2020 年是物体的半智能联网阶段，2020 年之后将进入物体的全智能互联阶段。

纵观全球,物联网的应用发展很不平衡,美国、欧洲、日本和韩国等少数国家和地区起步较早,因此形成了物联网美国、欧洲和亚太三大热点地区。物联网的产业具有链条长、企业关联强、涉及环节多和应用覆盖广等特点,其产业链原则上可以分为感知层、网络层、平台层与应用层四个层次。

"十二五"时期,中国的物联网产业规模从2009年的1700亿元,跃升到2015年的7500亿元;但与国外先进国家相比,其体量还是偏小。有关专家在2016世界物联网无锡峰会上指出,中国物联网产业发展存在四大瓶颈问题:①传感器、操作系统等核心基础技术有待进一步突破;②研发、制造与应用等环节的产业链协同有待进一步加强;③跨行业、跨领域的资源共享、开放协同有待进一步深化;④物联网信息安全及产业大数据保护问题有待进一步重视。

物联网的中国时代是否很快要到来?现在还真是有不少的迹象,起码有点"山雨欲来风满楼"之势,因为到2016年7月,我国三大电信运营商均公布了其物联网技术路径。早在2014年11月,中国移动就发布了公众互联网的正式商用,截至2016年6月用户已超过2700万。中国联通紧随其后,于2015年5月设立了全国物联网统一平台。2016年7月,中国电信公布了物联网技术路径,为物联网量身定做的NB-IOT全新技术将运用于2016年底正式商用的智能停车项目上。该项目先在上海试点,相比过去需要中间基站完成信息搜集和反馈,现在只需要通过停车位一个地磁通信模块就可实现,打通全上海的停车系统,停车可以与物业管理分离开来。中国电信还与中兴物联、燃气表企业等签署战略合作协议,将共同推进普及智能水表和智能燃气表。

谈到物联网,一般消费者的大致反应是,在智能家居、可穿戴设备和车联网三种终端领域应用最广,其实这也是当前互联网厂商干得最热火朝天的方向。可业内人士也存在不同的观点。艾媒咨询CEO张毅认为,物联网目前更重要的是工业应用领域。"因为是真正从吃不饱到吃饱,随着人工成本的提高,目前工业生产急需一种可以替代人力生产力的工具。""消费领域是从温饱到小康,这种智能化的需求并不迫切,这种物联网更多是给产品增加销售的卖点。"①

我们还需要知道iot与IOT的区别。在接触相关物联网技术和应用资料

---

① 蔡辉:《物联网要来?中国电信发布物联网技术路径》,http://epaper.oeeeee.com/epaper/A/html/2016-07/17/content_57022.htm。

时，不时看到 iot 或 IOT 的符号表示。iot 是指很多物联网，或者是局部物联网；IOT 是指全球统一的物联网。IOT 是物联网今后的发展趋势，是将来物联网发展的崭新阶段。可以想见，把全世界的人与物都连接在一起，这张网络会有多么巨大，也会带来许多要解决的新问题。这对于物联网技术和应用工作者来说，无疑是个巨大的挑战。

（2）佛山首个物联网民生项目签约。

2016 年 12 月，佛山水业集团与中国电信佛山分公司签署了合作协议，在水体管理、管网监控、户表集抄、水务信息化应用整合等方面开展合作，应用 NB – IOT 窄带物联网技术，共同推进智慧水务云平台建设，用"互联网＋"模式探索公共服务新路径。

据有关介绍，基于中国电信的 NB – IOT 物联网络，结合众多的数据采集设备，佛山水业集团将构建起更智慧的水务物联网，实现给水管网各个环节大数据的采集与回归，通过对市内供水系统的整体运行状况分析，可以及时发现饮用水在生产、配送、运营服务过程中发生的水质、水压等指标的各类问题，从而有针对性地做好佛山市、区两级水务管理，科学指导给水管网的建设与维护。

这种合作对于佛山广大市民而言，无疑是个福音。这意味着供水管理和服务会更加透明、更加放心。通过家中的智慧水表，住户水质监测结果、日常用水情况等将实时、高效地自动传递到水业集团的智慧水务云平台。而对于佛山的普通市民来说，只要通过手机就可以 24 小时随时知晓管网的水质、水压情况，可以查看自己家用水吨数与费用。

2. 智能家居与佛山

现在，我们要谈谈智能家居。可能有人会发问，本书的主要内容是佛山政府、企业"互联网＋"，兼论城市社区治理与服务，怎么会与智能家居扯上了？分析起来还是真能扯上，并且智能家居是政府和公众热线联系的主要渠道之一。这是后话，我们容后再展开讨论。

（1）智能家居概述。

智能家居到底是什么？智能家居是人们一种比较理想的居住环境，它集视频监控、智能防盗报警、智能照明、智能电器控制、智能门窗控制、智能影音控制于一体，与配套的软件相结合，人们通过台式电脑、平板电脑、智能手机和笔记本电脑，不仅可以远程观看家里的监控画面，还可以实时控制家中的灯光、窗帘、电器等。

智能家居通常都是以住宅为平台，利用综合布线技术、网络通信技术、智能家居系统设计方案、安全防范技术、自动控制技术、音视频技术将有关设施集成后，构建高效的住宅设施与家庭日常事务的管理系统，从而提升家居生活的安全性、舒适性、便利性、高效性和环保性。[①]

（2）佛山市民家庭实现智能家居是方向。

在佛山，家电行业应当算得上是"超级行业"。以数据为证，2015年佛山家电制造工业总产值为2562亿元，位居全市六大优势产业之首，占比已到了32.2%。其龙头企业有美的、格兰仕、万家乐、格力和海信科龙等，这些企业的大多数正在拥抱智能家居的风口。

2016年，中国科学院物联网发展中心公布的分析报告预计，2018年全球智能家居市场总规模将达710亿美元，我国的市场规模将达到1396亿元人民币。

可以断言，智能家居是家电行业发展的必然趋势。在行业内，无论是对于单一产品的智能开发，还是针对智能家电控制器（大脑）的研发，都是在为将来智能家居的实践做铺垫。对于单一家庭而言，智能家居的实现路径可以分为三个步骤：单一产品的智能化、产品间的联动、系统化的智能控制。在单一产品智能化这一步骤，需要让每种家电产品都达到智能化标准。对于后两个步骤，佛山有的厂家通过无线wifi实现了家电的互联互通，还借助云服务器和物联网完成了智能家居数据的处理。

（3）如今家居智能是雷声大雨点小？

对于智能家居尤其是智能家居产品，本书作者算是比较熟悉的。因为早在2003年，我与几个大学同学联手开了一家公司，主打产品就是智能家居的控制器。当时我们已开发出可以用智能手机远程控制的智能家居"中央控制器"（我们当时给予的命名）产品样机，但通过大量、详尽的市场调研发现，销售市场远未成熟。当介绍给不少普通市民时都说这是个好东西，可大多数人没有购置的意愿。他们认为这东西"太先进"，能保证产品稳定吗？我家喜欢的电器，尤其是各种品牌都不一致，你们能控制吗？非要买你们能控制的厂家品牌，我们还不同意呢！后来没办法，企业办了两年多就注销了，因为只有研发的资金付出，没有产品销售的收入，企业是挺不下去的。办企业的最后收获是生产出了智能家居控制器样机。我和同学们分析了失败的原因，智能家居一定是市民家庭电器控制未来的发展方向，但那时相关的技术还没有成熟，尤其是用户购买心理远未形成，主打智能家居控制器产品的企业办早了！

时隔十几年的今天，智能家居产品和用户市场成熟了吗？还是说法不一。从总体情况看，智能家居与十几年以前一样依然是未来的发展方向，

---

① 陈国嘉：《智能家居：商业模式+案例分析+应用实战》，人民邮电出版社2016年版。

关键还要看厂家产品是否成熟，以及客户市场是否形成了。

现在，对于智能家居产品成熟度和客户市场是否形成，业内人士的认识差异很大。南方都市报评论员莫柳2015年参加中国家电及消费电子展览会后的感觉是"只闻楼梯响，不见人下来"，他2016年再次出席该展会得出的看法是"雷声越来越大，雨点还是那么小"。雷声大指的是物和物的互联互通问题已经解决、平台智能家居发展很快、单个智能家居产品智能度明显提高等；雨点小是因为规模厂家的平台之间还无法互联互通，还有就是新住户要统一购置一个品牌的产品，老用户需要一次性更换家中全部旧产品。在这种苛刻的条件下，有多少家庭用户能接受呢？

现实情况是，个别大厂家像海尔联合靓家居要3年拿出2亿元补贴给用户，推动其智能家居落户家庭。海尔每年免费提供1万台智能家居中央处理器，每台价值2400元，接受的用户还另外获得资金补贴。这说明相关平台和厂家决心要有所作为，尽力推动自己的智能家居战略布局早日实现。

（4）佛山企业拥抱智能家居风口。

1）生产五金产品到布局智能家居。成立于21年前的南海企业汇泰龙，是有着18年五金卫浴产品生产经验的公司，以生产高档产品为主，集开发、设计、生产和销售于一体。2016年7月其董事长陈鸿填说，汇泰龙顺应智能家居市场的发展趋势，在7月的建博会上推出涵盖六大功能模块的智能家居系统。这套系统不是简单地把家里的家具、电气以至于门锁"连接"在一起，而是运用软硬件结合的方法，把住户的家具形成一个有机的整体，实现互联互通。除了大家所了解的智能家居通常的功能以外，这套系统还有自己一些的特点。例如，到了晚上孩子要睡觉，红外感应器感知到小主人走进卧室，自动打开房间灯具，背景音乐控制器开始播放催眠音乐或者儿童故事。小主人爬上床铺，在音乐或童话故事中睡着，音乐或者故事的声音逐渐变小，灯光也会慢慢暗淡以至关闭。

汇泰龙与京东合作在2016年5月推出了云智能门锁，运用生物识别技术，通过指尖轻触实现开锁，为用户提供了易用而简便的门锁开关体验。迄今为止，该公司在智能家居业务方向进行了积极的探索，从早期的集指纹、触摸屏密码和机械钥匙为一体的智能门锁，到2014年发布能与智能手机相连的云智能门锁，借助手机移动端实时操作，在实现整体家居智能化的同时，为群众带来了更为智能便利的生活方式。

2）着力打造智慧家具生态圈。微波炉生产巨头格兰仕早已备战智能家居发展方向。2017年3月，格兰仕推出了筹备已久的"G+智慧家居生态圈"战略，将贴近用户特别是青年用户的需求，打造智能手机与智能家电一体的物联网和美食圈，积极打通广大用户和企业的联系。

在过去相当长的时间里，格兰仕锲而不舍地做着这样的努力：让家电越来越聪明。2016年企业研发出"微蒸烤"一体化机器，成功突破了以往微波炉单一蒸或者烤的功能界限，使一台机器能够满足三种需求。格兰仕企划部负责人游丽敏说明，为满足用户多元化的需求，在该企业云菜单上，已经搭载了88个菜谱。用户只需从手机上下载，传至内置Wi-Fi的微蒸烤一体机上，即可烹饪不同品种的菜式。这种云菜单、内置Wi-Fi的微蒸烤一体机，就是格兰仕"G+"智慧家居生态系统的组成部分。

2017年3月，在格兰仕中国市场年会上，格兰仕联手中国联通、华为等多家企业，开展智慧家居业务的全方位合作，宣布共同打造"G+智慧家居生态圈"，通过发展智能家电、智慧家居和智慧制造将品牌价值链从家电圈扩展到物联网和美食圈。其中，智慧家居包括两个方面：一是手机与智能家电的互联互通，二是智能家电之间的物联。

格兰仕企业坚持着一个很重要的理念，无论是智能家电的研究还是智慧家居生态圈的打造，这一切改变都是在坚守制造的基础上，以用户为中心进行改造。格兰仕产品今后无论包装、表达方式，还有路径如何改变，都是努力要让客户感动，要打通客户和企业之间的联系。

（三）万联网、人工智能、机器人与佛山

根据如上所说，信息通信技术是个"族群"，如今移动互联网技术已处于"领头羊"地位，"互联网+"已被确认为当前信息化浪潮的"代表作"，而物联网、小数据、云计算、大数据、智能家居等先后崭露头角，现代技术新事物不断涌现、层出不穷。人们可能会问，在计算机联网、移动互联网和物联网之后，还会出现什么联网呢？这是个网络技术发展方向问题，也是移动互联技术下一波的发展大势问题。据业界权威机构和权威人士预测：物联网之后会出现万联网。

1. "连接万物"的万联网

美国知名研究机构高德纳（Gartner）曾连续两年将万联网评为十大趋势技术。万联网最简单的理解就是把移动互联网和物联网彻底打通。高德纳的2015年十大趋势技术预测中，有七项直接支撑万联网。

万联网是下一波大趋势，若要让它完善运转起来，各行各业仍然需要解决安全、隐私、硬件兼容、软件兼容、同步、有线网络、无线网络、数

据挖掘、数据分析等数十项技术问题。①

价值中国网创始人兼首席执行官、中国众融总会创会会长林永青认为，万联网是"物联网＋人联网"的升级版，让万人、万物、万事互联。思科首席执行官约翰·钱伯斯预测，万联网仅仅对公共项目的贡献即可达到4.6万亿美元。他相信万联网将会对一切产生巨大影响，包括城市规划、应急救援、军事、健康及其他几十种场景。

据市场调研公司IDC预测，到2020年，联网设备使用量将达到2200亿部，可以将这些传感器植入信标机、家庭自动化系统等设备中，但它们也可以被放入公司的移动处理器中，来为手机和平板电脑供电。

对于未来的万联网，现在只是个推测，到了遥远的未来，它真就可能"无所不能"了。现在移动互联网的功能已经叫人目不暇接了，再加上中国正在强力推动的"互联网＋"，前景相当令人兴奋。我们完全可以相信，被称为下一波大趋势的万联网，必定会给当代人类带来更大的惊喜！

2. 人工智能

对于人工智能怎么看？有些业内人士认为，当下互联网经济已经进入新常态，下一个时代将属于人工智能。到2020年有可能形成千亿级人工智能市场规模，它还有望接力互联网，强力推动下一波产业大浪潮。还有思维比较积极的人，如科大讯飞董事长刘庆峰断言，"人工智能＋"的时代正在到来，未来5～10年，人工智能将像水和电一样无所不在，进入教育、医疗、金融、交通、智慧城市等所有行业。

（1）人工智能大发展的信号不断传递。

2017年3月5日，国务院李克强总理做政府工作报告，明确提出要加快培育壮大包括人工智能在内的新兴产业，这也是"人工智能"第一次被列入国家级工作报告。就是说，"人工智能"成为2017年政府工作报告中的科技关键词之一，而2013年的科技关键词是"互联网应用"，2015年的是"互联网＋"。这充分反映了我国政府意识的与时俱进。

查阅《"十三五"国家战略性新兴产业发展规划》（以下简称《规划》），我们可以知道，人工智能创新工程被列为《规划》中部署的21项重大工程之一，正在助力产业结构进一步优化，以及产业创新能力和竞争力的提升。《规划》还明确提出，鼓励各行各业加强与人工智能融合，逐步实现智能化升级。伴随着中国人工智能技术的发展，如何通过行业特性

---

① 本·巴加林：《下一波大趋势：万联网》，http://tech.163.com/14/0518/15/9SHML1M900094ODU.html。

积累有边界的数据，切实服务于国计民生，为传统行业增添新动能，已成为了当今科技创新的新课题。

2017年7月，国务院发布了《新一代人工智能发展规划》，这是首部国家层面的人工智能发展规划。规划明确了三步走战略目标：第一步，到2020年人工智能总体技术和应用与世界先进水平同步，人工智能产业成为新的重要经济增长点，人工智能技术应用成为改善民生的新途径，有力支撑进入创新型国家行列和实现全面建成小康社会的奋斗目标；第二步，到2025年人工智能基础理论实现重大突破，部分技术与应用达到世界领先水平，人工智能成为带动我国产业升级和经济转型的主要动力，智能社会建设取得积极进展；第三步，到2030年人工智能理论、技术与应用总体达到世界领先水平，成为世界主要人工智能创新中心，智能经济、智能社会取得明显成效，为跻身创新型国家前列和经济强国奠定重要基础。

（2）人工智能技术发展。

何为人工智能？用通俗的语言解释，人工智能就是智能型的机器；再具体来说是创造智能程序，命令机器完成类似人类完成任务的科学和工程学。

60多年来，人工智能的发展比较迅速，如今在没有人力的协助下可以完成多种工作，如驾驶汽车或者飞机。机器人被加入人工智能后，在超声波、激光与核磁共振等技术的协助下，能够完成精确的大脑手术，其准确程度明显超过人类的外科医生。将来，飞机师、宇航员和医生等都可能会失去职业，相当多的工厂普通工人会被智能机器人所取代；因为智能机器人（即人工智能）不用休息、高效率并且极其精准。

人工智能概念是1956年首次提出的，至今已经过60多年。该领域曾经经历过两次过度渲染和快速发展的热潮，可持续时间不长很快就降温了，公众兴趣与投资热骤减，出现了"AI寒冬"。1970年，产生了第一次人工智能产业浪潮，通过第一代人工智能神经网络算法，证明了《数学原理》这部书中的绝大部分数学理论。但是，当时政府投资枯竭，技术发展徘徊不前。1984年，掀起了人工智能第二次产业浪潮，那时霍普菲尔德网络被推出来，让人工智能的神经网络具备了历史记忆功能。可是，那时的人工智能很难产生经济效益，远未达到人们预期的商业价值，形成了AI的第二次寒冬。

2016年，在我国，人工智能又一次成为学术界和产业界的大热词。业内有人认为，人工智能的第三次大潮已经到来。它也不再只是一个概念，而是可以进入行业实际使用的技术了。从人们津津乐道的机器人领域，到社会生活的各类行业和方方面面，人工智能正在切实地影响着大家的工作与生活，让工作和生活更方便、更智慧。

让我们来看看百度董事长兼 CEO 李彦宏在第三届世界互联网大会期间，所表述的比较激进的话语：如果还是依靠移动互联网的风口，已经没有可能再出现独角兽公司了，因为移动互联网的时代已经过去，人工智能的时代即将来临。

科大讯飞研究院根据研究认为，人工智能有三大主要发展方向：运算智能、感知智能和认知智能。①运算智能，即快速运算与记忆存储能力。人工智能所涉及的各项技术的发展是不均衡的。现阶段计算机比较有优势的是运算能力和存储能力。人类在强运算方面已经比不过机器，如与阿尔法狗下棋。②感知智能，即视觉、听觉、触觉等感知能力。这些能力人类和动物都具有，可以通过这些智能感知能力与自然界进行交互。机器在感知世界方面要比人类有优势，因为人类是被动感知的，而机器能够主动感知，如红外雷达等。③认知智能，通俗讲就是"能理解会思考"。人类由于具有语言能力，才能对事物产生概念，进而形成了推理；因此意识、观念和概念等都是人类认知智能的表现，如需要创意和想象的工作机器比不了人类。

（3）中国人工智能技术已居于世界前列。

2017 年 4 月，各种电子"智造"产品齐聚第五届中国电子信息博览会：会端茶送水、点菜下单的机器人，语音识别率高度准确的互联网视频会议系统，信息丰富、影像立体的 VR 眼镜，等等。博览会发布了超过 5000 件的新技术新产品，集中展示了高端芯片、智能制造、人工智能、虚拟与增强现实、智慧家居等电子信息产业的创新成果。

据统计，2016 年我国电子信息制造业收入达 12.2 万亿元，微型计算机、手机、彩电和网络通信设备等主要电子信息产品产量继续位居全球首位，计算机视觉、语音识别等细分领域已处于世界领先水平，涌现出一批具备竞争实力的科研机构与企业，电子"智造"具备了良好的技术基础。

工业和信息化部副部长刘利华认为，目前人工智能的产业化转换刚刚起步，我国已经在智慧城市教育、汽车智能客服等人工智能领域初步形成了从技术到产业再到应用的完整布局。①"中国制造 2025""互联网+"等政策文件中都将智能技术、智能产品列为发展重点，国家对以智能为引领的电子信息产业的支持力度还将持续加大。

如今人工智能这张中国的科技名片，确实引起了世界性的瞩目。2017

---

① 新华社：《工信部：我国人工智能研究已走在世界前列》，http://www.xinhuanet.com/2017-04/09/c_1120776830.htm。

年2月,《纽约时报》刊登了一篇报道《人工智能"军备"赛跑,中国正在赶超美国》,其中说到,各项数据指标显示,中国的人工智能实力正在一定程度上超过美国。文中还介绍了一家中国企业科大讯飞,其在语音合成与中英文翻译等多项技术的国际大赛上勇夺桂冠。更为有意思的是,2017年度的美国人工智能协会年会,因为会期与中国春节"撞车",而特意延迟了一周时间召开,美方的解释是在人工智能领域中国研究人员已经达到了不可或缺的地位。在年会上被大会接纳的中美两国论文在数量上已经不相上下。协会主席苏巴劳如此感叹:"仅仅三四年前,情况还截然不同,这既让人惊讶,又令人印象深刻。"①

(4) 顺德、南海14家企业联手搭建人工智能生产线。

这是一条以工业4.0思维组建的从客户选型下单、完成产品制作环节和把成品送达客户的人工智能生产线,其中注塑机由南海区企业提供,其他所有软硬件都由顺德公司完成。

在长30米、宽25米的厂房内,100多台设备正在同时运行,清晰地展现了一台电饭煲的整个生产流程。生产线由六轴工业机器人、四轴码垛机器人、三轴工业机器人、搬运机器人、电子看板、总控室和控制系统等构成,在各岗位上都嵌入电子看板,接入信息化系统,完成注塑、冲压、装配、包装与仓储等六大生产环节。据说,按照传统生产工艺需要40个人,现在只需要六个人即可,他们只从事插线等自动化成本较高的工序。如果进一步加强人工智能技术,未来只需要两个人就够了。

在生产现场除了能看到庞杂的机器作业外,还可以见到一块巨大的屏幕,上面显示着成交、生产的实时数据,这是该人工智能生产线与传统生产线区别的最大亮点。该生产线可以直接为下游代工,并且开展销售,直接产生效益。该生产线一个小时能生产120件产品,如果24小时连续运转,每天就可以有2880件电饭煲出厂。

3. 关于机器人

(1) 机器人到底是什么。

实际上,机器人用最通俗的语言来表述,就是能替代人类完成某种工作的机器。当然,有的机器人外表并不像真正的人类,可能只是为完成人类的一个动作而设计。例如很多工厂的机器人就像人类的一只手,拿起一个零件并安放到指定位置。在我国的民间,有些爱思考爱发明创造的人

---

① 《艾礼富Alef讯:中国人工智能的现状与未来趋势》,http://www.sohu.com/a/132255592_598109。

士，发明了多种单一功能的机器人，如面馆的和面机器人、饭店的迎客机器人等。当然，发明这些机器人的主要目的是招揽顾客和进行业务品牌宣传，因此要把其外形尽量制作得与人类相似，有的像少女、有的像老爷爷等。在青岛的"青岛爱特机器人餐厅"，2015年做快餐时使用了机器人；在成都的"欢天寨"机器人餐厅，有7个机器人，分别负责迎宾、点菜送餐和跳舞，但并没有取代全部的服务人员。

还有一种更广义的机器人说法，即电视机、洗衣机、洗碗机或计算机都可以称作"机器人"。因为电视机可以搜集外面的信息，再把它们播放出来，这就像一个人得到了外面的消息，再把它告诉给其他人；至于洗衣机、洗碗机和计算机，则是代替人们洗衣、洗碗和计算的。

作者本人认为机器人应当分为两种：一种是"普通机器人"，即代替人类完成某些工作的机器人，如工厂的插件机器人。另一种是"智能机器人"，至少具备运算智能、感知智能和认知智能三项主要功能中的一项，最理想的是三项功能都具备。因为没有智能化的机器人，只能算作一种"机器"。如果这样来解释机器人的概念，那么无人机只能算作一种"会飞"的机器，而不是机器人，并且它是由人类来掌控的。

在我们国家多种媒体的宣传和报道中，几乎不区分普通机器人和智能机器人，而对平民百姓的科技知识更难于苛求，因此社会上不少人对于人工智能、普通机器人和智能机器人是分不清楚的。

（2）"狼"来了，是福是祸？

"狼"来了，是福是祸？这条"狼"看是对谁来说。对工厂技术含量不高一般工人，机场、火车站或者地铁的安检员，还有出租车司机、客服人员、环卫工人等来说，这条"狼"就是（普通）机器人。这些机器人擅长动作重复率高、工作时间长并且工作量很大的业务种类。

2015年11月，英格兰银行首席经济学家的报告认为，在以后的20～30年内，在英国，机器人将取代1500万个工作岗位，相当于现在英国从业人数的50%左右。有一种说法认为，"去工人化"的时代即将到来。

对飞行员、宇航员、外科医生等复杂一些的技术职业的人来说，即将到来的"狼"就是智能机器人。智能机器人至少熟练掌握语音识别、自动化控制、电脑视觉中的一种或者多种技能，这些技能掌握得越多，其动作以至于思维就越接近于人类。

普通机器人与智能机器人的主要区别是：智能机器人像人类一样能够观察、听到和理解事物，并能依据具体情况进行适当的处置。例如，同样是在工厂的流水线上给水瓶加封瓶盖，只是重复加封动作，这是普通机器人；要是能够随着水瓶的不同姿态与方位做出相应的调整，还可以对突发状况做出正确的反应，那就是智能机器人。需要注意的是，人工智能不一定非要依赖机器人发挥智能作用，它既可以无形也可以有形，能够把智能渗透到生产的各个环节，不一定非要找个"实体"依托。

但是就目前而言，智能机器人还是无法替代人类的。尤其是在如下几个方面：①知识陈述方面。当今的智能机器人做不到陈述事件之间、情况之间、物体之间的属性、分类与关系；而人类却不难做到这些。人类还具有创新思维和超常规思考的能力，而智能机器人只能依据工程师编写的程序和记忆拿出办法。②计划方面。至于制定计划方面，智能机器人可以在分析情景的前提下，利用记忆中提前预置的所有计划，制定对应措施，不可能产生出任何原创性计划。可是人类能够为未来制定计划，同时还可以预见此计划在将来可能产生的结果。至少在某种程度上，面对不同的情况时，人类能够随时调整计划或者重新制定计划。③推理、演绎与解决问题方面。人类解决问题的方式不一定非要步步推理，通常会面对问题做出直觉性的快速判断。早期的智能机器人是根据科学家设计的某种算法，使用逐步推理的方式来处理问题。到了20世纪80年代和90年代，智能机器人已经可以利用经济学、概率学等原理来处理不完整或者不确定的信息。智能机器人与自己相比进步了不少，但目前还无法像人类那样快速、直觉地做出判断。

德国《世界报》称，在德国受机器人影响最大的行业是办公室文员，接着是快递服务和邮政人员，然后是销售人员和清洁人员；而最不会被机器人取代的人是化学家、医生和物理学家。

从以上分析来看，在相当长的时间内，机器人能从事的工作会越来越多；随着相关技术的发展，它的智能程度也会越来越接近人类。但是要说机器人会替代人类甚至最后毁灭人类，未免过于悲观了。机器人本身就是人类创造和发展的产物，我们发明过比人类更善于计算的计算机，也发明过比我们听觉更好的雷达，还发明了比人类跑得更快的汽车，但最终都是人类是其主人。就科技发展的历史来看，可以如此推断：具有超高级智能的人类，终究是机器的使用者；而无论多么高级智能的机器，毕竟还是人类认识客观世界与改造客观世界所使用的工具之一。

因此，我们可以说，发明和使用机器人具有人类科技进步的划时代意义，有机器人陪伴而行，是我们人类的一种福分。但是，在发展机器人方面要注意人类自身的安全，做到合理监管，防止其研究发展失控。就像研究生物的杂交，对于人与动物的杂交就是个禁区，不可逾越。

而对于社会上的劳动力而言，这也是个警示：要在当今社会有条件的情况下多读书，多掌握知识与技能，从而能从事高级而复杂的职业。因为个人的职业素质提高了，其实转换个职业并不是什么难事，转换了也能很快适应。

（3）人造物要与人类比肩，真好！

这里我们还要提及现在人工智能的发展速度。国外一所大学的医学院收治了某白血病患者，为其寻找适合的治疗方法，需要阅读能找到的文献资料。但是这些资料太过庞杂，现有人手短期内几乎不可能完成。无奈之下医院决定尝试一下人工智能，没有想到的是10分钟就搞定了，阅读完所有资料，并给出了最佳治疗方案。

机器人尤其是智能机器人，应当是现在或者将来人类发明的"顶级人造物"。英国《每日快报》引用了人工智能专家维威克·沃德瓦的话："在一二十年内，机器人和人工智能就几乎能够从事人类所有的工作。我们正在走向一个'没有工作'的未来。我知道这听起来很骇人，但这是科技的现实。"[1]

在日本长崎县的豪斯登堡酒店，智能机器人负责接待登记、搬运行李还有退房等全套入住业务。例如，只要输入房号和放好行李，机器人就会送到顾客客房门前。如果在行李运送过程中遇到人类等"障碍物"，可以自动识别，并采取措施避让。

在德国奔驰辛德尔芬根"机器人工厂"的冲压车间，彩色的机械手臂吸附起大体积的车身部件，机器人通过摄像头、激光等技术检验成品；在组装车间，机械手臂拿着螺丝进入驾驶室，拧好螺丝后灵活地退出；在焊装车间，机器人完成的工作量占到了98%。

再来看看中国的餐饮行业。青岛某饭店的机器人"特特"，它除了轻轻松松负责上菜外，还可以与客人进行200多句对话；在三门峡某农家乐餐馆也有负责端菜的机器人，还有浙江义乌某饭店的机器人；等等。

机器人到底有多少种呢？作者认为有N多个种类，这个N随着时间的推移会越来越大，因为人类的创造力是无限的，所以N也会无穷大。机器人的分类也应当根据人类的职业分类有大类与小类之区别。例如，根据社会业务领域可以划分为工业、农业、教育、军事、服务、医疗等大类机器人；在每一种大类中再划分小类机器人，如服务业中会有接待机器人、送菜机器人和厨师机器人等。

在仿生领域已经研制出机器鱼、机器蛇、机器苍蝇等。据2017年初报道，美国刚刚研制成功蝙蝠机器人，能够实现"自主飞行"，相对于需要

---

[1] 青木、贾文婷、丁雨晴等：《机器人时代人类将面临大规模失业？》，http://tech.gmw.cn/2016-02/23/content_19000100.htm。

人类控制的无人机,其智能程度提高了不少。中国仿生机器人的基础研究相对滞后,还达不到国际水平,正处在初级阶段。

在2016世界机器人博览会上,可以看到智慧和美貌兼具的机器人"佳佳"、教育机器人、纳米操作机器人,还有"蠕虫"机器人,等等。

(4)工业机器人正在沿着"心灵手巧"方向发展。

"心灵"是指要发展机器人的逻辑思维,提高其学习、判断与决策能力;"手巧"是要持续开发机器人的柔性运动能力。智能机器人可以仿造动物的多臂和多足,可以从事多个工位的工作。将来的企业生产会更多地满足客户的个性化定制需求,不再是同一型号大规模生产。这种个性化制造只有心灵手巧的多臂机器人才能完成。

辅助机器人可以充当人类的"左膀右臂"。日常工作中,有不少高温、低温或者其他艰苦环境下的职业;在日常生活中老弱病残的人们,生活自理不了时也需要帮助。我们可以通过使用外骨骼技术,制作出一种辅助机器人来替代或者辅助人们的工作或者生活。把人类的能力和机器人的智能结合起来,不是取代人类,而是要辅助加强人们的能力和力量,让机器人技术更好地帮助与改善人们的职业和生活。

彩色艺术机器人能够打造五彩缤纷的世界。以前,德国的库卡机器人可以绘画梦露,但绘出的图画都是黑白的。华硕集团首席技术官罗仁权把科技与艺术结合起来,制造出一款"彩色艺术画家"智能机器人。这款机器人能够自己使用颜料在调色板上调色、添加阴影、勾勒线条,还能够画出栩栩如生的爱因斯坦人物像,等等。这些动作都可以自动生成,并且持续形成视觉方面的反馈,不断地调和颜色,实时自己进行比较。罗仁权认为,机器人是完全可以模仿艺术家的。

医疗机器人可以深入病源体察病情。意大利比萨圣安娜大学制作出了一款医疗机器人,是一颗具有摄像功能的小胶囊,外观上几乎与常见的感冒胶囊一样。当患者需要检查时,它可以进入肠胃之中很细微之处,检查效果超过传统的内镜仪器,且操作卫生和方便。患者感到,服用小药片就能解决麻烦的检查项目,真的很神奇!这款微小的医疗机器人可以移动的动力源来自哪里呢?小胶囊里没有电池,它是通过外部磁控驱动的方式来完成移动的。

相当一些业内人士认为,现今可以称作"互联网时代",而这个时代的接续者有可能就是人工智能时代,在人工智能时代中的重要角色应当就有智能机器人。现在中国智能机器人初露端倪,就已经"惊艳社会"。我们可以相信,到了人工智能时代,机器人将会表现得更为精彩,这种人造物将会"成长为"人类不可多得的"智能助理"。

（5）智能机器人已到佛山。

从 2016 年世界机器人博览会得到的多方数据看出，中国机器人自主品牌规模增速继续加快，中国已成为全球主要机器人消费国。国际机器人联合会（IFR）统计表明，2015 年世界工业机器人销量为 24.8 万台，同比增速 12%；全球市场规模从 2013 年的 85 亿美元增加到 2015 年的 123 亿美元。其中，我国的工业机器人销量全年累计是 6.67 万台，占全球工业机器人市场份额超过了 25%；中国自 2013 年起连续三年成为全球最大的工业机器人消费市场。

再看看广东的情况，从 2017 年算起，5 年以前无人工厂、黑灯工厂与机器人生产线还只是广东传统制造企业的升级梦，或者是勇于尝鲜者的试验田；但今天智能制造与机器人应用确实在南粤大地生机盎然。

单在 2016 年，广东新增应用机器人 2.2 万台，总量超过 6 万台。还大力发展智能制造行业，培育了年产值超亿元的机器人骨干企业 15 家。广东 2017 年的奋斗目标是，在电子电器、机械加工、汽车制造、食品加工、船舶制造、轻工家电、纺织服装和医药制造等行业大力开展机器人应用。到 2017 年底，机器人与相关配套产业产值达到 600 亿元人民币。建成超亿元的机器人制造与集成企业 20 家左右，以及 2 个国内先进的机器人制造产业基地。广东计划累计新增机器人 5 万台，制造业万名员工企业机器人数量至少达到 50 台，进入国内先进行列。开展机器人应用的企业平均劳动力成本下降 30%，全员劳动生产率提高 10%，质量效益提高 10%。

让我们再聚焦于佛山的机器人发展态势。佛山市提出了机器人应用"百千万工程"的智能制造发展战略，佛山高新技术产业开发区南海园已开始启动 15 家企业的示范线改造项目，加速机器人的推广应用。具体目标是重点推动华数机器人公司完成 1 万台工业机器人的生产，力争到 2017 年底，有 2000 台（产量的 20%）在佛山应用推广。

在一汽－大众生产线，一分钟就下线一辆新车；这样高的生产效率是依靠 80% 以上的自动化生产线。在焊装车间就有 800 多台机器人，6 条主焊线实现全部自动化生产。目前该厂生产 1200 辆整车/天，年产能达 30 万辆。

尚维家具五厂被赞誉为"初具工业 4.0 雏形"，这家 2016 年才正式投产的厂家，原材料分拣机器人、智能开料机、双边封装机等先进家具智能化生产线，还有智慧物流、智能立体仓库等设施，构筑了企业制造整体系统，致使全厂人均产值提高了 50%。其中，仅智慧物流这一部分，就能节省 600 名人工。

再看看顺德区的情况。截至 2017 年 5 月，排在全球机器人前五位的

"巨头"公司都以多种形式实现了在顺德的布局。美的成功收购了德国的库卡集团，伊之密宣布拟收购日资控股的上海川口机械有限公司80%的股权；利讯达、嘉腾和瑞典Kollmorgen、德国ABB公司、意大利柯马公司签署了战略合作协议。如天太、隆深、伊雪松、捷瞬和三扬科技等机器人公司，已经成功研制和销售了机器人本体。美的和安川合资设立的企业已获得了初步的成效，销售额超过了5000万元人民币。就如今的发展态势，顺德经科局预计，未来3年顺德的机器人市场将保持每年30%左右的递增速度。

在高明区，走进万和电气总装车间，4台机械臂正在灵活挥舞，吸附、搬运和码垛等昔日繁重的总装环节，因为有了机器人的应用简单而轻快。伴随着生产智能化脚步的加快，日益增多的机器人正进入高明企业。

截至2017年5月，高明区已有33家规模以上企业应用了机器人，总数超过了380台。机器人被运用于冲压、焊接、搬运和物流等环节，运用效果十分理想。海天味业、本田金属、溢达纺织和法恩洁具等，越来越多的本土企业都在使用工业机器人和智能生产线，加快了向信息化、智能化转型的步伐。

高明区正牵手全球机器人巨头之一的日本发那科子公司上海发那科机器人有限公司和广东泰格威机器人有限公司等，在高明技校共同设立工业机器人应用技术实训中心，联合培养技术人才。高明区也正在培育一批智能制造示范企业，打造工业机器人运用平台，力促智能制造向纵深发展。

佛山市不仅仅是广东省的制造业重点城市，也是我国的制造重镇，为了使制造业转型升级，必须快速增加"智能成分"。相信在不远的将来，智能机器人批量制造和应用定会成为佛山制造业增加智能成分的有力明证。

第三章 「互联网+」的沟通利器

今天，我们处在一个信息技术飞速发展的时代，而在信息技术集群中，移动互联技术尤其引人注目。移动互联技术及产品已经深刻地改变了人们的思维方式、行事风格、工作方法和社会生活。可以说，在现今的中国和世界，信息技术及其产品已经成为人类应对客观世界和改造主观世界的必需品；无论是在社会工作还是在日常生活中，移动互联技术及其产品已经成为人们最重要的沟通利器。

一、移动互联依赖的沟通工具

（一）互联网计算机和智能手机

1. 互联网计算机

1995年被认为是互联网元年。1996年，互联网计算机（通常称为网络计算机或网络电脑）这种新装置问世的时机已到，它朴实无华的装置用的是廉价的芯片，没有硬盘，能够在互联网络上存入或提取内容，每台售价低于500美元。在理论上，网络计算机的所有者将用这种装置收发电子邮件，进行文字处理，并浏览数据库和环球网。为存取电子数据表和电子游戏节目，用户会把专业性很强的应用程序从互联网下载下来，计算税款和玩游戏，然后再把程序送回网络。

开发网络计算机的公司对这种机器的看法有很大不同。一些企业把网络计算机做成在家用市场上出售的娱乐装置，看上去像盒式录像机；另外一些公司计划生产外观较传统的商业工具。太阳微系统公司说，它的网络计算机将是一种为公司客户设计的使用方便的环球网冲浪装置。奥拉克尔公司着眼于既能用于办公室，又能用于家庭的网络计算机。这家公司与计算机硬件商合作设计了便携式笔记本型的网络计算机。

2. 智能手机和传统手机

智能手机，是指像个人电脑一样，具有独立的操作系统和运行空间，可以由用户自行安装软件、游戏、导航等第三方服务商提供的程序，并可以通过移动通信网络来实现无线网络接入手机的手机类型的总称。

智能手机的外观和操作方式与传统手机类似，不仅包含触摸屏，也包含非触摸屏数字键盘手机和全尺寸键盘操作的手机。但是智能手机和传统手机有着很大的区别。传统手机使用的是生产厂商自行开发的封闭式操作系统，所能实现的功能非常有限，不能随意安装、卸载软件，不具备智能手机的扩展性。智能手机这个说法主要是针对传统手机而来的，本身并不意味着这个手机有多么智能；从另一个角度来讲，所谓的"智能手机"就是一台可以随意安装和卸载应用软件的手机，就像电脑那样。

智能手机的诞生，是由掌上电脑（Pocket PC）演变而来的。最早的掌上电脑并不具备手机通话功能。随着用户对于掌上电脑的个人信息处理方面功能依赖的提升，又不习惯于随时都携带手机和PPC机两个设备，所以厂商将掌上电脑的系统移植到了手机中，于是才出现了智能手机这个概念。智能手机比传统的手机具有更多的综合性处理功能。

智能手机的使用范围已经遍布全世界。因为智能手机具有优秀的操作系统、可自由安装各类软件、完全大屏的全触屏式操作这三大特性，所以完全终结了前几年的键盘式手机。

智能手机的智能也体现在对温度的敏感性上。极端条件测试表明，智能手机不仅仅会在酷暑下因过热而自动关闭，也会因酷寒而自动关闭。

（二）平板电脑和网络电视

1. 平板电脑

平板电脑也叫便携式电脑，是一种小型、方便携带的个人电脑，以触摸屏作为基本的输入设备。它拥有的触摸屏允许用户通过触控笔或数字笔来进行作业。用户可以通过内建的手写识别、屏幕上的软键盘、语音识别或者一个真正的键盘实现输入。

平板电脑由比尔·盖茨提出，它具有完整的电脑功能，其发展伴随着通信技术的快速进步而日新月异。作为一项新兴技术，平板电脑的标志性产品CDMA等型号迅速风靡全球并占据了18%的无线市场。截至2012年，全球平板电脑CDMA2000型号用户已超过2.56亿，遍布70个国家的156家运营商已经商用平板电脑业务。

2. 网络电视

网络电视（IPTV）基于宽带高速IP网，以网络视频资源为主体，将电视机、个人电脑及手持设备作为显示终端，通过机顶盒或计算机接入宽带网络，实现数字电视、时移电视、互动电视等服务。网络电视的出现给人们带来了一种全新的电视观看方法，它改变了以往被动的电视观看模式，实现了电视以网络为基础按需观看、随看随停的便捷方式。

传统电视品牌也开始加大向网络电视领域发展的步伐。尤其是我国知名的电视品牌长虹，其推出的 Q1F 不仅将网络电视功能纳入家庭电视中，更是实现了全手机操作的智能化享受，打破了长期以来电视遥控器对家庭电视的束缚，推进了网络电视的新发展。

从总体上讲，网络电视可根据显示终端分为计算机平台、机顶盒平台、手机平台等形式。通过计算机收看网络电视是当前不少中青年用户的收视方式，因为互联网和计算机之间的关系最为紧密。基于机顶盒平台的网络电视以机顶盒为上网设备，利用电视作为显示终端。这种收看方式的用户大大多于计算机收看用户；其弱点是电视机的分辨率低、体积大，不适宜近距离收看。而通过手机观看网络电视，是通过移动网络传输视频内容。由于它可以随时随地收看，且用户基础巨大，所以很有发展前景。

二、移动互联技术主要的应用方式

当代的移动互联技术及其应用已经到了"无处不在"和"无所不能"的地步。也可能社会发展到了有一天，突然缺少了移动互联及其应用，人们已经不知道怎样工作和怎样生活的地步。移动互联如今对于人类而言，就像阳光、食粮和水源一样，不可或缺！移动互联技术主要的应用方式有电子邮件和手机短信、QQ 软件和移动应用 APP、微信软件和小程序等。

（一）电子邮件和手机短信

1. 电子邮件

电子邮件是一种用电子手段提供信息交换的通信方式，是互联网应用最广的服务。通过网络的电子邮件系统，用户可以以非常低廉的价格（不管发送到哪里，都只需负担网费）、非常快速的方式（几秒钟之内可以发送到世界上任何指定的目的地），与世界上任何一个角落的网络用户联系。

电子邮件可以是文字、图像、声音等多种形式。同时，用户可以得到大量免费的新闻、专题邮件，并实现轻松的信息搜索。电子邮件的存在极大地方便了人与人之间的沟通与交流，促进了社会的发展。

电子邮件是在 20 世纪 70 年代发明的，却要到 80 年代才得以兴起。70 年代由于网络速度太慢，用户只能发送些简短的信息，根本不能像现在那样发送大量图片。到 80 年代中期，个人电脑兴起，电子邮件开始在电脑迷以及大学生中传播开来。到 90 年代中期，互联网浏览器诞生，全球网民人数激增,电子邮件被广为使用。

2. 手机短信

手机短信分为两种：一种短信是用户通过手机或其他电信终端直接发送或接收的文字或数字信息,用户每次能接收或发送160个英文或数字字符,或者70个中文字符；另一种是彩信,它最大的特色就是支持多媒体功能,能够传递功能全面的内容和信息,这些信息包括文字、图像、声音、数据等各种多媒体格式的信息。

短信的优点是：①发送通道畅通。短信发送平台具有一条以上的发送通道,发送到达率高。②操作简便。用户自主撰写相关文字内容,操作简便,修改方便。短信的缺点是：①信息容量小,对人的吸引力小。短信只能用文字编辑,缺乏相应的图像资料,所以相对略感乏味；如果使用彩信,其发送的成本又太高。②终端资料难收集。短信需要有相应的号码才可以发送,而具体这些号码怎么收集,以及收集后应该发给哪些客户就成为重要的问题。

（二）QQ软件和移动应用APP

1. QQ软件

腾讯QQ（简称"QQ"）是腾讯公司开发的一款基于互联网的即时通信软件,支持在线聊天、视频通话、点对点续传文件、共享文件、网络硬盘、自定义面板、QQ邮箱等多种功能,并可与多种通讯终端相连。其标志是一只戴着红色围巾的小企鹅。它是国内最为流行、功能最强的即时通信（IM）软件。

QQ状态分为不在线、离线、忙碌、请勿打扰、离开、隐身、在线、Q我吧,用户还可以自己编辑QQ状态。

2. 移动应用APP

现在无论是IT专业人士还是普通民众,一个经常挂在嘴边的词就是英文简写的APP。APP是指智能手机或平板电脑（iPad）的第三方应用程序,可以称作移动应用APP；通俗地说,也可以把其称作手机或平板电脑（IPad）应用软件。它用来完善手机等移动设备原有系统的不足,以及促使其功能更加完善。

这些应用软件多数是由手机开发商之外的第三方研制发布的,也有人称其为APP客户端。现在人们已经习惯地使用这些实用、便捷的APP客户端。例如，用于搜索的百度、搜狐和中搜等，用于网购的京东商城、天猫和当当网等，用于理财的腾讯操盘手、同花顺等。随着时间的推移，这类移动设备应用程序会日益增多。据可靠数据表明，APP给手机电商带来的使用流量远远超过传统互联网（PC端）的流量，通过APP获得更多盈利已成为各大电商平台的重点发展方向。

（三）微信软件和小程序

1. 深受大众喜爱的微信软件

微信是腾讯公司于2011年1月推出的一个为智能终端提供即时通讯服务的免费应用程序，可以通过网络快速发送免费语音短信、视频、图片和文字，还具有支付功能。

截至2015年第一季度，微信已经覆盖中国90%以上的智能手机，月活跃用户达到5.49亿，用户覆盖200多个国家、超过20种语言。此外，各品牌的微信公众账号总数已经超过800万个，移动应用对接数量超过8.5万个，微信支付用户则达到了4亿左右。

腾讯公司推出的微信应用程序，不仅仅对电信运营商形成利润和产品功能上的威胁，实际上也大大压缩了自己原来的主打产品QQ软件的生存空间。腾讯公司的观点是，现在如果不自己否定自己，有一天终归会被别人否定，那会更被动。腾讯迅速推出自己的新产品微信，并且快速占领市场，恰恰是该企业的远见卓识！

2. 新近出现的微信小程序

微信除了具有聊天、添加好友、对讲和线上支付等众多的功能外，还设置有"摇一摇""漂流瓶""朋友圈""公众平台""语音记事本"等多种服务插件。这些功能和服务已经不少了，再加上大量的APP应用，已经使工作、生活都相当便捷和舒适了，还会有什么更好的移动应用产品问世呢？

2017年1月9日，微信小程序上线了。一些业内人士认为，小程序与手机APP没有什么大的区别，PK掉APP的可能性不大，它到底有多少优势，还需拭目以待。普通民众对小程序则是一头雾水，手机应用的小程序是个啥东西？开发小程序要干什么？公众用小程序可以干什么？

微信创始人张小龙对此做了一定的解释，新华社记者叶前根据他的释义，总结出了三点：①小程序是什么？它是要实现应用无处不在、即用即走。同时，小程序禁止推送，也不许朋友圈分享。②小程序能干什么？网络的未来是"连接一切",但目前人与物的连接进展缓慢。如何解决?最实惠和最便利的入口是二维码,小程序就是要做这个连接。③小程序到底怎么样?小程序无粉丝逻辑、无群发、无应用排序,也没有收藏,只有浏览记录,这对用户是便捷,可对众多依靠微信生态生存的小企业和商家而言,简直是"要命"。

三、"互联网+"颠覆佛山民众原有的生活方式

互联网看不见摸不着,这张大网谁也不知它到底有多大的面积。可人们都明显地感觉到,它现在已渗透到人们日常生活的各个角落,其作用就像水、电、空气和阳光,成了人类生活的必需品。

作者近日利用学校寒假期间乘坐邮轮观光,上船后绝大多数人都要购置"上网卡"。一个人6天航行所需网费要500多元,游客们都争先恐后购买。否则你的智能手机不智能,平板电脑观看不了视频,也无法进入微信朋友圈了。我深切地感受到,即使在茫茫大海中,人们依旧生活在互联网温暖的怀抱中,否则你似乎又回到了原始社会。

(一)购物上网成为时尚

由阿里巴巴领衔主演的"网上购物"开始时,并不为国人看好,尤其是假货新闻不断,退货又极其困难。中老年人在相当长的时期内怀疑、责难这种购物方式。马云明白最应该感谢的是中国的青少年一代,是他们的勇于尝鲜和钟情不变,才使今天的电子商务销售额让实体商店摇头叹息、自愧不如。

每年的双十一,其实是整个11月,甚至还延伸到了12月,乃至与新年相连接,中国国内都会掀起一场规模巨大的全民抢购大联欢。据统计,2017年的双十一期间,仅天猫商城当天的交易额就达1682亿元。数年来中国双十一电子商务交易额已远超美国实体店黑色星期五的营业额。在2016年,美国感恩节和第二天(黑色星期五)实体店的销售额下滑了11%。而美国人相同时间的在线购物开支同比增长了近18%,达到52.7亿美元;因为日益增多的美国市民认为,坐在家里从网上买东西比去商场抢购更方便。由于越来越多的民众开支往线上转移,凸显了美国传统零售商面临的困境。

现在，佛山青少年早已成为网上购物的主力军，他们相当多的一部分人每天徜徉于网上，抢买时尚用品、寻找便宜货，持续地"买买买"，产生了一大批"剁手党"。中老年人的购物习惯也在逐渐发生改变，他们发现在网上购置大件电器商品，确实比线下实体店便宜。省钱是中老年人最喜欢的事，因此网上购物也被图实惠的中老年人逐渐接受。

我开始也不接受网上购物的新模式，主要是消费习惯问题，觉得在实体店购物看到的是"三维"物品，毕竟是"眼见为实"。网上的东西就是二维的"一幅画"，总是感觉不真实，尤其是买错了又难于退货，因此个人从不触网购物。但是孩子老说我们买的东西贵、不合适。时间长了我们就说，那你帮我们买吧！这一买不要紧，大多数情况下我们感觉还不错。因为孩子买的东西经过对比，即使加上快递费，也确实比实体店便宜，不用操心还快捷，个别的尺码不对也可以退换了。孩子那边一直买得很起劲。后来我们才知道，网上购物还可以攒积分，积分到一定程度还有相应的奖励。我所知道的是我的孩子有一次积分多了，被奖励免费去了一次香港。

我自己是个学人，经常需要购买书籍。孩子劝我在网上购买，可以打折；实体书店买三本书，网上就可以相同钱数买下四本。就这样买书也由孩子代办了。如今我已开始自己上网购书了，主要是上京东商城或者当当网。从我自己的经历来看，网购是有点被动，开始是对购物新业态有点拿不准，不想贸然先试；后来网上假冒伪劣产品多，更不想找麻烦了。但是一些青少年人勇于尝鲜，不怕付出成本，从而支持了电子商务由稚嫩、受挫到成熟、发展的转变。

（二）虚拟厨师自动到家

在世界性的民族烹调手艺中，中餐比西餐细致、复杂得多，中餐菜系丰富多彩，色香味俱全，尤其是吃起来较西餐味道更香美，这是不争的事实。西方人的感觉是中餐确实好吃，但烹调起来比较麻烦复杂，尤其是制作很费时间。我们佛山人自己也说，做顿好饭需要花费几小时，可吃起来二三十分钟就结束"战斗"了，时间花费得很不值。

如今网络订餐给做饭耗时的情况带来了彻底改善的希望。最典型的是年夜饭，放在前几年，如果在家做顿年夜饭，几乎家里的男男女女都要参与置办食材、烹调煎炒，忙得不亦乐乎。现在却简单多了，就我自己家来说，夫人和孩子已连续两年订购年夜饭套餐，这些套餐都是些半成品，送到家里，稍做加工就可上桌了，真的是方便快捷了许多。还有，像"爱大厨"推出的年夜饭包括盐水鸭、酱肘子、澳洲鲜鲍等中西名菜多等级套餐，价格从 1888 元到 8888 元不等。

通过网上订购，客户还可以挑选沪菜、京菜、湘菜、川菜或鲁菜等著名菜系厨师，由其代买食材，到家里来主厨烹饪。要是家人想亲自主厨，那么"日日煮""豆果美食"和"下厨房"等美食 APP 可以充当不错的帮手。对照大多数人分享的节日食谱，即使对烹调没有任何经验的人，也能烧出一桌美味可口的菜肴。我们完全可以把利用美食 APP 协助家人烧制菜肴的情形戏称为"虚拟厨师自动到家"。

至于在佛山邀请客人外出就餐，预订酒店和预订菜品之类，还有"单身狗"预定快餐之类，网上完成那就更不在话下了。

由此推开去，将来佛山社区养老饮食服务以及养老院饮食服务，还有幼儿园、中小学等教学单位，都可以不再单独设置饮食服务业务，将其外包给酒店或者就近的企事业内部食堂，以减少养老、教育等服务单位业务小而全的纠结状况。

（三）一机在手出行天下

一机主要指智能手机。其实台式电脑、平板电脑也都可以达到出行天下的预定酒店和预定交通票据的目的。但是智能手机做这类事情是随身最便捷的工具。

网上预订飞机票、火车票也就出现于 2010 年以后。刚开始的时候，可以通过台式电脑或笔记本电脑预订，那时已经觉得很高级、很方便了。在网上订票的初期，还不能网上预订住宿的旅店。后来网上和手机上订购的业务逐渐丰富起来了。如今通过航空公司官网、铁路 12306、携程旅行等网站或手机应用程序可以很方便地订购机票、火车票、长短途客车票和旅游度假产品，还可以查询和预订宾馆酒店，可以看到多个宾馆的环境条件、住宿房间的陈设和餐饮情况等，货比三家后再进行预订。这在 10 年前都是不可想象的。

如果是自驾出行，运用车载 GPS（自动导航仪）或手机高德导航等 APP，就可以自动导航引路了。作者不由得想起 2006 年在北京工作期间开车的情形。我车中常备一份北京市区交通图，出行前先查地图确认行车路线；途中找不到路了，就把车停在路边再查地图认路。在北京的近两年时间里，几次因停在主要交通线查地图而被交警警告劝离，好在那时首都交警对外地牌照的车辆不认路很宽容。现在回想起来真有些好笑啊！可当时哪有什么自动导航仪（GPS），只听说那是美国人使用的"高科技"。

近几年我国的北斗导航还在进一步开发，不断增加新功能。例如高德地图的"路况先知"功能，可以直观地看到路途堵点分布和拥堵预测情况，为民众提供精准全面的出行指导。

以前，城镇民众短途出行主要是乘坐出租车，都是站在马路边招手叫停空载的出租车。一般情况是越是上下班时间、越是天气不好的时候，越叫不到出租车；等大家都不需要时，出租车却"满街都是"。至于"专车"，是供高级官员和富家老板们享用的，普通民众想都不敢想。但又是最近几年，出现了普通民众可以使用的"专车"（网约车），只要通过网上预定，在任何地点随叫随到，极其方便。截至2017年底，网约车用户数量达到了4.35亿人次，83.2%的网民乐于接受网约车出行。这种"专车"免去了民众路边等车的劳苦，确实给人带来了极大的方便。随之而来的是出租车也可以网上预定了，2016年上半年，出租车网上预约规模为1.59亿人，在网民中占比22.3%。

火车站方面，如在郑州东站，设置了12台"云服务"设备，具有余票查询等多种功能，通过该设备的远程视频人工服务，可以快速查询和办理业务；在上海、北京和南昌等地火车站，2017年1月新增了"刷脸"验证通道，3.5秒内就能快速通过。

（四）微信、QQ亲友永驻

我在南海大学城从事学校管理工作，比较繁忙，绝大多数时间就是寓所和学校"两点一线"，没多少时间关注新鲜事物。2014年上半年，偶然听我的同事说了一句："你微信了吗？那我们加下吧！"这才晓得除了电子邮件、QQ通讯软件和短信，腾讯公司又推出了新产品微信应用程序。当时我的感觉是，电子邮件、QQ通讯软件和短信这三种移动互联工具，无论是对于业务工作，还是交流、娱乐和休闲都已绰绰有余，搞出个新的"微信"有必要么？不久后，发现学校里的青年教师和大学生都是"张口微信长""闭口微信短的"，想了一下，觉得还是应当熟悉一下"新事物"，免得让小青年们笑话。

经青年人点拨，上了微信并加入了数个群，使用了一段时间后，才感觉微信确实具有自己的优点。它可以直接通过智能手机操作，进行转帖、发红包、接发图文、晒美食、晒诗文等。以往的电子邮件和QQ通讯软件主要是在台式电脑或者手提电脑上使用，使用者多是上班族，尤其受到中青年人青睐。微信却不然，无论是老人还是孩子，或者是农民工，只要你会识字会写字，就可以使用微信。并且微信的承载工具主要是智能手机，在当今的中国社会，识字不多的城市农民工都在使用，因此微信应用程序以前所未有的速度，迅速普及开来。

我曾经于20世纪80年代末在沈阳参加市委党校第九期干训班，记得当年那个班有30多人，几个月的学习结束后大家各奔东西去忙自己的事业了。几十年以后的一天，我得知其中一位同学老伴过世很孤独，心情有些忧郁。怎么能帮一下老学友，是我那段时间的所思所想。后来想到建个干训班微信群吧！能与老同学联系上，再续情谊，交流信息，还可以不时"见个面"，叙叙旧。很快我就把此事操作起来了，聚起了十几名老同学，大家虽然生活在祖国的东西南北，可是小小的微信群使大家可以零距离沟通。其中一些同学已经几十年未见面了，如今手指轻轻按下，一声问候传遍了千山万水，真是要多方便有多方便。只要这个群不解散，十几个老同学可以"永远在一起"，大家永驻共同珍惜的这个网上群落。

（五）直播娱乐一网打尽

2016年出现了一种很火爆的互联网产品，那就是手机直播；也有人形象地把当年称作互联网直播元年。在春节，不管是大年三十的年夜饭，还是从正月初一到十五的探亲访友、老乡聚餐、学友聚会，能拍摄欢聚一堂、火爆热烈的动感场面视频，并且永久保存，是多么的有意义！把动感画面传送给因故未能到场的亲友或同学，那该是多么的珍贵！这种情谊传达方式既真切又充满温馨友爱，手机直播一出世就让移动互联的潮人们爱不释手。

手机直播应用技术在2016年新年期间的"横空出世，一炮打响"还带动了辅助产品的红火。例如从好玩的直播贴纸特效，到"叙旧不冷场"的多种游戏应用程序，再到由组织到收款一键搞定的聚会APP，对佛山很多年轻人来说，都是非常有趣的新体验。

2018年1月31日，中国互联网络信息中心第41次《中国互联网络发展统计报告》显示，截至2017年12月，我国网民规模达到7.72亿，普及率达到55.8%，超过全球平均水平4.1个百分点。

如今无论是政要、明星、商界名人还是草根民众，只要使用一款智能手机，就等于找到了属于自己的展示舞台，每个个体都可以自由地被观看或者是观看别人。长城企业战略研究所所长王德禄认为："直播彻底改变了网络信息传播的模式，世界的各个侧面、人生的各种场景和社会的精彩瞬间都能顷刻间推送到每个人的面前。在互联网作用下，这种传输是随时随地、低成本的。"他断言，这既符合技术发展的趋势，更代表人们沟通互联的发展方向。"随着网络世界的崛起，在现实生活中人与人之间的交流越来越少，因孤独而更加渴望交流，可因为种种原因又无法得到满足，而网络直播的出现恰好满足了人们社交需求窘状。"香港阳光心理咨询中心的咨询专家杨光认为，网络直播火爆也反映了现代人的心理需求。"我们有数量庞大的深夜失眠人群，有许许多多的空巢老人，直播可以成为陪伴他们的非常好的方式。"在北京师范大学新媒体传播研究中心主任张洪忠教授看来，网络直播是一种草根大众的娱乐方式，其魅力恰恰在于随意和生活化。在这里拒绝严肃和刻板，每个人可以随意直播自己的生活和观看别人的直播，主播和观众都获得了陪伴的乐趣。[①]

实际上，网络直播不应当仅仅是唱歌、聊天和餐厅聚会等泛生活的内容。有专家提出，不要把网络直播只看成"网红"表现自己的形式，未来的政府也好，企业也好，都可以利用这种方式做些宣传等工作。这种模式是接地气的，也是可以大力推广的。可惜的是，现在政府大多数人还没有主动的意识，去往网络直播方向拓展，培养一些具有正能量的"网红"。

当然，我们也注意到，在逐利的驱使下，为了吸引人们的眼球，部分直播平台和个别主播投机取巧，故意打"擦边球"，爆出一些在宜家过夜、护士直插胃管之类的新闻，利用和挑动人们的窥探欲，更挑战公序良俗。国家相关部门已开始发布一系列的法规制度，对直播内容等做出规范，明令禁止一些恐怖、涉黄等内容。相信网络直播会不断解决种种问题，沿着向上向善的正确方向发展。

（六）移动支付瞬间搞定

21世纪初，人们之间的货币支付除了面对面以外，如果隔空就需要在银行或者邮局完成。这是个很费时间的事情，要去银行或者邮局排队等候。对于上班族而言更是麻烦，要耽搁工作，一去至少两小时，甚至要向领导告假。后来由于科技的进步，银行配置了自动柜员机，解决了客户周末无法汇款、存款等问题。但是民众得去寻找街道上设置的柜员机，还是需要走出家门办理。

后来，随着互联网技术的发展，通过联网的台式计算机或笔记本电脑就可以进行网上支付了，并且是24小时全天候自行办理。可以说这是民众货币支付的一个变革性的改变，职场人都感觉非常便利；但对于不太使用电脑的普通民众而言，还没有体会到这种方便。

[①] 朱婷：《互联网直播期待向上向善》，《人民政协报》2017年1月17日。

最近几年，随着智能手机的迅速普及，支付宝、微信等移动互联支付方式悄然兴起，大有"星火燎原"之势。人们运用手机在任何时候、任何地点，只要轻轻一按，即可完成转账、购物支付等功能，在现有的科技条件下，便捷、省心到了极致。2017年1月初，蚂蚁金服旗下的支付宝发布了2016年中国人全民账单，全年4.5亿实名用户使用了支付宝。其中约71%的支付宝支付笔数发生在移动端，比2015年的65%又上升了一个台阶。根据易观（Analysys）发布的《中国第三方支付移动支付市场季度监测报告2016年第三季度》，2016年第三季度，中国第三方支付移动支付市场交易规模已达90419亿元，环比增长20.5%。移动支付人群和支付额增长速度相当喜人。

京东、阿里等商家还在继续增加移动支付的消费方式，如"白条""花呗"等支付方式，鼓励消费者逐步形成"花未来的钱，购买当下感受"的消费习惯。也就是消费者不必付钱而先行消费，用自己的信用保证以后付款。据统计，2016年使用花呗支付的笔数超过了32亿笔，与2015年相比暴增了344%。

派发红包是中国人年节和发生喜事时用货币来进行情感表达的一种方式，很喜庆、很温馨，也很容易营造出欢乐的氛围。派发红包千百年来都是面对面派发，最多也是托人转交，也就是说是个"手工活"。但最近几年，尤其是随着微信的应用，大家发现它有个派发红包的功能，使用起来十分便捷。在限定数额下，隔空可以一次性给100人派发红包；如果有人不想领取，其金额可以自动退回派发人的电子钱包卡里。派发红包和退回现在还不需要支付手续费。移动支付已经潜移默化地改变了民众的生活方式，外出可以不带钱包，手机代替钱包成了支付工具。需要付账不用刷卡，扫一扫二维码就完成了支付。如今派发红包已经扩展为平日亲友问候和增进友谊的方式。

微信还有个转账功能，可以进行民众之间（限额）货币的转移或支付；转款方不付手续费，收款方要付，真的是方便得不能再方便了。

2017年初，微信红包又有了新玩法。支付宝、腾讯等互联网企业，为了使春节抢红包更有吸引力和娱乐性，率先把AR（增强现实技术）应用到网络红包上。人们使用手机可以把"活蹦乱跳"的卡通红包"悬挂"在树上，也可以把红包"竖立"在纸上，还可以将它"塞"在柜子里。因此，2017年春节期间，佛山市民在外出游玩或者在超市、商场购物时，有些"潮人"举着手机在四处搜寻，当他们露出欢快笑容的那一刻，多半是发现了悬在空中或者是隐藏在某个实景里的AR红包。

从现在来看，仅仅人们相互派发红包这一动作，就为商家带来了巨大的商机，也为百姓传递情感和友爱开辟了新的释放渠道。2016年支付宝与春晚节目组合作，除夕夜支付宝"咻一咻"互动平台总参与人次达到了3245亿，是2015年春晚互动次数的29.5倍。有79万用户集齐了五福，平分了2.5亿元大奖。根据统计数据，2016年除夕当日参与微信红包活动的人次达到了4.2亿，收发总数是80.8亿个；QQ红包的参与人次达3.08亿，收发总量为22.34亿个。可以看出，微信和QQ红包参与人次合计有7亿多，占到了我国人口的一半还强；红包合计的总个数超过了100亿个，平均每人收发近8个红包。可以说参与的人次和红包数量都极其可观，移动互联红包的影响力和商业价值实在是不可小觑。

实际上，互联网不仅颠覆了当代民众的生活方式，也在开始颠覆人们的工作性质和工作方式。有人以开发或运用互联网技术和功能为职业，像马云、刘强东、马化腾等人。还有人借助于互联网选择"在家工作了"，如开网站销售，家就是工作地点；像"网约车"司机，可以在家等活。这些情况我们也可以将其归结为另一种"互联网＋"现象，即"互联网＋职业"。可以预计，随着移动互联技术进步不断加快的脚步，将来的世界一定会变得越来越精彩！

四、"互联网＋"对佛山未来生活的持续改变

（一）任何时间任何个人都可以终身学习

过去的10多年里，如果说佛山人在任何时间、如何个人都可以终身坚持学习充电，那说这话的人肯定是精神不正常了。但现在这已经变成了唾手可得的现实。广东省决定从2018年起，不用考试就可以就读成人本科。这种灵活的政府政策加上关于互联网的科技飞速进步，多少佛山中青年人甚至是老年人的读书梦想都化作了现实。

互联网对教育产生了颠覆式的改变作用，把原本的课堂教学转化为网上教学。在线教育起源于2013—2014年间，那时从事在线业务的企业有2400多家，开设10万门在线课程，用户近亿人次。到了2015年，在线教育市场规模已有1192亿元；2018年预计达到2046亿元，年复合增长率达20%。

如今的学习不单单是手捧书本和端坐在教室里，更多的可以在线上听课、订阅公众号或者只是参加社群互动。近些年，作者业余时间学英语主

要是通过两个途径：一是利用早起时间泛读 CHINA DAILY（《中国日报》），二是收看中央电视台 CCTV－NEWS（中央电视台英语新闻频道）。坚持了几年，对提高我的英文水平还是有一定的帮助作用。而我的孩子突然对强化英语来了兴趣，就从网上下载了个学英文的 APP，每天按照 APP 的要求坚持一个小时的英语强化口语和听力学习。去年我们全家假期乘美国邮轮"皇家量子号"出游，我发现孩子与美国船员对话比我要"溜得多"，线上教学效果优于线下教学效果有了明显的案例。

（二）自由职业者在人力资源中的比重大大增加

前面我们已经分析过，借助于移动互联科技，使民众在家工作成为可能。这是一种职业现象，它说明了什么问题呢？它说明信息技术的发展使我国的零工经济开始崛起，给城市或乡村未来的社区管理带来了新的挑战和问题。将来在社区中占比相当大的人群住宅就是职业场所，相当一部分的社区住宅需要符合职业场所和住宅要求的双重标准。

如今中国已经成为全球最大的互联网和智能手机市场，中国民众统一的汉语语言和国家经济的高速成长，致使 7 亿多网民同质化突出，形成了零工经济产生和快速发展的必要条件。智联招聘首席顾问郝建认为，随着服务业和网络平台的兴起，人们可以把自己的时间和技能直接转化为生产力，数字化支付工具使他们能在任何地方、任何时候得到报酬；没必要在办公室小隔间工作，没必要总为一个老板打工。

这里有一个实际范例，描述了一位现实自由职业者的工作场景，这使不少中青年职场人羡慕。21 岁的女孩海珍珍（音）每个工作日使用手机直播软件，只用 2 个小时视频直播个人做家务、与人聊天或者是嗨歌，她自由安排自己的工作时间，没有老板，也不搞有伤风化的事或色情表演。每月所赚取的直播收入能够支撑她在城市的生活，并拥有一个小户型的住处。这就是零工经济的职业人情况，移动互联科技带给拥有一技之长的人更宽松的工作环境，催生了新型信息化职业者，对中国劳动力市场产生了颠覆性的作用。

阿里研究院的相关报告显示，预计到 2036 年，中国可能有 4 亿多人员属于零工经济的自由职业者群体。我们再对比一下，麦肯锡全球研究院 2016 年的研究显示，在美国有 5400 万～6800 万人口，通过自主工作或临时工作获得一定的收入。麦肯锡认为，零工经济有自己的特点，可以为失业者提供工作机会，扩大劳动力的市场参与度，可以促进生产效率。对于雇主而言，他们当然愿意雇用临时工，这可以节省养老保险、医疗保险以至于全年奖金等多项开支和福利。再说一下这对于中国实体企业的作用。最近几年，中国经济因多种原因，正遭遇30年来最慢增长的困扰。自由职业者队伍的迅速扩大，对于利润日渐微薄的实体企业而言，毫无疑问是个福音。

对于在家工作也有不同看法。有的人认为工作环境和生活环境有本质区别。身在家中你不得不应付无法预料的取快递、家务活等杂事，而你工作在办公室就可以相对脱离鸡毛蒜皮烦心事的干扰，工作效率会提高不少。尤其是需要静下心来，集中一段时间处理的复杂问题或事务，还是适于在办公室处理。另外，社会发展到今天，有不少问题和工作不是一个人通过"单打独斗"就能够解决的，经常需要团队沟通和多人联合"作战"，这样的业务你在家办公是没法承接的。再有，如果你所从事的业务与多人紧密相连，你只是通过电脑或手机与人沟通，大家都感受不到你的存在，时间长了，即使在"虚拟团体"中你也会"人微言轻"，逐步淡出人们视线之外。相对于那些与团队、领导朝夕相处的人而言，你的职业前途必然是"充满了不确定性"。

（三）地球真正变成了"地球村"

现在佛山人的相互联系，早已不满足于手机通话和电子邮件了。我的朋友这个春节带着妻儿去日本滑雪，与我的微信联系从未间断过。还有我的一个学生到澳大利亚出差两个月，我把与他们班同学春节聚会的图片实时发到他的微信，看了大家欢聚一堂的视频和图片，他感慨万千。

如今佛山人在韩国、泰国等国买东西都可以使用支付宝支付，近些年在美国和加拿大的华人区和商圈也可以使用支付宝了。这和以前出国必须带现金和零钱（挂电话和叫出租）相比，真的是惬意和便捷得多了！

在线教育课程可以在国内外相互引进和流通了。例如，我国的在线职业教育市场巨大，需求相当旺盛。2016年末在线网民使用率为34.4%，用户总量已达4731万人。在线职业技能培训机构如雨后春笋般持续增加，国际职业技能证书培训成了许多培训机构新的赢利卖点，如国际职业经理人、美国注册管理会计师等在线教育课程。

还有，一些国外义务教育的原版课程也进入了中国。据调查，到2016年底，在线学习用户中，中小学教育用户达7345万人，占在线学习总人数的53.4%，年增长率达到了76.9%。一些在线教育机构所提供的国外原版义务教育阶段课程资源，在网上下载使用而不受限制。随着手机在线教育的产生和时兴，教育机构利用微信平台，以加拿大、美国中小学课程或英国牛津教材等资源为卖点，吸引中小学家长，做法繁多，效果明显。

另外，以色列、俄罗斯和瑞士等国的大学到中国本土，与中国知名大学合作办学，使中国的青少年不出国门，就能得到国际先进大学的教育，并得到其学历证书。

如此这些都离不开"互联网+"的作用，可以说"互联网+"从技术层面保证了相距遥远的世界各国人民就像住在同一个村落里。

五、过度"互联网+"的负面影响

前面的章节中我们不乏对信息化以及互联网的溢美之词，它们的发明和存在改变了社会，改变了世界，改变了人类自身，甚至改变了人类的思维方式，它们的正面效果对于当今世界正无时无刻不在显现着。但是互联网和信息化依然是一种技术与技术存在方式，与世界上已具有的其他人类发明一样，都存在着两重性。用得好，是人们认识自然和改造自然的利器；用得不好，也会带来不小的纠结、灾祸，甚至危及少数人的生命。

另外，通过互联网，世界各国之间形成了"零距离"接触的局面，导致西方思想和价值观超越国界，直接影响着我国国民。这就需要从文化制度和意识形态等方面加强审查与监管，给各级政府带来了新的问题和任务。

（一）过度使用空耗了宝贵的时间资源

在前面"互联网+"颠覆了居民原有生活方式的章节中，我们叙述了移动互联技术设备为现代人带来了极大的方便，节省了大量的有效时间。那么我们要思考，节省的精力和时间给大家带来了什么效益呢？对相当多的人而言好像没什么收益。

2016年第38次《中国互联网络发展状况统计报告》显示，7亿多网民日平均"黏屏"3.8小时。有人估计青少年每天在网上的时间平均可能超过6小时，这些人上网有多少时间是用于"正业"？是查询相关知识信息，还是大多数时间都用来聊天、娱乐或购物了？可能实际情况是这样：有了移动互联设备，非但未节省时间，反而提供了随时随地闲聊和玩耍的机会，浪费了大把大把的青春好时光。

有人会说，手机上无数的网络文章看起来十分精彩，那不就是知识吗？还有，移动互联阅读把海量的知识与信息用模块或概念的显性方式呈现给读者，就像"知乎"等问答网站的出现，确实使信息和知识的获得更加便捷，使人们快速得到对自己职业和工作具有直接指导意义的信息和解答，有何不可呢？

我们并不反对移动互联带来的获取和学习新知的新方法、新思路，并且也会积极运用和倡导。但过度依赖和使用手机是我们反对的。使用手机也是一把双刃剑。一拿起手机就根本停不下来，使学习新知全部依赖于移动互联的"碎片化、功利化"阅读是完全不够的。微信、QQ和微博等社交工具闲言碎语式的"信息轰炸"，无法从本质上提高青少年学历知识的提升，也无助于提高他们的职业竞争力；因为要提升思维能力，要获取专业领域系统化的知识，必须通过对专业教材和专家著述的系统阅读和深度研讨。

让我们再回到前面所叙述过的话题，有人说7亿多网民中大多数青少年平均上网时间可能超过了6小时。如果是这样，这些孩子是否是在不知不觉中浪费了大量的宝贵时间？如果把这些时间用于提升学习或者职业竞争力，那该有多么大的显著作用啊！

（二）对青少年个人成长的负面影响

我尽管主要是从事高校业务管理工作，可曾经是教师出身，也一直没离开过大学的三尺讲台，时不时要为学生们开课。在进行营销管理和生产管理等课程的讲授时，我经常会给学生布置些课外作业或者实际管理案例分析作为课堂考核，后来发现少数学生直接到网上搜索相关内容，然后将相关内容材料略加整合形成文字资料，以应付老师。

到了近几年，有些被称作"写作神器"的手机应用软件在学生中日益流行，只要你设置好题目、题材和字数等选择要求，手机一个操作，批量作文便"喷薄而出"。再通过筛选、拼接不同文章的某些段落，时间不长，一篇拼凑的作文便形成了。

我们知道，相关学习资料的搜集，对完成课业学习，尤其是开展科学研究，十分重要；没有历史资料和真实数据的对比，科学研究很可能就是一种"井底观天"或者"自拉自唱"。

我对不同时期学习资料搜集的难易程度曾有过深刻的感受，自己当年做硕士学位论文和做博士学位论文时搜集资料可谓"天差地别"。20世纪80年代末我开始做硕士学位论文准备，需要查找相关文献学习参考。那时刚流行不久的台式计算机的主要功能是计算和打字，计算机的联网也是局部的；而不像今天是世界性连接，也根本没有百度搜索等相关网站。我查找相关资料和论文的办法，就是奔走于国家、省、市和大学图书馆，还有相关研究院所资料室之间，进行人工查询，找到一些相关资料后或者使用复印机复印或者自行做笔记记录。那时查找一次资料少则半天，多则就是一整天，依稀记得当时仅搜集资料就用去了3个多月的时间。

到了21世纪初我开始搜集相关资料准备完成博士学位论文时就方便多了，因为已经出现了"知网""万方""维普"和百度搜索等相关网站。我记得自己博士学位论文的相关资料主要来自互联网，搜集了100多篇国内外博士、硕士学位论文和关联论文。此外，还去到上海、北京和沈阳市等知名和规模书店去查找和购置相关著作和资料。但是，人工查询已经成为了辅助方式，我只是去过两次北京图书馆，查找、复印过一些资料。

为了避免误解，还需要说明的是，我的博士学位论文和硕士学位论文的选题都是与自己多年从事的职业紧密相关的，个人职场上深刻的实战认识和体会，加之学习、参考其他学者、学人的成果，才能使自己的学位论文有底气、有质量。

从我们这些"过来人"经历来看，学习课程、完成学位论文和开展科学研究，查找、学习和对比相关资料、信息是必需的，都要走这一步，关键是看你对资料和信息的使用方式，是学习、借鉴和升华，还是抄袭、剽窃或拼接。

实际上近几年多种手机应用程序的开发和投入使用，给青少年的学习和工作带来了极大的便利，节省了大量的宝贵时间，增强了学习兴趣，大大提高了学习效率。这无论对学校、教师和学生而言都是天大的好事。

但是，在一部分青少年那里，好事变成了坏事，手机应用软件的使用由正能量化为了负能量。把一种学习和工作的"助人利器"改变成了"害人利器"，使手机对青少年成长产生了"负影响"，这可以说是一件很可怕的事情。我们感到忧心忡忡的是，现在有不少学生解答问题、写作业，不去钻研知识、不请教老师，不经过自己的独立思考，而通过移动互联去"拼抄"他人的成果，这样下去将要把祖国的花朵引向何方？更令人担心的是少数学生还利用手机软件在考试中抄袭和作弊，超越了道德底线，背离了国家教育的规制。

（三）削弱了正常的人际交往

在一些媒体上不时看到这样的报道：老年人一年到头就盼着过年与儿孙们见面欢聚，可就在吃年夜饭的时候，一些儿孙辈的人依然眼不离手机，惹得老年人极不高兴，甚至大发脾气。还有"80后""90后"的中青年夫妻，工作之余还是放不下手机；手机甚至成了"第三者"，双方的感情都受到了不小的影响。还有的孩子妈妈在家里不管子女，主要注意力也在手机上。有的孩子发出了震撼心灵的呼喊："妈妈一直在看手机，我的心很痛！"手机还有电脑的过度使用，影响了亲朋好友们的当面沟通，使家人、亲朋还有同事同学的感情疏远了，就像有些人调侃的，我们"看似挨得很近，其实离得很远"。

现在还有一些人被称为"宅族"，这个群体正在变得日益庞大。国内有调查指出，受访人员中的七成认为自己很宅，竟然有22.4%的人一周都宅在家中，甚至吃饭时间都要看着手机或者对着电脑。例如"宅男"小王毕业两年多换过几次工作，一次次的岗位调换使他尝尽了职场的酸甜苦辣。"在自己的空间里能让我找到安全感"，他说。半年前，小王辞去工作后，几乎全部时间都在家中度过，吃饭就叫"外卖"，购物选择"淘宝"，娱乐都在网上"游戏"，交流就用手机"聊天"。在他看来宅在家里什么都很美好，是一种自在的生活方式，无拘无束。而小王的家人却对他忧心忡忡，抱怨小王是在荒废青春，规劝他尽快振作起来。

为什么移动互联的过度使用可以取代人们面对面的交流呢？复旦大学社会学系教授于海认为，不少人越来越宅是社会发展的客观产物，有社交方式被颠覆的原因。网络的发展让虚拟生活变得丰富多彩，即使不面对面打交道，也可以通过手机和电脑满足多数工作和交际的需要，宅在家里不大影响效率。也有现代社会压力增大的原因。残酷的竞争、拥挤的人群，还有快速的生活节奏，都使当今的人们压力日益增大，自己的家无疑成为"宅族"们"最温暖"的港湾。"宅男宅女"可以在家做真实的自己，自由自在，关起房门享受个人生活，不必再看别人的脸色工作。还有一个重要原因是，现在的不少"宅男宅女"大多是"80后""90后"，一般都是独生子女，这些人从小习惯了独处的生活方式，不喜欢与人交流，更愿意安静地自娱自乐。另外，有一些青少年在社交活动中受到过伤害，形与人交往的恐惧心理，从心理上愿意封闭自己。

(四) 有人深陷虚拟现实难以自拔

从现实情况看，我国已超过了美国，成为世界上手机拥有量最大的国家；网民人数相当于欧洲的人口总量，95.1%的人用手机上网。大家都有这样的感觉，无论你走到哪里，无论是什么时间，只要是有人群的地方，最显眼、最司空见惯的就是"满眼低头族"，无论男女、无论老少都在摆弄手机。这就是当今中国最现实的情况。移动互联确实给人们的生活和工作带来了革命性的变化，智能手机渗透到了人们全部的空间和时间。在学校老师对学生上课玩看手机感到十分纠结，在职场领导对下属随时摆弄手机倍感焦虑，在政府部门上级对公务员班上鼓捣手机愤怒不已。一句网络经典话语是这样描述的："世界上最远的距离是我在你身边，你却在玩手机。"许许多多的人形成了这样一种生活常态：晚上闭眼之前必须浏览完手机信息，早晨眼睛睁开再拿手机观看内容；天天周周月月如此，已经形成个人生活习惯。

那么手机里有什么？手机里确实有各种学习资源，也有时事新闻信息。但是，相当多的人浏览的不是这些，而是奇闻逸事，是花边新闻，是朋友圈中的调侃逗笑；即便有些时事新闻，有些警句箴言，也都是凌乱而不系统的。这些东西脱离了一些人的现实生活和工作，使人们生活在虚拟和遐想之中，暂时摆脱了职业和生活中的问题和烦恼。其实这就像喝酒喝醉了一样，摆脱现实境遇只是暂时的。沉溺于移动互联虚拟现实的时间越长，你就越发依赖手机逃避现实；越逃避现实，你面对现实、应对现实的勇气就越缺乏，最终也摆脱不了现实生活失败者的终极命运。

除了一些人对移动互联网设备"过度使用"与"过度依赖"外，还有一些"问题"青少年幻想快速出人头地，或是在人生道路上郁郁不得志的一些人，每天花费大量时间待在网上，展示存在感，把虚拟世界当成了现实空间，以此麻痹自己的神经。

还有更可怕的事情，相当数量的青少年患上了"网瘾"，不得不辍学或放弃职业。早在2010年，中国青少年研究中心公布的《关于未成年人网络成瘾状况及对策的调查研究》中看出，那时有65家矫正治疗机构。8年后的今天这些机构增加了多少还不得而知，但我们可以知道的是，国内的网瘾患者一直在增加。据2017年7月24日财新网发布的调查显示，全球超4亿人上网成瘾，而中国青少年网民数量接近3亿，其中有"网瘾"人数比例达14%。

那么，我们是否可以深入思考一下，为什么一部小小的手机就可以使人那么忘情地投入，而置鲜活的现实生活于不顾呢？这里有没有一个青少年缺少信仰而精神空虚的问题？葛优20多年前一幅旧照"葛优躺"在2016年网上红过一阵子，有人还找到了一个对应词"北京瘫"。社会现象的出现总有思维的源头，懒洋洋地躺着和身体真的瘫痪都不可怕，真正可怕的是青少年的精神残废和思想瘫痪。

第四章 「互联网+」对佛山企业的影响力

一、佛山"互联网+"经济方面日益扩展的势头

2016年3月,佛山市委书记鲁毅与中国工程院院长周济座谈,就佛山推动智能制造、"互联网+",促进传统产业升级,把佛山打造成中国制造业一线城市寻求智力支持与合作空间。鲁毅表示,佛山力争打造成为中国制造业一线城市,2016年的工作仍然以制造业为经济工作的重要抓手,把智能制造、"互联网+"和传统产业的转型升级作为佛山的主攻方向。

同年3月,知识资本、数据资本、金融资本、产业资本共创全球创新网络启动仪式暨佛山"互联网+"创新创业产业园奠基典礼在佛山市中欧中心举行。原国家外经贸部副部长龙永图做了主题演讲,他说:"这么多年,佛山培养了中国制造业的大老虎。这只老虎很厉害但还不够厉害。"① 龙永图还说,要让佛山制造这只"大老虎"起飞,就必须插上"互联网+"的翅膀。当然,不管是互联网技术还是各种资本的进入都只是起到如虎添翼的作用,经济发展的基础还在制造业。他希望佛山制造业要坚守下去,佛山市政府可以不遗余力地支持制造业的发展。

毋庸讳言,佛山市多年来在广东省以至于全国,在同级城市中,都可以称为制造业大市。当前佛山产值超千亿元的企业有两家,超百亿元的有12家。2016年6月佛山市出台的《进一步加快推动大型骨干企业跨越发展工作方案》提出,到2016年底,力争超百亿元的企业达15家;2017年超百亿元的企业达18家;2020年超千亿元的企业达5家,超百亿元的要达到30家。这不能不说是个有力度的工作设想。

时任佛山市经信局局长李坚对实现路径做了深度解读,主要的路径就是"互联网+"战略。通过加强智能制造顶层设计,促进互联网与佛山制造业进一步深度融合,培育一批通过互联网与制造业融合跨越百亿、千亿的骨干企业。佛山将引导传统骨干企业建立起互联网的业务模式、更好的互联网应用体验产品、更强的互联网销售渠道,经过传播渠道层面的互联网化、供应链层面的互联网化和互联网思维重组企业架构。

我们可以看出,《进一步加快推动大型骨干企业跨越发展工作方案》主要的实现路径就是促进互联网与制造业的"无缝链接"和"深度融合"。没有"互联网+"的思维和对接,佛山大型骨干企业的跨越发展可能会缺

---

① 文倩:《为佛山制造插上"互联网+"的翅膀》,《佛山日报》2016年3月29日。

少点火器和助力机。

二、专家学者热议"互联网+"的实质

2016年7月,广东发改委和南方日报社联合举办"新常态下新态势之生产性服务业高增长"专题座谈会,来自各方面的专家学者围绕"跨界融合,生产性服务业与制造业如何相互促进",进行了广泛深入的研讨。①

(一)移动互联技术支撑生产性服务业发展

暨南大学产业研究院院长顾乃华认为,无论是在国内还是在全球,第三产业增长的速率明显快于第一、第二产业,近几十年来,在中国尤其证明了这一事实。而在服务业中生产性服务业的表现特别引人瞩目,如广东省2016年前5个月的生产性服务业增速超过了12%。

生产性服务业快速发展的重要原因是,有移动互联等信息化技术的强力支撑,致使电子商务、供应链管理、现代物流、商务会展和产业金融等领域高速增长。广东生产性服务业还有很大的增长潜力,全球与广东经济发展水平相当的其他经济体,无论是服务业占生产总值的比重,还是生产性服务业占服务业的比重普遍都在70%以上,而广东的两项占比都还只是略超过50%。

广东亚太经济研究院院长李志坚断言,数据分析、生物健康、商贸物流、科技服务、电子商务、金融、旅游和文化是最先受到互联网改变的行业。以前医院资源很难共享,现在利用视频和手机就可以远程求医;在电子商务席卷而来的态势下,传统零售业销售额一降再降;在数据服务领域,很多数据挖掘公司快速成长,很受资本市场青睐,传统的市场调查企业已经面临大数据服务的严峻挑战。

(二)新趋势逼迫传统制造业转型升级

广东省经信委生产性服务业处副处长全在勤表示,广东是制造业大

---

① 吴哲、谢庆裕、刘倩等:《生产性服务业与制造业如何相互促进》,《南方日报》2016年7月7日。

省,未来生产性服务业的最大增长需求就来自先进制造业。

"随着国家跨境综合试验区与自贸区建设深入推进,对于制造业转型来说,电子商务起到一个逼迫推动的作用。"广东电子商务协会常务副会长兼秘书长程晓这样解释,之所以用"逼迫"一词,是由于电子商务凭借海量信息优势,对传统制造业形成了强烈冲击。同时,消费者需求的多层次、多样化、个性化特点,对企业产品质量、研发设计、品牌营销和快速反馈提出了更高的要求,使得传统产业必须转型升级。

(三) 政府搭台促进生产性服务业发展

"政府最应当做的就是创造一个公开、公平、公正的环境,让企业有充分的创新空间。"佛山市发改局总经济师李滨指出,企业对市场的敏感性比政府更强,更关注自己的发展前景,因此,政府应该扶持创新,打造一个利于企业发展的软环境。

广东省政府发展研究中心副主任李惠武认为,广东已经进入由工业化中期向中后期过渡的阶段,所以更要高度重视为产业转型升级提供重要动力的生产性服务业,"相对于需求方来说,生产服务业是供给方。相对于生产服务业,政府就是供给方"。

"其实目前大部分的大数据资源都掌握在政府手里,如果政府逐步实现把信用、交通、医疗、教育等数据向社会开放,可以催生一大批生产性服务业产业。"中山市发展改革局副局长郑延婷说。此外,中山市打造的17个生产性服务集聚区,也成为现代服务业发展的强有力载体。

(四) 对服务业过度繁荣不同的声音

当前国内,无论是广东省还是其他省市都注意到了,生产性服务业对于传统产业转型升级的促进作用,生产性服务业以至于服务业整个领域都需要加速发展,继续加大其在国民经济总产值中的比重。但是也要注意到一些警告、质疑的声音,我们听听、想想也不无益处。

中国的服务业正在高速发展,2012—2015 年,中国的服务业以每年 8.1% 的速率增长,减弱了工业增长放缓的影响。2016 年第二季度,实际 GDP 增长中服务业占比达到 51.9%,工业占比仅为 40.7%。在过去的三年中,中国服务业的持续繁荣,避免了经济硬着陆,使失业率保持在可控范围内,这是好事也不是好事。很多原本从事农业生产的农民,现在进入了收入更高而生产力更低的服务业,成了农民工。

汇丰银行中国经济学家完成的报告说，随着制造业增长势头的减弱，中国正面临着更多优质岗位被生产力低下的岗位所取代的风险，这种"再平衡"可能造成巨大的效益损失。2012—2015 年，制造业中的农民工数量减少了 700 万人，而批发零售、家庭服务和物流运输三大服务领域的从业农民工数量增加了 500 万人。

经济学家达尼·罗德里克 2015 年的一篇文章被汇丰的分析师们所引用，这是一些拉美和非洲国家过早去工业化的实例。罗德里克为一些低收入和中等收入国家牺牲工业、发展服务业经济感到惋惜，他警告说，除 IT 和金融行业外，服务业有两大缺陷：它们要么"活力不足"，要么是非贸易性的，这就意味着其快速扩张的能力受到其他经济部门收入的制约。

我们必须认识到，由于历史上的种种原因，中国经济基础还是不厚实的。中国社会的政治情况也与现代先进西方国家有很大的差别。这就决定了我们不能照搬西方的经验，对世界上有益的经济发展路径可以研究和改进，使它适合于我国的国情。

三、佛山塑料产业的"互联网＋"

受经济大环境影响，昔日曾经辉煌过的佛山市高明区塑料产业一度疲软下来。可是高明的一干塑料企业家们认为，制造业永远是朝阳产业，30 多年来他们从未放弃塑料产业而转战别的领域，而是一如既往勤勤恳恳在这块土地上浇水、施肥和深耕，期盼着重塑龙头的威名。

共同源自原来的高明塑料一厂和塑料二厂，使不少高明塑料企业存在天然的感情关系，企业家们早就开始采取"抱团发展"的模式来抗击市场风险，试图在共渡市场难关的时期，抓住"互联网＋"时代发展的机遇。他们企盼昔日的龙头能够插上"互联网＋"的翅膀，再次一飞冲天。"时势变了，逼着我们去改变。电子商务是大势所趋，我们原来的很多规划，也需要跟着调整。"高明塑料行业协会会长曾铁球如是说。

"互联网＋"，该加什么？高明塑料企业的答案是无论加什么，实体经济的根不能丢，这是"互联网＋"的根基。

四、"互联网+"助力佛山陶博会

在经济新常态下,中国建陶市场面临有效需求下降、产能过剩的压力。但是我国业界人士希望通过陶博会助力中外参展商,尤其是佛山以及中国品牌在新常态下更好地开拓中国和世界市场。

佛山陶博会作为引领中国陶瓷产业转型升级的风向标,近几年在不断地探索通过"互联网+"带动展会业的转型升级。

从2010年起,陶博会开始引入互联网工具,2016年开通了网上陶博会。中国陶瓷城集团常务副总裁余敏表示:"我们都说瓷砖很难做线上,但我们可以培养大家线上看产品的习惯。2016年首次开通线上陶博会,全球各地的参展客人都可以通过手机扫二维码,720°线上观看展厅。"

2016年4月18日,第27届中国(佛山)国际陶瓷及卫浴博览交易会开幕,历时4天,引客招商近5万人。该陶博会紧跟互联网时代步伐,依然稳居亚洲陶瓷第一展的"高位"。这届展会在现场服务方面,应用了更多的互联网手段。通过陶博会官网或微信公众号,可以办理电子门票,现场也有自助设备办理门票。陶瓷城集团公司执行董事兼总裁周军说,陶博会在重要出入口都设有扫描器,通过大数据分析,可以了解到哪些产品受到专业观众欢迎,这些数据也会反馈给参展商,为他们了解自己产品受关注情况和整体市场趋势提供参考。在中国陶瓷的展馆还进行了线上陶博会的尝试,为陶博会的O2O化做出探索,观众可以在线上看到产品再去线下展馆了解,反之亦然。

五、佛山铝材行业在"互联网+"的路上试水前行

一般认为,铝材行业属建筑类产品,由于易碎、需要安装和重量大等因素,很难在互联网消费市场上有所作为。但是有着持续创新文化的坚美集团企业敢饮"头啖汤",在业内率先开启互联网O2O定制门窗系统,让消费者直接与工厂建立连接。

顾客只要在"坚美定制"微信或APP上进行预约,就会有工作人员免费上门测量尺寸,同时开始方案设计。方案确定后,企业将会定制化生

产。这就是坚美开创的"门窗定制＋互联网"模式。

"并不是每个门窗公司都能做'互联网＋',只有系统定制的门窗才能实现真正的'互联网＋'。""互联网＋"解决的关键问题是个性化定制,这个系统最大的意义,是将业主、门窗、工厂整合进来,实现了从 B2C 到 C2F 的转变,即由工厂直接满足消费者要求。

六、千亿顺德电商有志再创辉煌

(一) 顺德区本土电商与国内大鳄争锋

彭利民夫妇早在 2006 年 1 月,注册了淘宝电商账号"小冰火人",开始线上做家电代理。他们不可能想到,10 年后顺德区电商总体交易额达到近千亿元,每年增长速度至少达到了 25%。

依托于厚重的制造业基础,顺德区高速发展了一批电商公司。无论是 SKG 集团等一些本土电商平台陆续登场,还是小冰火人等电商代运营企业的发展,都为顺德形成具有本地特色的"实体经济＋电子商务＋现代物流＋电商服务"发展模式,提供了坚实有力的支撑。

本地企业的兴旺发达吸引了国内电商大家的抢滩登陆。2016 年 3 月,顺德区政府北上京城,同阿里巴巴集团签署了《佛山市顺德区阿里巴巴实力产业群示范区电子商务项目合作意向书》和《顺德区 B2B 电子商务建设合作框架协议》,顺德成为广东省首个和阿里巴巴签约打造实力产业群的地区。

(二) 佛山传统企业急于"触网"谋变

今天的互联网技术是如此的神奇,在较短的时期内它快速改变了中国社会的方方面面。怎样才能借力互联网谋变发展?一个严肃而沉重的问题摆在了顺德一批传统企业面前。不少企业都有"触网"的意愿,但是诸多困惑不知如何解决。佛山美神实业发展有限公司人资部赖姓主管直言:"我们中小家具企业遇到的最大问题是怎么做专业电商。"广东美梦思床具有限公司人力资源王总监想要招聘电商设计、运营等专业人才,实际操作中却非常困难。

由于传统中小企业缺乏专业电商团队,致使小冰火人等协助传统企业

"触网"的电商运营公司应运而生。在电商类企业的运作中,电商替代运营公司被戏称为"电商营销的隐形王者",他们活跃在网站建设、渠道分销等各个运营环节。例如,小冰火人曾把小熊电器、东菱和贝尔莱德等产品推送到品类销售冠军。

(三) 顺德培育电商生态圈以寻求突破

事物总是遵循螺旋规律前进发展,10年的顺德电商又轮回新的起点,面临着如何突破瓶颈问题破冰前行。

有一组数据很能说明问题,佛山市2015年电商总交易额为3836亿元,同比增长37%。其中顺德区的交易额约为1000亿元,同比增长33%,在佛山总交易额中顺德占26%,较尴尬的是同比增速低于全市平均值,与顺德的产业规模不相称。为推动产业转型,发展区域新经济,"理性的顺德"开始从构建新型政商关系入手,在政策扶植、引智招才、载体建设等方面为电商和传统企业注入新鲜驱动力。

顺德区委常委、常务副区长赖雪晖表示,顺德区正在建设"产城人文"融合发展的互联网小镇、互联网协会、互联网创新孵化器、"互联网+"应用研究院等公共服务载体和平台,为互联网创新创业搭建良好的生态环境。

顺德区委副书记刘怡认为,顺德对于各大电商平台以及本土电商企业都持支持的态度,不论是企业自建电商运营公司,还是本土电商企业,和阿里巴巴、京东等巨头并非零和博弈,而是共荣共生促进顺德各产业的发展。①

七、老字号企业破题必须借助"互联网+"

老字号企业的老字号产品是中华民族永久的记忆。在"互联网+"、大数据、云计算和物联网等移动互联技术突飞猛进发展的今天,老字号企业及其产品如何保鲜和突围,是个亟待解决的严峻问题。我们的老字号从新中国成立之初的16000家,到现在已经留存不到1200家,中华老字号的

---

① 《顺德本土电商异军突起 交易额超千亿》,http://www.foshannews.net/fstt/201606/t20160613_19941.html。

前途备受海内外华人关注。佛山市也有一些老字号企业和传统产品，如何借助于国内老字号创新求变的现实经验，获得一些有益的参考和积极的提示？

（一）老字号是"＋互联网"还是"互联网＋"

大家都意识到如今已跨入了互联网时代，无论多有知名度的老字号都得紧跟社会前进的步伐，开拓网上销售渠道。

广州酒家是老字号企业中较早运用电商渠道的先行者，2014年春节开始，购买盆菜和手信已可以通过网络订货。这家餐饮企业早在几年前就推出了基于自己官网的网上商城，但没有形成专职的电商运营团队。直到2015年底才设立了电子商务公司，构建了规范的网上营销板块。至今这家企业除了线下销售"酒楼盆菜"和网上商城销售外，还与本来生活网等电商合作经销包装菜肴、外卖盆菜类品种，大大拓宽了网络营销渠道。受益于创新渠道的拓展，广州酒家2014年销售额比上一年增加了近8000万元。

（二）领军者主打互联品牌

我们再看看恒源祥的事例。恒源祥品牌的转型成功。董事长刘瑞旗直言，核心问题是在于选择的商业模式和方式：恒源祥最终走上了专心走品牌和文化探索之路。作为企业的掌门人，他能腾出很多时间亲自以互联品牌建设和文化探索作为抓手，一个重要门道是采用了"定牌加工"模式。

为让品牌家喻户晓，2001年恒源祥和中央电视台合作拍摄《与羊共舞》。还聘请著名作家撰写《羊行天下》图书，网上传播；邀请国家著名评书大家单田芳以艺术的形式，通过声音、影像等形式宣传自己的品牌。恒源祥采用的"定牌加工"的经营模式变得更加简单易行，进一步强化了自己的品牌力。

（三）赶时髦让老字号变年轻

坚持在传承中创新，是老字号"脱胎换骨"的强大动力。自从2012年收回红罐王老吉的经营权后，广药集团便制定了把民族品牌打造成世界品牌的"136"发展战略，通过资本运营、产品经营和虚拟创盈三类发展思路对王老吉品牌开展重点打磨。2014年还发布了王老吉"品字形"招牌战略，就"文化""时尚"和"科技"三大板块实施战略部署，其中时尚是专门针对青少年阶层的利器。

王老吉曾在广州、上海等地地铁缤客门店开启"越热越爱搓瓶子"趣味互动、拍打亮灯罐体的创意公交亭等活动。在成都火锅节时,展开"食蜀美味 越热越爱火锅"活动,吸引了2000名消费者参加试吃。七夕时的"全城热爱吉刻表白"活动,王老吉邀请青年情侣们登上广州塔344米高空表白,成为国内七夕节首个高空示爱的创新大动作。

针对广州酒家、恒源祥和王老吉等典型案例,学者专家均有各自的理解和点评。广东老字号协会会长李积回认为,广州酒家积极布局网上销售渠道,是一种好的尝试。但在这个过程中必须搞清楚"+互联网"还是"互联网+"的区别。在他看来,传统老字号企业在不排斥创新的情况下,还是要坚持传承,不能颠覆了自己的根本。目前比较适合传统老字号企业拥抱互联网的模式,或许是"+互联网",因为该模式是在为老字号插上"翅膀"的同时,还能较好地保留老字号的传统模式。广东省老字号协会常务副会长兼秘书长范依萍的观点是,"酒香不怕巷子深"这句话已经过时了,酒香也怕巷子深!老字号企业要再创辉煌,不仅产品要创新,文化上也要创新。王老吉最近就在罐体上做文章,推行卡通形式的态度罐,为其吸引年轻人及与其互动提供了极佳的窗口。

(四)唤醒"广货"核心品牌的启示

为呼应现今互联网时代品牌快速扩散的新形势,满足消费者分外关注健康的心理需求,广州轻工集团把健康食品板块列入"十三五"发展规划的核心业务,将老广货的品牌建设作为促进企业升级的主要抓手,要把曾经辉煌的、现已退出市场的"沉睡品牌"唤醒,以新的形象重回历史舞台,再塑辉煌。相信广州轻工集团重塑"广货"核心品牌的战略动作,一定会带给我们佛山市区企业十分有益的启示。

1. 20世纪80年代最潮饮品的消失

20世纪70年代末,广州啤酒厂在研发新产品时,突发奇想尝试了一些特殊口味的啤酒。"最初的时候有荔枝、菠萝、可乐、香橙等味道,后来市场反应最好的是菠萝味。"广州啤酒厂运营部部长龙志鸿加入啤酒厂时,正赶上厂里研发果味啤酒。他还记得菠萝啤最初是玻璃瓶装的,又名"百乐啤"。到了80年代,易拉罐技术从国外引进,菠萝啤随之换装,1988年正式命名为"广氏菠萝啤",沿用到现在。后来菠萝啤很快成了那个时代很时尚的饮料,逢年过节开大餐,桌上总少不了菠萝啤。

1991年广州啤酒厂把"广氏菠萝啤"的生产与营销委托给广州生力啤酒厂（广州啤酒厂和香港生力合资）。在之后的年头里菠萝啤生产和销售大不如前，2005年"广氏菠萝啤"停产，广氏"菠萝啤"陷入低迷时期。2007年起，曾经多年畅销于华南地区的"广氏菠萝啤"在市场上彻底消失了。

2. 力促最老的广货重出江湖

近些年，广州轻工集团及其下属广州啤酒厂都深刻认识到，一个老品牌从研发到扬名是非常不容易的。"广氏菠萝啤"是广州经典的食品品牌，就此消失，对企业和忠实消费者而言都是十分可惜的，应当尽快抢救和唤醒这个曾经辉煌过的"老字号"饮品。广州轻工集团和广州啤酒厂决定，由广州啤酒厂通过委托加工，再度推出"广氏菠萝啤"。不过，重新推出的"广氏菠萝啤"也"与时俱进"了，新面世的是"菠萝麦芽味碳酸饮料"，不再是含酒精的菠萝啤了。

不含酒精的菠萝啤是广州啤酒厂在首创菠萝啤之后的另一独门配方饮品，不但有菠萝啤的口感，还不含酒精，满足了那些喜爱菠萝啤口感又担心酒精含量的消费人群。菠萝啤口味饮品一上市就受到了大量消费者的欢迎，尤其是得到了非饮酒消费群体的喜爱，对开车人士、老年人、女士以及孩子们都适宜。2015年"广氏菠萝啤"销售额增长了23%，连续几年保持在同类产品销售量名列前茅。

经过广州轻工集团和广州啤酒厂数年的不懈开拓，历经30多年起起落落的"广氏菠萝啤"，起死回生，重振雄威，2012年荣获"中国优质特色啤酒产品"称号，2013年入选广州十大守信产品，2014年又获得广东老字号称号等。

3. 消费者最老的记忆完全可以唤醒

现今，在广州轻工集团品牌建设的统一战略部署下，"广氏菠萝啤"一改过往低调的做派，频频展现在大众的视野中，不但发起找回童年回忆的"广氏小卖部"社区巡游活动，还作为明星演唱会的指定消费品。

实际上，除了"广氏菠萝啤"，广州啤酒厂还有一款曾经风靡华南地区的经典啤酒——"双喜"啤酒。"双喜"啤酒是广州啤酒厂20世纪70年代的拳头产品之一，是12度淡色啤酒，入口清爽顺喉。"当年的广告可火了，结婚、过年节都要喝'双喜'啤酒。"龙志鸿回忆。但是在委托给广州生力啤酒厂生产的时期，"双喜"品牌被淡化，最后也销声匿迹了。后来，响应广州轻工集团唤醒"沉睡品牌"的号召，广州啤酒厂重新推出

"双喜"啤酒。可是老品牌重回市场,推广相当吃力,几乎处于"重头来"的境地。但是当下婚庆文化盛行,广州啤酒厂决心 2016 年全力推进"双喜"啤酒与婚宴酒楼、婚庆公司等相关企业的紧密合作,努力把"双喜"打造成婚庆"必需品"。

通过以上多个老字号产品重振江湖的案例可以看出,老产品重新得宠必须借助于品牌塑造的创新思维,还必须拥抱"互联网+"。对于那些已经销声匿迹多年的老品牌,要重新出山绝非易事;但是老字号企业在正确判断的基础上,坚持、坚持、再坚持,就一定会有老字号品牌被重新擦亮的那一天。在这里,我们也同意正确的运营方式是老品牌+互联网,而不是互联网+老品牌。因为老品牌是根基,而互联网应当是营销新工具。

八、佛山两个典型家具企业的"互联网+"

(一)佛山网络公司转型家具定制企业

南海维尚家具制造有限公司,2006 年成立至今,销售增长率始终保持在 60%,服务超过 600 万户家庭,2015 年销售额超过 30 亿元,在狮山镇一地纳税额超过亿元,这家企业在国内已名声远扬。维尚用全新的生产销售模式,给佛山制造业与"互联网+"的实践提供了深度答案。

维尚的前身是圆方软件公司,专门为家具行业提供软件支持和服务,早在 2004 年它所开发的软件已占到家装软件市场的 90%。后来发现家具工厂并不是按他们设计的信息化流程来实施,于是公司创始人付建平决定自己也做制造。

自从搭上了"互联网+"快车,把信息化手段运用到了极致,维尚已经成为家具行业的佼佼者,拥有"维意""尚品宅配"两个品牌。公司成立不到 10 年,维尚已经成长为一家拥有 5 个工厂的规模企业,在国内实现了近 5 万人的就业。

(二)佛山网店转型自产自销的家具企业

南海林氏木业有限公司,其前身是 2007 年成立的林氏木业网店,2013 年"双 11"大战中取得销量 1 亿元的好成绩,2015 年"双 11"又以销量 5.1 亿元的数字震惊了南海企业界人士。这家原先还是默默无闻的小公司,成长为天猫网络平台上销量第一家具品牌。

前些年，林氏木业网店创始人林佐义发现，随着互联网的发展，不少实体企业纷纷上网注册网店，"自产自销"势在必行。受此启发，林佐义也萌生了自己开工厂的想法。2009年，林佐义开始建立工厂与仓储，通过自产自销，家具加工费压缩到了售价的5%～6%，而正常的加工费为10%～20%。由网络销售转向自产自销，企业成本大幅降低，大大增强了产品的竞争力。

创新商业模式，"开设线下体验店"，使林氏木业如虎添翼。这种"先看实体再下单"的网购模式，在网购投诉率居高不下的状况下，确实取得了意想不到的效果。有数据显示，林氏木业佛山O2O体验馆开业以来，已获得2000万元的业绩，转换率高达60%，是线上的60倍。

九、佛山传统企业如何实现数字化转型战略[①]

市场调研机构IDC的报告显示，数字化转型已成为企业应对当前高新技术发展的主流战略。预计到2018年，世界1000强企业中的67%、中国企业1000强中的50%都会将数字化转型作为自己的战略核心。我们从现实中看到，传统的家电企业运用大数据向服务商转型，传统的汽车公司运用物联网展开个性化定制服务，传统的航空企业采取社交网络销售，等等。通过当前传统企业的频频动作，你会发现"互联网+"带来了客户体验差异化、运营模式平台化和颠覆性创新等一系列明显的变革，这些正在成为企业转型升级的新动能。

浪潮集团企业大数据首席咨询专家王相成认为，当前企业数字化转型进入了新阶段，其核心是以"互联网+"为代表的大数据、云计算、物联网等最新IT技术推动企业转型、创新与增长。现在这一轮的数字化转型更加注重运营流程、客户体验和商业模式的重塑。其中"互联"是数字化转型的起点，"精细"是数字化转型的支撑，"智能"是数字化转型的成果。

像海尔这样的"家电超级航母"，已经从传统的家电制造企业脱胎换骨为互联网企业，由大规模制造转化为满足个性化需求。非常引人关注的是该企业将传统的电器进化为"网器"，商业模式从传统的单纯硬件销售转化为"网器+应用+服务+平台"模式。顺利搭上了互联网快车的海尔

---

① 黄鑫、吕瑞：《传统企业搭上数字化转型快车》，《经济日报》2016年8月2日。

塑造了新的核心竞争力，2015 年海尔网器销售额超过了 100 亿元，同比增长 169%。

（一）佛山传统企业首先必须完成"互联互通"

现在不少传统企业纷纷主动出击，拥抱"互联网+"，目的是要实现互联互通、协作共享。"互联"中产生大数据，互联还包括各系统、各项目和各员工之间的连接，连接才能生成平台，从而提供更好的服务。我们还可以从某些企业产品的功能上来体验"互联"的效能：在下班回家的路上，可以通过手机遥控打开家中的空调，到家时室内已清凉宜人；使用手机的应用软件，还能够对空调进行自动保修、检测和升级，也可以实时询问空调的运行状态。这就是通过云计算控制的志高公司生产的空调机。

浪潮集团副总裁魏代森指出，"互联网+"企业的核心是互联经济，智能是企业数字化转型的一个关键手段，通过互联去连接供应商、客户、员工、设备等。在"互联网+"时代，连接是大数据的支撑。

（二）佛山传统企业一定要搭建大数据平台

企业搭建大数据平台的意义是什么？魏代森的观点是，对传统企业来说，实现数字化转型，就要继续深化"互联网+企业"落地，以数据化的新思维，建立内外部的连接、共享、协同机制，把各个环节都统一到数字化协同平台上，实现业务财务一体化，为企业管理运营、客户体验提供有力的决策指导和支撑。

我们再看看志高集团是如何做的。志高搭建的云平台背后是海量的数据，对这些海量数据的处理推动着企业从经营产品向经营用户转变。该公司的"智能云+生态系统"，正延伸出大数据生态圈、产品生态圈、数据服务生态圈、价值链生态圈等子系统，促进企业从传统的家电制造商向数据解决方案服务商的"互联网+"企业转型。

在过去，企业都以应用为中心，每项业务都要设立一套独立的系统。如今转向了以数据为中心搭建大数据平台，把各类数据整合好。例如浪潮集团的企业大数据分析平台可以处理经营数据、物联网数据和设计数据等，这样的平台不仅改变了企业内部流程，还可以对外提供数据服务。

（三）佛山传统企业在管理上要注重精细化

大家可能都注意到，国家发布的《中国制造 2025》对企业的精细化管理提出了更高的要求，原因就在于个性化定制、网络化协作和物联网应用。在个性化定制中，用户与每个产品、每个订单相连接，企业对事先的成本估算与事后的成本核算变得更为重要，对精细化提出了更高的要求。网络化协作让企业只需要保留核心关键生产线，普通的加工环节可以外包出去，这对于管理精细化的要求也更高。物联网可以记录生产全过程，让成本管理更准确。

中国兵器装备集团公司财务部主任王晓翔举例，比如说汽车行业，原来拼成本是拼成本标准和定额，现在是在作业层面拼成本。谁的管理颗粒度更细，谁就更具有优势、更精益。谁能在作业层面发现浪费、消除浪费、发现价值、创造价值，谁就有产品的竞争力。

IBM的报告反映出，实现企业的数字化转型，首先要创建一个完全数字化的独立运营体系，在原有体系数字化的同时把整个体系整合起来，尤其是运营和管理体系。其次是重塑客户体验，对自身进行改造和提升，开创一些全新的数字化产品和服务，以消费者为中心生产个性化产品。

第五章

佛山政府运用『互联网＋』强化执政为民

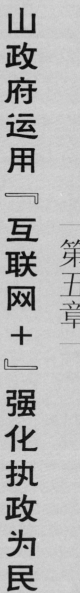

一、当前我国信息化水平的总体态势

（一）我国信息相关技术发展回溯

谈到佛山各级政府运用移动互联技术强化执政为民事宜，需要先大致了解我们国家的信息化程度。在互联网发展初期，在 1G、2G 时期，我国落后很多；由于党和政府越来越重视，在 3G、4G 时期，我国是不断地"加速度"追赶，信息化水平很快上来了。如今我国与国际先进国家同步启动了 5G 研发，并且在 5G 的愿景、需求、概念、无线技术以及网络架构等方面都获得了一系列明显进展，主要技术观点取得了全球业界的广泛认同，为世界统一 5G 标准提供了有利的支撑。

我们回看 2016 年 7 月，据准确统计，我国在网民数量、网络零售交易额、电子信息产品制造规模方面，已经位居全球第一。一批信息技术企业和互联网企业进入了世界前列，形成了较为完善的信息产业体系。具体情况是：

信息基础设施水平持续提升。移动电话用户达 12.97 亿户，移动宽带（3G/4G）用户达 8.2 亿户，固定宽带接入用户是 2.74 亿户。

网络零售交易额居世界第一。2016 年国内电子商务交易规模达 16.2 万亿元，"双 11"活动仅计算阿里和天猫平台日交易额已达 912 亿元。

初步成为全球最大的电子信息产品制造基地。在我国，规模以上电子信息产业的企业数已达 6.08 万家。

信息化与经济社会深度融合加速。在机械、汽车、船舶和轨道交通装备等行业，数字化设计工具普及率超过 85%；在石化、煤炭、纺织、有色、医药等行业，关键工艺流程数控化率超过 65%。

（二）城乡"数字鸿沟"依旧存在

尽管我国信息化水平取得了十分喜人的进展，但是由于国家地域辽阔，各地情况差异很大。目前的城乡"数字鸿沟"依然明显存在。面向不同区域的网络信息服务覆盖还很不均衡，尤其是在不少贫困地区，面向贫困人口的信息应用服务还不够多，效果也不够好。国家相关部门已经研究制定了网络扶贫计划，主要包括网络覆盖工程、农村电商工程、网络扶智工程、信息服务工程和网络公益五大工程。

二、强力推进"互联网+",佛山党委和政府在行动

佛山市于 2015 年 5 月公布了《佛山市"互联网+"行动计划》,其中提出到 2017 年,要把佛山市打造成国家"互联网+"应用创新试验区,是世界"互联网+"中心中的一员。佛山市委、市政府为此加大政策激励,强化财政资金引导,变革管理体制机制,为落实"互联网+"行动计划发力助推。

(一)促进"互联网+"资源陆续进入佛山

依托佛山市主办的首届中国(广东)国际"互联网+"博览会 2015 年 9 月举行,引来了国内互联网三大巨头 BAT、世界机器人"四大家族"等互联网领域与智能制造领域的大批龙头公司参展。期间,成功地把 IBM、百度和汉诺威等战略合作伙伴,以及"互联网+"其他相关资源引入佛山。博览会上签约 21 个"互联网+"重点战略合作项目,由佛山市政府及五区政府掌控推进。合作领域包括产业服务(研发)平台建设、移动互联基础设施建设、大数据和云平台建设、电子商务(含跨境电商)和金融等六大领域。这些项目成效逐步显现,重点项目稳步推进。

佛山还聚焦于城市服务平台建设、云计算和大数据挖掘、企业互联网营销培训等项目。百度公司与佛山的合作已从中小企业互联网应用扶持切入并启动;IBM 公司提供核心软件、商业模式开发支持,与欧神诺公司合作创建"欧神诺在线",计划投资 5000 万元,2016 年底完成平台建设并初步使用。在电子商务(含跨境电商)领域,"贸趣"跨境电商平台、蔚海跨境电子商务园区等多个项目推进成效显著。顺德区和清华大学合作的"互联网+"产业技术研究院建设也在紧锣密鼓推进中。

(二)创新平台助力佛山企业拥抱"互联网+"

2016 年 3 月,佛山市国资委开始启动建设佛山"互联网+"创新创业产业园,打造"互联网+"创新产业集群,建设华南大数据产业基地,这些都成了佛山企业拥抱"互联网+"的新动能。

"互联网＋"与制造业的融合，持续催生新动能与新业态，使佛山企业的自主创新能力得到不断升华。2015年佛山获得广东省科技奖数量位居全省第二，获奖项目新增利润70.46亿元，税收22.27亿元。

首届"互联网＋"博览会的成功喜人，对佛山"互联网＋"产业和应用产生的深刻影响也在不断显现。2016年全市申报的"互联网＋"企业培育专项项目达114个，"互联网＋"平台建设专项项目达48个。据不完全统计，仅在顺德区就有美的、昇辉电子、瑞德电子等81家公司正在展开"互联网＋"应用，研发项目超过100项，总投资115亿多元。

（三）城市重点打造国家机器人中心

作为制造业大市，佛山强力推进"互联网＋"行动计划，"互联网＋"智能制造已经开始抢跑。如何拥抱"互联网＋"，进一步提升制造业水平，成为佛山制造业十分关注的焦点。2016年3月中旬，市委书记鲁毅利用参加"两会"的机会，率队到中国工程院同院长周济等领导洽谈。围绕推动佛山智能制造、"互联网＋"、促进传统产业转型升级，以及佛山打造国家制造业一线城市等题目，寻求拓展与中国工程院的合作空间，争取更多的智力支持。

由于市、区两级政府主导推动，佛山成功牵手国内数控设备主要生产企业华中数控，共建了佛山智能装备技术研究院，重点开展具有自主核心技术的工业机器人整机和关键零部件的研发和产业化，计划3年内开发10款新型伺服电机和3款新型机器人。佛山与华中数控的合作，还衍生了智能制造产业链上的下游企业佛山华数机器人有限公司，它是由南海区和华中数控共同出资组建。华中数控控股的上海登奇机电技术有限公司独资组建的佛山登奇机电技术有限公司，也已在佛山落地并开展生产经营活动。

三、智库专家促进佛山企业"迎娶""互联网＋"

佛山市信息协会2016年1月召开年会，邀请专家学者就"互联网＋"产业话题，集思广益探讨"互联网＋"如何落地，以期加速佛山企业"互联网＋"进程。从实践来看，佛山市委以及各级政府应充分重视高校、科研单位以及民主党派中专家学者的作用，要以这些高智商人物组成相关智库，通过他们的思维碰撞和头脑风暴为城市移动互联时代的崛起出谋划策。

（一）佛山要凭借大数据搏击未来

资深互联网专家夏永红从区域产业发展视角，为佛山大数据时代企业的发展献计献策。他认为"互联网＋"的本质，是社会资源的数字化重组与跨时空对接。佛山企业应当注意"互联网＋"时代一切皆数据，数据已成为新的、独立的生产要素。未来的主要竞争将不是线上企业争抢流量入口，而是线下企业共同在数据领域进行新一轮的资源挖掘。

"互联网＋"正在给制造业价值链的各个战略环节带来重大改变，乃至颠覆。针对佛山市制造业价值链的重点环节，基于长期对珠江三角洲的研究，夏永红为认为，佛山应重点推进装备智能化，打造虚拟工业设计城，重点发展工业品电商，积极培育云制造平台，做强"互联网＋"博览会，抢占泛家居消费入口，以及大力发展互联网金融。当"互联网＋"炙手可热的时候，大数据也伴随着一路走来。"互联网＋"已经广泛渗透于佛山社会的各行各业，呈现出多姿多彩的发展态势。

（二）着眼布局抢抓佛山潜在机遇

北京大学 CIO 班首席教授陈其伟指出，全球已迈入"互联网＋"时代，企业要用"互联网＋"思维，主动创新业务，才能更好地落地互联网化。"互联网＋"时代预示着消费主权时代的到来，几大趋势日益凸显：产品个性化，电商背景下的柔性制造；生产环境智能化；制造服务化；生产资源云化；组织分散化。他还强调，互联网下沉为可调用的基础设施，互联网推动信息（数据）滚动，并且加速了产品与企业变革。

进入"互联网＋"时代，产业玩家都在积极跟进，提前布局，拥抱潜在的机会。在这个时代，相比于先进发达的美国、德国，我们的优势在于机械产业的高速增长，具有世界上最完整的供应链，以及政府的大力扶持。企业要把握趋势积极进取。陈其伟还说，对传统企业而言，"互联网＋"制造是一种实践，其本质不在于"知"而在于"行"；其验证不在于逻辑，而在于果。"互联网＋制造"的探索必须是短期战术与中长期战略结合，最佳路线就是边干边想，边想边干。

与互联网深度融合，对制造业发展的推动作用是巨大的，必须引起充分重视。例如与互联网的融合，能够实现产业增值，创造新的价值；可以满足个性化制作需求；优化决策能力，提高资源效率，关联数据还可服务于创造新的商业机会。

四、佛山借助智慧警务编织治安防控"安居网"

最近几年,群众明显感觉佛山地区安全系数在不断提升,实际上这是市区两级公安在社会治安防控体系建设中,积极探索城乡智慧布防的成果。通过"五防一体",全市日均刑事警情下降超过了60%;通过24小时警灯闪烁,亮出的是治安管控"物防网";通过守关把口,形成"护城河",筑牢了佛山第一道守护屏障。佛山警界"亮警灯"工程等"五防网"的立体治安防控体系效果开始持续体现。

这里主要分析佛山智慧警务的一些具体做法和经验,应当说对其他政务领域也是很有借鉴意义的。

(一)运用智能技术,织密治安防控

佛山公安部门在广东省率先开始推广社区警务e超市智能安全小区建设。首先从村居入手,以社区警务平台为载体,实现"人、车、屋、场"动态信息的自动采集比控。再由街道入手,推动安装成本经济的"猫眼"工程,切实推广"全时空、全覆盖、人机合一"的社会治安立体化防控体系建设。全市共建成469个社区警务e超市智能安全小区,部署安装"猫眼"视频小探头3.4万支,辖区刑事治安警情明显下降。

此外,在全市重点部位、公共复杂场所安装视频监控摄像头,市际、区际和区内等交通要道与出入口设置智能治安卡口。截至2016年中期,佛山共设立视频监控16.1万个,其中联网的一类点2.2万个,治安卡口522个。

(二)强化现代科技,汇聚信息监控

佛山公安局还制作了防控利器"四张图",重点把各类警用信息地理信息化,创建可视化、直观化应用平台。四个"一张图"成为一点即灵的防控利器:接警处警一张图指挥,110指挥调度精准化、快速化;视频卡口一张图应用,视频一类点、治安卡口等形成全市动态视频卡口实战图;侦察信息一张图分析,与案件关联的线索、信息一触即发;社区警务一张

图管理,社区民警的工作在图上一目了然。

还有,市公安局全面整合了公安、社会各类资源数据总计 280 类、276.8 亿多条,自主研发了佛山警务 APP、"一搜通"情报侦控平台等"互联网+"项目。

(三)健全责任措施,形成制度防范

佛山警务制度防范从 2014 年开始启动到目前,所有区和镇街切实强化了重点行业和场所的安全责任,推进落实管理责任与防控措施,使用制度和规范来提高防控水平。例如,主动联合市交通运输局确认道路客运从业人员安全防范工作职责,制定了道路客运从业人员应急处理突发事件培训制度。此外,设立的"四校长"工作机制全力助推了佛山平安校园工作,效果十分明显。全市 674 所中小学先后开展了禁毒、法制、消防和交通等进校园宣传活动 2284 场,佛山校园安全优秀等级达到了 90.51%。

五、"互联网+"助力城市政府与公民沟通

(一)政府信息化如何强力改进民生[①]

1. 国家 10 年信息化战略效果

《国家信息化发展战略纲要》的实施几乎涉及社会经济生活的所有领域,是中国信息化发展的顶层设计,提出了网络强国建设"三步走"的战略目标,其中大数据的开发应用起着十分关键的作用。

国家信息化战略的主要效果会尽快体现在改善民生方面,主要有:①医疗、就业、养老、生育、保险及失业等信息实现全国联网,引导劳动力资源有序跨地流动;②实现社保关系跨地区转移接续和异地就医联网结算;③全国电子健康档案和电子病历数据整合共享,建立起远程医疗模式;④到 2020 年固定宽带家庭普及率达到中等发达国家水平,3G、4G 网络覆盖城乡,5G 技术研发和标准取得突破性进展;⑤鼓励更多学校应用在线开放课程,建立跨校课程共享与学分认定制度;⑥加快制定网络安全

---

① 程姝雯:《政府公共数据 2018 年前一站式开放》,《南方都市报》2016 年 7 月 28 日,第 AA11 版。

法、电子商务法、个人信息保护法和未成年人网络保护条例等；⑦落实网络身份管理制度，设立网络诚信评价体系。

2. 政府公共数据2018年前放开

大家都明白，各级政府和公共服务部门掌握着最多的公共信息资源，这些数据信息超过了总体公共信息资源的80%还多。截至目前这些数据信息大部分处于保密状态，普通民众无缘享用。国家发改委秘书长李朴民表示，将在2018年前建成国家政府数据统一开放门户，推进政府与公共事务部门数据资源统一汇集和集中向社会开放，实现面向社会的政府数据资源一站式服务。

在政府数据的对外开放中，优先推进与民生保障服务相关的信用、交通、医疗、卫生、就业、社保、地理、文化和教育等领域的政府数据向社会开放。

3. 需要解决的核心技术难题

随着大数据技术的发展，用数据说话、依数据行动、靠数据决策是未来趋势。《国家信息化发展战略纲要》在"关键核心技术"方面着墨颇多，未来5年要在关键核心技术的部分领域达到国际先进水平。信息核心技术主要是在基础软件、芯片等方面，如操作系统、CPU等。我国现在是核心技术偏弱，还受制于人。

中国工程院院士倪光南表示，中国发展信息化的力度在世界上是位于前列的。以移动通信为例，在以前的1G、2G时期，中国远远落后于发达国家；到3G时期，逐渐赶上来，但依然落后一些；到4G时期我们基本上与发达国家并行发展了。现在中国4G用户达到了5.3亿，比欧美国家人数总和还多。可以预见在未来的5G时期，我国有可能超越发达国家。

信息技术更新很快，中国在信息化发展方面虽然起步迟，但拥有后发优势。把信息化提高到国家战略层面，未来我们在某些网信领域从"跟跑"发展到"并跑"，再发展到"领跑"世界，完全有可能。

现在还有像华为这样的中国企业，在科技研发方面的投入比率、研发人员数量、专利数量等指标，完全可以与世界顶级高技术公司相比，甚至在研发人员数量、专利数量方面处于领先地位。相信会有越来越多的中国公司走上这个方向。

（二）解决"万里长征图"困境的思考

2016年7月下旬，广州市人大常委会就营商环境发起专题询问，信息共享、行政审批改革力度等事宜成了询问会的痛点和热点。同时这次询问可以说是带给了政府各部门一些有益的思考和启示：自己说好不算数，关键是群众怎么看，人民群众的代表们怎么说。会不会将来有一天，这种尴尬在佛山市、区政府的相关沟通中出现？我们佛山的各级政府部门应当预先有所思考。

1. 广州市人大常委会专题询问的博弈

3年前，广州市政协委员曹志伟制作的行政审批"万里长征图"传遍了大江南北，对全国性的行政审批痛点进行了公开披露。随后，作为"原产地"，广州率先在全国推开了建设工程项目优化审批，变串联审批为并联审批。但是3年后的今天，在广州市人大发起的营商环境询问会上，包括建设工程项目优化审批在内的多个行政审批内容依然遭到了委员们的质疑。委员们追问为何实施情况不理想，而政府相关部门却认为实施得力，效果明显。两种截然不同的看法泾渭分明。该听谁的？

广州市人大常委会委员詹树柏追问：3年来我们究竟审批了多少建设工程？有多少是按并联模式审批的？如果比例不高，当初作决策时有没有进行详细调研？据他了解，近年来的实施情况并不理想。

广州市政务办副主任叶坚回答，从并联审批1.0版本实施以来，各部门非常努力。目前实行双轨制，全并联的做法有200多件，是企业自己选的。政府部门其他一些措施给企业带来了实质利益，如民营企业不强制招标就是个重大改革。

2. 人大代表追问政府发文为何不见效

据了解，为打破"信息孤岛"和提高行政效率，2016年6月，《广州市政府信息共享管理规定实施细则》下发，把婚姻、户籍、出生死亡、企业和个体户等16类基础信息纳入政府信息共享范围，实施细则于同年7月1日正式施行。

广州市编办代表说："为什么发了一个信息共享实施办法还不见效？关键是什么问题？你发了文没有考核，没有奖励和处罚机制，审批归审批，发文归发文。"

"在今年下半年的实施过程中，如果部门还是按原来的老套路做事情，不对可以共享的信息进行共享，是否有责任，或者有惩罚的措施？"广州市人大常委会副主任李力追问。

广州市工信委回答，从2016年8月起，一个月考评一次。此外，共享平台已有的信息，各部门不得重复采集。如果没有按时间点及时更新，也要追责。

我们从以上相关部门回答问询的情况看,不论你态度有多诚恳,避重就轻、问三答四,总归是无法蒙混过关。外交辞令的技巧在人大代表面前是派不上用场的,要是碰上个"死磕"的代表,你就真的下不了台。我们应当意识到,将来直抒民意、率直问询,伴随着公平、民主和公开的倡导,一定会成为常态。佛山市各级政府相关部门应当据此透彻理解,否则早晚会被动的。

3. "万里长征图"绘制者的看法

广州市政协委员曹志伟作为"万里长征图"的绘制者,如今还是表现得比较理智和客观的。他理解这3年来相关政府部门为改变老的传统做法,所做出的努力。曹委员表示,行政审批制度改革绝对不会是一蹴而就的事情。过去的3年,广州通过改革1.0和改革2.0,通过串联改并联、流程再造、集中收件等技术手段,拟将审批时限从"万里长征图"的799个工作日压缩到145个。经过各方努力,包括公务员加班加点审批,初步实现了大幅压缩审批时间至360多个工作日。但是,他尖锐地指出了问题的实质:这两个改革版本都是在没有削减审批事项、没有减少收费环节、没有调整审批机构的情况下进行的,同海南模式、天津模式、厦门模式一样,都只是审批形式的改良,算不上真正的改革。

对于上述广州市政府部门用3年多的时间,应对人民代表的问询和解决"万里长征图"的困境,我们佛山各级政府部门怎样看这个问题呢?是老百姓要求过高过急还是政府相关部门和公务员努力不够?民众理解不理解、民众满意不满意,应该是衡量基层政府和公务员工作质量的新标准。

(三)民意提出应当全面推广智慧菜场模式

2016年6月,佛山市禅城区食药监局配合开展"两代表一委员"民意联络室活动,组织30多名人大代表、政协委员视察"互联网+"智慧菜场、德众药业等单位,为禅城区创建食品安全城市建言献策。

禅城区在前几年经过农贸市场改造提升了硬件后,2015年率先实行农贸市场食品安全量化分级管理,提升了市场管理水平。2016年则利用信息化和金融手段,进行"互联网+"智慧菜场的试点和推广。

张槎街道弼北市场所施行的"互联网+"智慧菜场的运行模式引起了代表、委员们的交口称赞。区食药监局局长江汉基说:"禅城是食品和食用农产品输入和消费大区,农贸市场是市民购买食品的最重要场所。在市场买菜，老百姓最关心的是安全和诚信问题，电子智能秤的配备和引入第三方检测机构恰好解决了这两个问题。"他还表示，禅城在未来将大面积推广智慧菜市场。

出席视察的代表、委员查看了现场，听取了介绍，纷纷表示赞许。政协委员陈建红建议，政府不但要在管理规范的市场进行推广，更应当在管理不好的市场推行，通过全面推广智慧菜场的运行模式，不仅提升市场的环境、管理水平，倒逼并带动市场周边环境卫生的整体提升。

六、公民行政事务"互联网+"

（一）电子政务是全球性发展方向

如今，电子政务普及率是检验政府部门信息化程度的重要指标。从2012年起，联合国经济和社会事务部与中国国家行政学院电子政务研究中心合作，每年共同发布《联合国电子政务调查报告》，这是世界性电子政务领域权威调查报告，用来评价联合国所有193个成员国电子政务的发展状况。2016年公布的报告显示，中国电子政务排名正在稳步提升，排名第63位，比2015年提高了7位，说明我国电子政务水平已处于世界中等偏上位置。

2016年7月，国家信息中心、国家行政学院联合主办中国电子政务论坛，以"互联网+政务服务"为主题，重点研讨了"互联网+"时代的政府治理创新、网上政务平台建设、政府大数据应用和数据开放共享，以及"十三五"电子政务发展等重要事宜。

可以看出，电子政务是中国以及全球各国政务发展的必然方向，地方政府不但要关注，更需要用快速行动去实施和落实。

（二）佛山市电子政务"云"的雄心计划

2015年6月，佛山市政府批准发布《佛山市电子政务云（佛云）建设实施方案》，计划用5年时间推动佛山市电子政务云（佛云）项目的建设。这是一个雄心勃勃的计划，要搭起市级电子政务云构架。在一个统一政务云平台的基础上，逐步建立起云数据、联合运营和体验与展示三个中心，搭建安全服务、数据开发、综合数据服务和统一运营维护服务四个平台，形成产业经济、社会治理、民生服务、环境保护和政务应用五个云组团，还要完善安全体系、标准体系和运营体系三个配套体系。此计划的最终实现，完全可以用"电子政务智慧化，便民服务上'云端'"来赞美。

在2015年以前，佛山市、区两级有55个政府职能部门和单位拥有自己独立的计算机房，机房众多并且相当分散，大量项目的重复建设致使运营维护成本很高，资源利用率很低，大量信息无法协同。佛山市经信局痛下决心，要通过落实"互联网+"来改变现有的政府政务状态。

佛山市要通过推动"佛云"项目，引领传统电子政务模式的创新和变革，促使政务管理服务逐渐向产业经济、社会治理、民生服务和环境保护等领域全方位渗透，助力佛山各级政府管理和服务的智慧转型。"佛云"项目建设大致设计四个阶段：第一阶段，2016年完成市直所有非涉密政务系统整合于"佛云"；第二阶段，2018年前完成五个区所有非涉密机房、基础资源、政务系统向"佛云"的整合迁移；……第四阶段，到2020年实现"佛云"长效运营和治理提升。

佛山市经信局相关人士认为，"佛云"项目的建设以构筑平台、统筹共享、整合迁移和价值创造等路径实施，预计在2020年基本完成，具备一定的造血能力，最大限度发挥政务数据对社会、企业和市民的支撑作用。

七、城市综合执法事务"互联网+"

禅城区司法局2016年顺应移动互联和信息化发展的新常态，着力提升"互联网+"公共服务体系法律建设，推动社会治理创新和服务转型升级。区委政法委副书记、区司法局局长梁梓熙介绍了他们的做法。

（一）筹建网上大厅，指尖预约办理

禅城区公证处开始运用"互联网+"公证平台，突破传统公证服务模式，破除空间、时间的制约，实现全方位、全天候定制服务。网上办事大厅使市民可以安坐家中享受网上预约、网上申请、网上缴费和网上评价的服务；通过微信，也可以让市民与公证人员进行实时沟通对话，方便他们在线咨询、在线办证、在线辨别公证文件等。在为群众提供更便捷电子服务的同时，进一步提升公证处自身服务的能力和水平。

（二）打造网调平台，试行网上调节

从 2016 年起，禅城区司法局尝试搭建网上调节工作室平台，探索开展网上人民调解工作。通过连接"禅城区社会综合治理服务管理平台"，实现人民案件网上受理、分流及快速处理，为市民提供网上咨询、网上申请、网上调节、网上跟踪回访案件等便民利民服务。

建立了区级物业管理纠纷人民调解委员会，可以链接"禅城区物业管理公共事务综合服务平台"的"一门式"服务窗口，及时有效地化解不同层次的物业纠纷。随着陶瓷、汽配等行业电子商务的快速发展，下一步禅城区司法局拟把专业性人民调解触角延伸到电商领域，尝试调解电子商务的各类矛盾，助力互联网电商行业持续健康发展。

（三）完善信息平台，提升监管水平

禅城区司法局下一步要运用"互联网＋"开展社区矫正，大力推进社区矫正信息化。在使用好社区矫正信息监管平台的基础上，进一步加强与公检法等部门的社区矫正信息共享，促进社区监管水平的提升。

要探索社区矫正改革新模式，加强与区公安部门的合作，着力推进选派公安干警到镇街司法所协助社区矫正工作，最大限度地降低社区服刑人员再犯罪率。继续引导社会力量参与社区矫正工作，让扬帆起航志愿者服务队、特殊人群教育宣讲团等社会组织，与公安人员、法律服务队伍三位一体，形成合力，共同保障禅城镇街矫正工作规范、有序和健康发展。

八、顺德强力推进公安警务信息化

近些年来，顺德区公安局很重视信息化促进工作，特别是在 2016 年，运用"互联网＋"来变革民生服务模式与公安管理业务：全区"一门式"综合服务大厅涵盖了 10 个镇街，借助信息化，打通服务市民"最后一公里"；在全佛山市五区中率先建立人像识别系统，提高管理队伍的透明度与工作效率。

（一）全天候自助办理公安事项

市民到顺德大良派出所的"一门式"综合服务大厅，向右去可申办居住证，往左能使用自助机办理港澳通行证续签，市民们感叹：真的是非常方便！全顺德区已建成 11 个"一门式"综合服务大厅，10 个镇街的民众都可以在家门口办理治安（含户政）、交警（含车管）、出入境和消防等 163 项审批和公共服务事项，了却了往返奔波之苦。在"一网式"建设方面，交通大队网上支付功能已上线运行，实现了办证大厅叫号系统自动对接业务。这些措施都有序推进了全区实名认证，认证人数在佛山市名列第一。

顺德区公安局还建成了综合出入境、户政和交警等工作的"24 小时自助服务大厅"，实现了"全天候"为民众提供车管、出入境和户政等 11 项自助业务；积极推动"一体机下镇街"惠民工程，全区的 10 个镇街出入境自主办证一体机已投入运营，容桂、大良、陈村和龙江 4 个街道已经实现 24 小时办证；其余街区的"全天候"自助服务区建设业务也在 2016 年底全部完成。

（二）"E 机通"社区民警人手一台

顺德区公安局在划分社区警务室地界时，充分运用了信息化技术，在全国警用地理信息基础平台 PGIS 地图中，利用边界线划清各警务室管辖范围，让所有社区民警清楚自己的"责任田"。所有考核成绩都以社区民警手中的警务"E 机通"数据为依据，实现了顺德统一考核，从而使社区民警职责真正得到了落实。

顺德的公安系统召开社区警务工作会议，明确了社区警务改革的任务，扎实推动信息资源整合共享业务，做到了用数据说话，拿数据决策，为基层警务提供了精确的数据服务。截至 2016 年中期，实现社会信息、共享信息系统、上传公安业务信息和共享数据的业务数值超过佛山其他四区的总和，数据共享比率达到 100%。

（三）刷脸后才能考勤和领取枪支

顺德区公安局在广东省率先建成和应用人像对比平台，在此基础上把人像技术应用到民警考核和强制使用业务上，明显提升了用枪、还枪效率以及枪支弹药管理规范化、智能化水平。顺德民警上下班登记考勤、领取枪支等，都只需要"刷下脸"。

从2016年2月份起，顺德公安机关有关单位人员率先启用人像识别考勤系统。这个系统不到1秒钟就完成人像识别，既执行了佛山市公安局的信息化部署，又方便了民警和警辅人员。通过建立推广人像识别考勤系统，还创新了强化作风建设做法，有效解决了考勤精准度低、排队打卡、统计督导难等问题，大幅度提升了警务规范化水平。

九、城市公共信息采集事务"互联网+"

(一) 解决公共信息"不对称"问题

在人员招聘市场，比较大的矛盾是公共信息"不对称"。企业找不到需要的人员，而求职者也发现不了心仪的岗位。

据《珠江时报》曾夏、何家昌了解，佛山市及各区人社部门在2016年2—3月，总计组织举办了74次专场招聘会。仅在2月26日于佛山人力资源市场举办的大型人才招聘会，就有188个单位提供了3000个岗位，当天参加招聘的人员是1200人。可以看出单位招聘人数远远超过了求职人数。

单位招聘人员反映招不到需要的人手。招聘会上不少企业都有专门为应届毕业生提供的就业岗位，主要是市场督导、业务员、策划和文员等一线位置，月薪保底为2500元左右。佛山康远公司HR陈女士表示，他们公司招聘的岗位主要是营销员，但面试的学生不愿加班，对月薪要求也较高，因此招人困难。雅佛医疗科技有限公司工作人员坦言，企业有销售、文员等职位招聘，可是学生们很少问津，表示此次还没有招到人员。

中山大学南方学院电商专业的麦同学，已经两次前来佛山参加现场招聘会了。他说："我想找有关电商的岗位，但适合我们应届毕业生的岗位不多。"并且不少位置都需要有从业经验。麦同学希望今后能多举办一些针对应届毕业生的招聘会，也希望自己的就业月薪不低于3500元。

佛山市人才资源开发服务中心负责人介绍说，今后要继续加强与政府相关部门、各区人才办的沟通协调，认真做好佛山高校毕业生就业的多项工作任务，并进一步完善佛山人才网求职招聘平台，运用"互联网+"人才服务方式为企业和求职人员提供精准对接服务。另外还将加大与重点省市、重点高校的合作力度，将各区组团外出招聘的品牌活动进行整合，组团赴省内外开展大型招聘活动，拓宽企业引才渠道，把毕业生报到、人事代理、档案基础管理等业务全部上线，实现全市互通的"一网式"网上业务办理，建立全市通用的标准化、规范化人才服务体系。

从上述情况可以看出，组织现场招聘会，不论规模有多大，不论持续多长时间，到现场参加的求职者毕竟是有限的。企业参加招聘活动设摊，耗人费时，每次成本不菲，还很难说是否有效果。求职者不要说从外省市前来，即使是广东省内过来佛山参加现场会，也并不容易。每个求职者都不得不考虑时间和经济成本。要是前来两次、三次没效果，以后基本不会再度光顾了。

实际上，最好的办法是借助"互联网＋"、云计算和大数据等现代信息化技术手段，形成长年不断的、每天24小时的网上招聘云平台，无论是对于需要招人的单位，还是随时想要寻找合适位置的求职人员，只要"触网"就可以实时了解佛山地区及所属单位用人需求的公共信息。并且通过云平台，实现招聘单位和求职人员网上交流、考核和对接，完成人员招聘的全部流程。如果能够做到这种程度，不要说外省市人才，即使在海外也会有需要的人才来应聘、入职。如果佛山市、区两级人社部门能够赶上"互联网＋"的快车，佛山人才服务体系就可以冠名"信息化"了。

（二）公共信息采集要助力国外人才引进

还有一个值得非常重视的工作，那就是国外人才引进。近年来，广东省委、省政府实施人才强省战略，高度重视外国人才引进工作。2014年、2015年聘请外来广东的专家分别为13.21万人次和12.99万人次，分别占全国的21.3%和20.8%，均居全国首位。广东的引智模式已从重管理向重服务方向转变。目前，涉及海外人才引进的服务项目已全部纳入网上办事大厅处理，在公共服务大厅设置服务专口，提供"一站式受理、一次性告知、一条龙服务"。广东省也主动把"外国人入境就业许可""外国专家来华工作许可"等审批事项全面委托下放各地办理，切实打通服务"最后一公里"。

面对广东省引智工作的良好态势，面对省外专局大力推进下放相关权力和业务的有利情况，佛山市及所属各区相关部门应主动迎合，率先开启相关业务，争取走在全国同级城市的前列，吸引到更多更好的国外专家，为佛山社会和经济的飞跃发展贡献力量。

十、佛山特定人群服务"互联网+"

(一) 政府创设创新创业大空间

有可靠数据显示,2015年禅城区推进建设绿岛湖都市产业区等7个现代产业社区、佛山国家火炬创新创业园等6个创业孵化基地,新增"华南创谷"等11个创客空间。

禅城区的创新创业环境给年轻的创业群体提供了很好的平台以及不断"试错"的机会,多个创业孵化器与平台让创业人员可以相互交流沟通。"科技型企业需要人才,而能否留住人才,则考验着城市的方方面面。"睿江科技高级副总裁郑樊光认为,当年最先"闯进"互联网行业的那批年轻人,而今纷纷成家立业,教育、医疗等就成为他们非常关注的问题,城市配套良好,自然能吸引更多人才进驻。专注于互联网基础服务的广东睿江科技有限公司已扎根、深耕佛山近十年了,自主创新研发出"睿江云"高科技互联网产品,为广大客户提供高效灵活的数据服务。

毕业于佛山科学技术学院的发明爱好者林楚涛,出于对创新的热爱,选择留在禅城区自主创业,创办了佛山市创立方青少年创意中心,开拓出自己的一番天地。2016年1月,他又创办石湾妇女儿童之家,这是林楚涛的第二个"大本营"。这个年轻人的理想远不止这些,他立志还要有一番大作为。

无论是业已成熟的科技创新公司,还是新起步的创业小团队,如今禅城区的创新创业大环境越来越得到创业者们的认可。在区委全委会报告中,"创新驱动"被列入主题,坚持"打造创新创业生态区,基本建立开放型区域创新体系"成为禅城区的重要定位和目标之一。

(二) 南海区为"上班族"开启"5+2"服务模式

凡是上班族都有一种共同的纠结,到政府部门办事必须周一到周五上班时间去,你想周六、周日去,对不起,政府部门和你一样也周末休息。大家都知道,到政府部门办理个人业务就得向本单位告假,这是多少年形成的老规矩,领导也习惯了。但是这明显会影响单位工作,空耗民众个人时间,已是不争的事实。

我对此也有深刻的体会。某次我去国内某超大城市办理私家车辆牌照业务，因受亲属上班时间限制，只能周末去办理。据同去办理的市民说，这是政府刚实施不久的亲民政策，周六加开一天办理，以前只限于周一到周五正常班时间。我们去了个新开的办理点，以为等候的人可以少些；当上午10点到达的时候，排队等候的市民从办事大厅一直延续到街道上40多米。我们在排队等候的闲谈中询问，为啥都赶在周末来办理。旁边的一些人都说平时上班要请假，没想到新开的点周末还如此多的人。有聪明人还提议，这边先排着，再分人到其他办理点试试运气；还有市民说要是手机上能显示出各办理点排队的人数和情况该多好。大家议论纷纷……那一天近下午3点才轮到我们，由于分项走程序又排了两次队，等全部处理完毕，共用了5个多小时，一个宝贵的周六就这样过去了。回头一算，5个多小时排了三次队，真正办事的时间不超过25分钟。

从2016年8月初起，在佛山南海区这种情况被彻底改变，区镇两级行政服务中心已实施"5+2"服务模式，周一至周五服务时间延长，周六、周日采取"全预约"办事方式，为广大市民提供了更多的方便。

1. 延长工作时间，周末照样办事

按照"5+2"服务新模式，南海区及各镇街两级行政服务中心所有办事窗口服务时间全部延长，区延长半小时，镇街延长1小时。周六、周日开放办理不动产等办件量大、窗口等候时间长的业务；采取"全预约"服务方式，对外服务时间与工作日大致相同，不实行现场派号。

2016年以来，受国家去库存策略、税收优惠、营改增和佛山放开二手房购房入户等利好政策的驱动，南海区房地产业务量持续增长，办证需求快速上升。为适应新的服务模式和新的需求，区及各镇街相关部门对各窗口业务处理能力开展了全面分析评估，随即制定了窗口人员增补计划，以提升为群众服务的效率。

2. 预约覆盖全部镇街，提升行政服务水平

为方便群众自主安排时间办事，减少现场等候时间，区行政服务中心已试行地税、不动产和工商事项网上"全预约"办理。市民可通过南海区政务管理办公室网站、"南海区政务通"微信公众平台、南海民生热线三种方式预约办理服务。实行后居民们感到方便、高效，这些便民措施很受欢迎。

在总结区行政服务中心经验的基础上，从地税、不动产和工商事宜等业务入手，区里将向镇街推广周一至周五的"全预约"服务。预约成功

后，市民最早可在预约时段 30 分钟前取号，最迟在预约时段结束前取号，再等候窗口叫号。要是因故无法按时赴约，同样可以通过前述三种方式取消。

3. 逐步增加通办业务，避免市民扎堆办事

除"5+2"服务新模式、"全预约"办理服务以外，南海区还采取了逐步施行全区通办的便民重要举措。2016 年 5 月，南海推出了第二批 23 个全区通办事项，主要是针对自然人事项，涉及机动车驾驶换证、驾驶证领取等市民办事要点。第一批已于 2016 年 2 月实行，主要涉及社保、民政工商等 39 个事项的法人业务。

在扩大全区通办事项的同时，努力改变居民的办理方式。在推进政府"一窗通办"服务的基础上，突破地域限制，申请人可到最近的服务中心办理通办事项，并自主选择在申请地或管辖地领取办证结果，减少往返办事地点所需时间。

此外，南海区的 15 个镇街行政中心还全面开通了微信预约服务。群众可以通过"南海政务通"微信、"南海民生"服务热线和南海区政务办公室网站实现办事预约。后来又对预约功能进行了再升级，群众能够预约未来 5 个工作日的办事，并且可以通过手机查看排队预约情况，对全区各个办事大厅的即时办理人数做到"一览无余"，以便自己选择合适的办事地点。

（三）一个将要开始应对的特定服务人群

在 2016 年中期，公安部为支持广东自贸区建设与创新驱动发展，批复同意在广东境内实行 16 项出入境新政策，政策放开幅度之大前所未有。佛山市区应最大限度地运用此政策，补充国内人才引进的困境和短板，加速国外智力引进工作。

1. 多项出入境政策支持创新驱动发展

实际上，在 2015 年 4 月，广东省委、省政府为全面推进自贸区建设，加速建设创新驱动发展先行省，要求各部门出台或争取国家部委出台相关优惠政策，助力广东创新前行。

在广泛调研与充分论证的基础上，广东省公安厅提出了支持广东先行发展的 16 项出入境政策措施，为外籍高层次人才与创新创业人才提供出入境和停留居留便利。随后公安部审核批准了这些政策措施，这是国家部委全力支持广东自贸区建设与创新驱动发展的重要举措，为我省建立与国际接轨的市场化人才评价机制，为外籍高层次人才到广东发展，激励外籍华人来省内创新创业提供了极大的便利，对今后广东经济社会发展进步意义重大。

2. 大幅度突破以前诸多外籍人员限制

新政规定对广东省相关主管部门认定的高层次人才或高层次专业人才，以及省内高校、科研院所聘雇的相同人才，取消60岁年龄限制，可以签发有效期5年以内的工作类居留许可，并且在工作满3年后经单位推荐即可申请"绿卡"，对单位类别和个人职务级别不做任何限制。

为给外籍高层次人才提供生活便利，允许外籍家政服务人员进入广东。该项政策突破目前规定，为"菲佣"进入广东执业打开了通道。

对外籍高层次人才子女提供很大的方便，可以凭广东省内中小学证明函件，申请签证和办理学习类居留许可。

此外，新政的一个亮点是考虑了普通就业者和留学人员的居留需求，规定在省内工作的外国人，如其已连续两次申请办理工作类居留许可，且无违法违规的，第三次申请可以签发有效期5年以内的工作类居留许可。新政同样支持外国留学生在我国高等院校（含港澳地区）毕业后直接在广东创新创业。

3. 广州医院首聘外籍全职教授的借鉴

到2016年中期，来自以色列特拉维夫大学的消化科专家Shomron Ben-Horin教授在中山大学附属第一医院执业已满一年时间了。他作为中山大学医学部聘任的第一位外籍全职教授，同中国医生和谐搭档，出诊、查房，为患者做内镜检查。通过一年的钻研学习，根本不懂中文的他已经可以半中文、半英语地向患者询问病情，进行简单的交流了。

在以色列本国，Ben-Horin教授每天最多看15个病人，而在中国，他和中国医生搭档，一天最多接待过110名患者，这是在以色列的7倍。和Ben-Horin教授一同来中国的有他的妻子Anatfei，一名以色列著名听力康复专家，以及他们的3个儿女，都在广州国际学校就读。在穗期间，他们的女儿还被学校评为"年度最佳国际学生"。这一家人非常喜欢广州，Anatfei说："广州是一座现代化大都市，有珠江新城、广州塔这样的现代建筑，当我们展示给以色列的朋友看时，他们都觉得很震撼。"

洋医生出诊国内医院，作用到底怎样？中山大学附属第一医院副院长、消化内科学术带头人陈旻湖很赞赏他，说Ben-Horin教授是医院历史上第一位全职工作的外国医生。一年中无论是临床还是学术上都有出色表现，非常专业、敬业。他的到来对提高医院炎症性肠病的诊疗水平起到了积极作用。"广州是国际化大都市，医疗团队的国际化是趋势。"陈副院长表示，日后医院将与更多国家的医生持续合作。

4. "互联网+"助力南海留学生回国创业

南海区是有名的侨乡，约有外籍华人、旅外华侨和港澳台同胞40万人；每年有500多人去海外留学，并且是逐年增长。从2012年起，在南海区外事侨务局推动下，设立了南海（海外）留学生联盟，为留学生提供义务服务。以南海为总部，在区内留学生较密集的国家和地区，还分设了9个工作站。南海留学学子包括正在海外留学、即将海外留学或者留学已毕业的人员，都可以通过相关网站注册申请、审批通过，成为南海留学生联盟成员。通过"互联网+"这样的方式网罗南海区的留学生资料，等于为区里设立了一个海外本土人才资源库，根据地方需要，酌情引荐所需专业中高端人才归国就业创业及学术交流，可以逐步将南海留学生联盟打造成专业化和国际化的人力资源平台。

据南海区外事侨务局局长丁幸媚介绍，南海留学生联盟这个海外人才信息库，是要强化留学生与家乡之间的信息互动，协助留学生实时掌握家乡的发展和政策，可以根据成员各自情况提供更多的成长机会。

一些学成回国的海归人员，从不同角度都对回国创业持赞成态度。"海归"傅一鸣讲述，他毕业后曾去非洲工作了一段时间，后来返回南海创业，在西樵山边建立了一家健康信息有限公司。他认为，南海在吸引人才回国上表现得很开放，也乐于接受比较新的理念，这是他返回家乡的动力所在。留学英国的佛山铂利欧照明公司董事长李河认为，提升旧事物，赋予其新的价值，这就是创新。要想站在巨人的肩膀上，就要做到坚持、高效、专业和有团队合作精神。留学英国时曾三次被英女王接见的香港隽士会常务副主席廖宇威，建议留学生要用"不求所有，但求所用"的思维去对待自己的工作，不要只知道自己懂得什么，最重要的是思考自己能在岗位上创造什么。

我们认为南海区外事侨务局的"互联网+留学生"的做法很有代表性。海外留学生很分散，恰好适合用移动互联的方式联系沟通。一个网站把国内外的留学人员都汇聚起来了，实时交流、实时办公、实时研讨，全天候型沟通，真是方便之极。

由公安部批准，广东省自2016年8月1日起实施的支持广东自贸区建设和创新驱动发展的16项出入境新政，其中10项全广东省都有效。这对于自贸区之外的广东各地也是重大利好消息。今后关键要看佛山市、各区及各镇街能否具有强烈的政策敏感性,创造各种条件,争取在第一时间用好、用足这些新政。在佛山有中德工业园区,在南海区有一汽大众佛山分公司……其中有外籍专家及技术人员居留事宜,有这些人的配偶就业和子女入学、就业等问题;在佛山还有佛山科学技术学院、广东东软学院等一批大专院校的外籍教师从业居留及其配偶就业和子女入学等问题;还有佛山要国际化和走向世界,外籍和港澳专家学者以及留学生留下创新创业:都需要对这些政策的透彻理解和全面实施,都将检验佛山政府及公务人员的改革开放思维和职业素质。

十一、城市卫生医疗服务"互联网+"

(一)"互联网+医疗"卫生便民建设

南海区卫生和计划生育局(以下简称卫计局)以"互联网+医疗"方式推进卫生信息化工作,助力打造卫生强区,让居民享受更优质的现代医疗服务。区域微信预约挂号平台"南海移动医疗"于2016年5月末上线,开始服务南海区居民。

1. 微信平台破解居民挂号难

看病挂号难是国内大医院的老大难问题,多年来大众颇有微词。在"南海移动医疗"微信平台上,集合了区内15家公立医院的诊疗资源,为居民挂号提供了便捷的预约选择窗口。大家可以提前计划自己的就诊安排,遴选区内适合的医院、科室、就诊医生以及就诊时间。对于居民来说,这是非常方便的就医方式,只要在"南海移动医疗"平台上注册一次就行了。

南海区卫计局局长孔小燕说,居民在就诊前可以对各医院科室、专家资源一目了然,做到心中有数。通过"在线预约,家中候诊,分时区号"的预约就诊模式,优化了就诊流程,减少了大家现场等候的时间。

2. 通过"互联网+医疗"优化服务流程

近年来,南海区卫计局致力于建设区域性互联互通的南海医疗信息大平台,借助"互联网+医疗"途径,推进全区卫生信息化建设,助力建设卫生强区，为居民提供优质的医疗服务。微信预约挂号平台只是其中的一项举措。接着，区卫计局还要积极推进"一路一库一平台"建设，建立区域医疗信息大数据池，加速医疗卫生信息资源的互联互通和共享共用，以信息化路径推进卫生强区建设，让居民获得更优质的医疗待遇。

可以期盼的是，在不远的将来，居民除了可以使用手机预约挂号，还能做到在线支付，可以把南海所有公立医院的就诊信息"一网打尽"，包括挂号情况、门诊或住院处方结果、检查检验结果和收费情况等，通过手机大家可随时随地了解查看。

（二）佛山高新区东软熙康云医院平台服务

东软熙康科技公司开发的云医院平台项目，已在佛山高新区（南海）成功运行。它是将诸多高新技术在传统医疗健康领域付诸应用，使传统医疗模式得到了充分的完善和优化，使南海区狮山镇在医疗改革推进、区域整体医疗健康服务等方面获得大幅提升，取得突破性成绩，是佛山市乃至广东省范围内具有创新意义的重要项目。在新时代背景下，这必将进一步提升狮山镇在医疗健康领域的综合能力，满足当地居民日益增长的健康服务需求。

1. 东软熙康云医院平台建设与运营服务

通过将狮山镇各级医疗机构接入到云医院平台，实现基层医疗机构的信息化，使各级医疗机构在该平台强大的系统功能的支撑下，充分开展健康档案管理、分级诊疗、远程医疗、处方流转、院外护理等服务，进而有效打破医院物理围墙，极大程度地加强医院间协同合作，使优质医疗资源从大医院下沉至基层，同时合理引入社会力量参与医疗分工，最终使城市整体医疗水平获得提升，使居民获得前所未有的就医便利。

2. 东软熙康健康大数据运行管理与分析服务

随着近年来国家医疗支出中慢性病部分所占比例的逐渐增加，慢性病评估与预防控制越来越受到重视。健康大数据运行管理与分析服务基于用户的医疗健康大数据及疾病风险预测模型，实现对用户慢性病风险的精准评估。同时，该评估结果可精准地定位目标人群，有效进行早期的慢性病预防与控制，对实现慢性病管理工作从"病后治疗"向"病前预防"转变，具有非常明显的效果和非常积极的意义。

3. 东软熙康部署健康智能管理及检测设备

基于物联网、移动互联网等新技术的智能硬件，使医生对患者健康指标能够进行实时监控，当医生发现患者指标异动时，可以进行及时的医疗干预，有效避免了因检测滞后造成的病症恶化。此外，健康智能管理及检测设备从入户级、社区级、区域级等不同层面进行部署，充分提高了居民和患者参与健康检测的频率，便于及早发现患病风险，同时通过建立动态连续的健康档案，为医生出具诊断时提供充足的数据支持。

4. 东软熙康云医院平台的特色与效果

与国内同类项目多数是以单点切入从而解决单个问题的现状相比较，东软熙康云医院平台项目在狮山镇构建了完整的智慧医疗架构，从整体层面使狮山镇的医疗健康事业获得了全面升级，为进一步发展相关医疗、健康、养老产业以及大数据相关产业提供了充分的支撑，并且广泛带动了社会力量共同参与建设佛山智慧医疗新格局。

佛山高新区（南海）云医院项目的开展，为居民建立了全生命周期的健康档案，解决了居民日常看病难的问题，为居民提供了丰富的医疗服务。云医院远程医疗服务，实现居民足不出户看名医；云医院慢性病管理服务，实现居民慢性病数据实时监控、慢性病管理多方参与；云医院健康小屋服务，实现居民便捷体检、健康情况自我管理。狮山镇居民通过云医院项目，日常享受丰富医疗资源的同时，减少了医疗花销；居民在获得医院在院医疗服务的同时，还能够得到医生院外多方位的健康服务，以及家人对自己健康数据的掌握及健康关爱。通过云医院项目的实施，居民对狮山镇医疗服务满意度大大提升。

放眼未来，东软熙康云医院平台项目必将在狮山镇探索出一条切实可行的智慧医疗发展道路，为狮山镇医疗健康事业的发展做出贡献，为广东乃至全国智慧医疗的发展提供先进和成熟的实践经验。

（三）"社区延伸处方"

如今中老年人去大医院看病的，并不全是急重症患者，不少人是已经诊断、病情明确和用药稳定的慢性病人。这些人群既需要到大医院进行复查或者调整用药，也需要在社区或就近医院得到日常服务；在不同的医疗机构之间赶场穿梭，加之身体原本就不适，让人纠结不已。

2016年7月末，《健康报》报道了一条消息，说是"延伸处方"成为上海市社区卫生服务的"人气王"。从 2015 年 6 月起,上海市凡是签约居民由社区医生转诊上级医院就医的,在大医院开出的处方即使不在基层药物目录之内,也可以经社区医生直接开方,由物流公司配送到居民家中。这项政策已在 65 家社区卫生中心落地。

现在的医保规定,到医院一次只能开几天的药。在一些城市中社区医疗机构近在咫尺,许多医药品种却提供不出。因此病人自己即使不愿到大医院争抢就诊,开不出药的现实也会迫使其不得不去。如果这些制度性阻碍不去除,分级诊疗就成为空话,"小医院门可罗雀,大医院人满为患"的怪现象就难以消除。

正是由于如此,为切实推行分级诊疗,各地都出台了不少解决办法,但从实践看来效果并不理想。其目的是要把慢性病患者留在家门口,但无论是用经济杠杆的、硬性规定的,还是宣传鼓动的,都不太接地气,作用很有限。例如运用经济杠杆,病人并不为多报销 5% 的利益所动,得了小病或慢性病,照旧到大医院排号就诊,非但没有缓解"看病难",反而增加了患者和大医院的看病负担。

2016 年中期公布的《2015 我国卫生和计划生育事业发展统计公报》显示,患者向高级别医院集中的趋势依然没有改变,这说明过去推行分级诊疗的某些做法并没有取得实质性效果。在《人民政协报》发表相关短文的罗志华看来,问题的关键是推行分级诊疗的一些做法没有贴近患者的具体实际,不能有效增加他们的切身利益。相比之下,上海施行的"社区延伸处方"这一做法显得难能可贵。看上去这是个小的改革举措,但确实站在了慢性病患者的立场上,让他们看病就医更便捷,体现了"以人为本"的精神。

确实,小举措也会成为"人气王",折射出如此的举动还是相对稀缺,广大患者十分期待这样的做法。今后大家都希望,涉及医改的每项举措都务必以病人为中心,多出真招和实招,看得见摸得着,使民众切实感受到医改带来的实惠。

十二、佛山运用"互联网+"思维打造旅游平台

2016 年 7 月下旬,佛山市禅城区旅游局局长孙近国上线开展微访谈,围绕旅游主题"漫漫岭南风,悠悠禅城行",与众网友沟通旅游景点、规划配套等热点问题。

禅城旅游的推介，关键问题是各项旅游资讯能否根据游客的需求，有效精确地推送到位。近些年来，禅城区强力推动旅游文化产业的发展，整合旅游资源，推出了十条"最美文化创意游"线路，开设专线巴士，擦亮禅城"传奇古镇　陶醉禅城"旅游品牌，吸引了不少游客慕名而来。

（一）创建一站式旅游平台

孙近国在回答网友问题时表示，大家可以通过"禅城旅游"网站与微信公众号，来得到所需要的资讯。他围绕禅城未来旅游发展规划介绍了三方面思路：第一，将旅游资源推介给有旅游需求和潜在需求的人们。例如北方的游客要到华南地区观光，首选有可能是广州、深圳，可禅城就在广州隔壁，只要把旅游资源及时推出，就会吸引他们过来。第二，要让推出的旅游信息有效精准。要将本地资源整合到统一的平台上，平台上不仅有文化、历史，还有景点和产品等，要让游客对景点的兴趣转化为购买欲望和购买力。第三，统一平台能够提供一站式的"大数据"旅游服务。这个平台以信息化为基础。禅城现有的旅游资源还有重点打造的旅游项目，都可以在前端推介给顾客，并为他们提供一站式服务，包括订票、住宿和乘车等，甚至游客在旅途中遇到的困难，也可以通过平台反馈，以便旅游部门及时协助解决。

这样一个运用"互联网+"思维的旅游信息平台，可以让所有游客在禅城玩好、吃好、喝好、住好。孙近国还透露，区旅游局目前已开始与相关大数据平台运营商洽谈，平台建设方案一旦形成会向社会公布。

（二）打造全域旅游，留下过夜客

孙近国还认为，禅城区旅游的特点是景点很多，相互间离得比较近，比较集中。依照国家创建全域旅游的理念，希望将这些片区进行有序的连接和对接，推出精品旅游线路，用"互联网+全域旅游"来提高禅城旅游的吸引力。

有的网友在交流时提出，一座城市如果想发展好旅游，就要策划好"深度游"，开发出让游客"留宿"、逗留超过24小时以上的旅游产品。可是禅城旅游基本上是一日游为主，留不住游客，建议根据不同人群设计不同的旅游线路。

旅游局副局长唐秀云回应，目前禅城依据不同人群，设计有20多条文化创意旅游线路，未来还会更加丰富。今后，禅城还要加强与广州、深圳等大城市的旅游合作互动，设计出更多线路，精准推送至高铁沿线城市，吸引更多的客源。而旅游线路推荐、本土特色民俗活动等信息也会整合到旅游平台上，让业态更加丰富。

十三、市委、市政府怎样带领佛山走向国际化

说到国际化问题，这是中国这个世界第二大经济体打破目前发展瓶颈的破局之策。2016年佛山市在全国地市级城市中率先提出向高品质现代化大城市进军的响亮口号。"把国际化作为实现城市现代化的动力支撑，推动佛山由一般的区域性城市向现代化国际化大城市转变。"这是市委书记鲁毅代表市委和市政府所做的表态。鲁毅向大家描画了一幅宜业、宜居和宜创业的家园宏伟图景，进军国际化，佛山要坚定前行。但道路究竟在何方，这个问题备受关注。

广东省社会科学院产业经济研究所所长向晓梅指出，佛山打造国际化大城市，更重要的是补上公共服务的短板。"佛山靠近广州是优势，它共享了广州许多基础设施。"她认为，未来佛山仍要依靠广州来补充教育、文化、医疗、交通等公共资源配套短板，从而为佛山国际化发展提供更高平台。

（一）佛山推动落实国际化现状

佛山现有大众、百威、丰田等60个世界500强企业落户，先后和美国斯托克顿市、日本伊丹市等结为友好城市，与10多个国内外城市组建中德工业城市联盟，全市国际化的营商氛围正在逐步形成。

佛山市的中德工业服务区就是重点建设的国际化营商环境示范区。截至2016年6月，该服务区已进驻和拟进驻项目80多个，其中欧洲项目已达20个。

狮山镇作为经济重镇，也在承担打造国际化营商环境示范区的重任。2014年，以汽车及零件配套、机械装备、智能家电等产业为核心，将欧洲中小企业作为主要引进目标的中欧科技合作产业园落户狮山。当年年底，狮山助力支持建设中的佛山力合科技园通过审核，正式加入国际科技园协会（IASP），成为31个中国区正式会员之一。

近些年来，佛山的人居环境正变得越来越好，来佛山工作和生活的外

国友人日益增多。来佛山一年多的德国人 Peter Helis 见证了佛山新城的成长。他表示，佛山新城的建筑兼具先进高端和绿色环保的特点，透着浓浓的人文气息。相比较于北京、上海等一线城市，佛山更加吸引他。来自印度的 Mandy 在一家外企公司担任英语训练师，于 2013 年定居禅城兰桂社区。Mandy 希望退休后能够在佛山开办一所学校，为贫困孩子提供英文教育。

（二）频出重拳破解国际化瓶颈

广东省社会科学院区域与企业竞争力研究中心主任丁力教授，曾在其专题报告中指出，在营造国际化营商环境上，佛山仍存在企业无序竞争，政府职能缺位、错位、越位和不到位，区域经济一体化与全球产业分工的水平不高等问题。像禅城兰桂社区、中德工业服务区这样的国际化社区和国际营商环境示范区，在佛山虽然比较典型，但并不普遍。为破除迈向国际化的瓶颈，近年来，佛山从简政放权、亮权力清单，到减免行政事业性收费，持续推动行政审批制度改革，提高行政效率，打造精干政府。

政务环境方面，佛山首创了地级市行政区域内工商登记注册同城通办；市场环境方面，继续加强社会信用体系建设，创建诚信示范园区；营商环境方面，通过强化与"一带一路"经济体合作交流，组织企业参加波兰中国家居展、印度自动化展、海博会等 16 场重头展会。

（三）努力打造软硬件环境，抢占制高点

佛山一面吹响推动国际化的号角，一面持续深化转型变革之路。佛山已编制了《广东省佛山市制造业转型升级综合改革试点方案》，从制造业企业最迫切的需求出发，直面体制机制环境，认真梳理了亟待国家予以支持解决的九大事项，已提请广东省政府转报国家相关部委帮助处理。

2016 年下半年，佛山要建设国际化商事仲裁平台，佛山仲裁委整体进驻中欧中心，并制定国际化商事仲裁平台建设的工作方案，深入探索建立全市统一的行政执法信息平台、行政处罚信息化管理系统等行政执法办案系统。同时，佛山要深化"一门式一网式"政府服务模式改革，编制完成了市、区两级 1924 个行政审批和社会服务事项的标准，开发完善市标准化管理系统，升级完善市"一门式一网式"综合管理平台，推动市和各区各部门系统对接。

第六章

佛山社区：管理和治理、权力与服务

为什么我们要关注社区？因为社区已成为国家城市地域的基础单元。讨论和研究社区，促进广大的佛山社区健康发展，会给佛山市社会和经济建设由下至上带来持续的推动力。

一、值得分外关注的佛山社区建设

（一）社区起源和国内认同度

学界普遍认为"社区"概念是由德国社会学家滕尼斯（1855—1936）最早提出的。社区是指建立在血缘、地缘、情感和自然意志上的富有人情味和认同感的传统社会共同体。早在20世纪30年代，我国著名社会学家费孝通等人已开始关注社区，但在此后的几十年间，它只是个学术上的概念，几乎不存在应用的意义。

直到1989年，国家民政部第一次使用"社区"一词，提出要在城市中开展社区服务工作，开启了"社区"从学术范畴进入公共政策实践领域的先河。1989年全国人大常委会通过的《城市居民委员会组织法》规定："居民委员会应当开展便民利民的社区服务活动。"这是社区服务概念首次进入国家法律条文。2000年民政部《关于在全国推进城市社区建设的意见》提出："社区是指聚居在一定地域范围内的人们所组成的社会生活共同体。目前城市社区的范围，一般是指经过社区体制改革后作了规模调整的居民委员会辖区。"该意见颁布后，在国内掀起了一股"社区建设"热潮。

从目前情况看，国内外学者专家对社区的含义和界定存在着多种解释版本。为了深入认识和促进做好社区实践工作，作者就此进行了一定的探讨和对比，认为国内学界比较通俗易懂的解释是：城市社区是一定城市地域范围内（一般指居民委员会辖区内）的居民，通过建立一定的组织结构形成互动关系，参加社区事务、解决社区公共问题，而形成的互助合作的社会共同体。[①]

---

① 黎智洪：《从管理到治理》，经济日报出版社2014年版，第36页。

（二）世界经济发达国家和中国社区施行情况

从全球经济比较发达的国家和地区来看，由于民族、地理、政治、经济和文化等多种原因，国家和地区的下属区域千姿百态、情况各异，如省、州、区和道等；但是，在国家和地区的最基层辖区，如今都趋向于统一，即称之为社区。海外社区治理比较成熟的国家有美国、加拿大、德国、英国、澳大利亚、日本和新加坡等。在加拿大，社区建设施行了100多年，现已达到社区发展的成熟阶段。

在我国城区，20世纪80年代末以前，只有街道建制，没有社区的说法。即使1989年国家民政部首次将学术上的词汇"社区服务"纳入国家文件，但对各级政府而言，社区及社区服务都是新生事物，需要从实践中认识和摸索。直到2000年国家部委才对社区给出了较明确的定义，至今不过十几年，全国各地没有确认的和国家统一要求的固定模式和做法。可以说在我国城市社区认识和社区建设问题上，目前正是发挥自主创造力、实施创新发展的大好时机。

从2000年11月起，全国各地按照《城市居民委员会组织法》，陆续开启了具有历史意义的社区建设试点与推广工作。从2002年9月起，民政部启动召开全国城市社区现场会，大部分省、自治区和直辖市成立社区建设组织机构，将社区建设列入地方经济和社会发展计划。直到今天，全国许多城市试验性实践了形式多样的社区管理变革，形成了诸多种类的管理模式，如北京模式、上海模式、江汉模式、青岛模式和沈阳模式等。这些模式大致可以分为三类：行政主导模式、半行政半自治模式和居民自治治理模式。

（三）社区国内推行发展趋势预测

我们认为，将来中国社区模式最终的发展方向应当有两种路径：其一是"半行政半自治"，其二是"居民自治政府协助"。走向第一种发展路径不难，向后一种路径发展会很难。后一种模式要全面推开，可能会有很长的路要走。对于中国长期施行行政单一管理的情况而言，需要思维、政策、方法和手段等一系列重要变革，省级乃至国家层面不给出明确的认可信号，不实行相关的政策、机构、人员等的实质性配套措施，"社区居民自治政府协助"模式只能是一种"畅想"。个别地方通过临时的政策支持，居民自治模式可能成功，形成了一块"小环境"，但是要想持久保持下去会很难,因为上升到省级层面以上,不配套、无对接,很难说能形成气候,并在全国家大面积实施。

我们应当有这样的心理准备,中国地区之间差别太大,许多涉及民生的政策和措施不可能绝对统一,有的需要参照执行。因此推测在相当长的时期内社区建设模式不会完全统一,在不违反国家大政方针的情况下允许地方自主选择。实际上,这也符合现今中央不断向地方放权的发展趋势。

(四) 对佛山地区今后推行社区建设的建言

如果将我国现实社区建设情况做个大致的归类,总体上说,还是处于行政主导模式。但是我们认为,这种社区管理模式的最大弊病,是群众成为消极的被管理对象,没有什么自主权,不可能成为独立的社区主体。这与我国党和政府全民创新、大众创业伟大号召的要求非常不匹配。可以说个人是国家全民创新的个体,社区是国家地域的最小单元,如果社区中的民众都是被动服从的"消极个体",那么怎么可能形成全民创新的良好局面呢?

2018年3月,习近平总书记要求,广东要在营造共建共治共享社会治理格局上走在全国前列,这是不断满足当今广大群众日益增长的美好生活需要的前提和保障。共建共治共享社会治理格局是党委领导、政府负责、社会协同、公众参与和法治保障下的新社会治理体制。这种体制是把政府管理转化为多元治理,由原来的一元做主转化为多元协商,由传统思维的管理转化为现代思维的治理。

因此,作者建议,为落实佛山市委、市政府持续创新的号召,应当积极创造各种有利条件,加快推进佛山城市社区由行政主导模式向半行政半自治模式转变。在社区这样的区域基层大力减少政府的行政化干预程度,支持社区居民、社会组织、驻区企事业单位发挥社区主体作用,形成对社区的"共治"。基层政府把凡是社会组织可以承担的社会服务项目交出去,把不该出手管理的事务也坚决交出去,集中精力做好基层政府应当做好的事情。同时,应当积极主动培育居民的自治意识和技能,协助他们从管理社区的"局外人"转向"相关责任人"。

总之,作者认为,对社区的治理从行政主导模式向半行政半自治模式转变得越早越快,对佛山创新发展,早日成为全国地市级城市的先行者、排头兵越有利。而佛山要能达到社区居民自治、政府协助治理模式的条件,可能需要10年、15年,甚至是更长的时间。因为居民自治对居民、社会组织的觉悟、素质和能力要求很高,同时社会环境也要与之协调和配套;最重要的是,基层政府要能够达到"高度自信"的境界。

再者,从历史发展的角度来看,长期以来,中国基本上实行的是中央集权管理。即使将来实行社区居民自治模式,也应当是具有中国特色的,政府最多会退至为社区治理主体之一,不会发生退场的情况。我也认为政府完全退出社区不符合中国国情实际。一是社会资源绝大部分掌握在政府手中,政府不到场,社区没有话语权;政府又不可能下放这些资源给社区,没有资源社区无法行使职能。另一方面,我国的民众长期以来生存和发展都依靠都政府的管理,没有政府的出席,民众不习惯和不适应。

还有一个重要的中国国情是一党执政多党参政。在社区治理中也要重视党在社区治理中所扮演的角色和所处的地位,即在社区管理中如何体现党的领导,党怎样具体领导社区工作,这个问题有必要深入思考。

二、佛山政府管理和政府治理

这里需要再次申明,我们讨论的政府公共管理和公共治理,仅限于城市社区的上层组织——政府的派出机构街道办事处。在街道办事处之上的政府机构属于国家治理范畴,不在我们研讨范围之内。

什么是公共管理?在我国学术界对其含义认识不一,莫衷一是。按照国内公共管理学教科书的界定是:"公共组织运用所拥有的公共权力,为有效地实现公共利益,对社会公共事务进行管理的社会活动。"[①]

学者张成福提出,公共管理是以政府为核心的公共部门整合社会的各种力量,广泛运用政治的、经济的、管理的、法律的方法,强化政府的治理能力,提升政府绩效和公共服务品质,从而实现公共福祉与公共利益。[②]

我们认为,我国公共管理学教科书指出的"公共组织"是实施公共管理的行为主体,其实是准确的;因为公共组织既包括政府组织,还包括非政府组织。但是学者张成福给出的定义,以政府为核心的公共部门是实施公共管理的行为主体,这就是中国的管理现实,符合实际。

从学者们给出的公共管理定义可以分析出,管理显示出政府部门行使公权力,对被管理者包括辖区内社会组织、居民个体和家庭,实施组织、指挥、协调和控制的过程。在此过程中,上级政府是公共利益的代表,控

---

① 周晓红:《公共管理学概论》(第 2 版),中央电视大学出版社 2009 版,第 2 页。
② 黎智洪:《从管理到治理》,第 18 页。

制着社会大多数资源,处于优势地位。辖区社会组织、居民个人和家庭是被管理的对象,被要求个人服从集体、局部服从整体。被管理的对象需要时时由政府教育和引领。

(一) 政府管理概念与实际

说到管理概念和管理行为,依据人们合作领域的区别,可以分为公共领域的管理和私人领域的管理。例如公共管理属于公共领域管理的范围;企业管理、家庭管理等属于私人领域管理的范围。在西方,公共管理学"很年轻",到了 20 世纪 80 年代才开始时兴,而管理学(指企业管理)已经创立了 100 多年。公共管理是存在于社会公共领域的管理活动,是政府组织和非政府组织共同代表社会公共利益,遵循公共规制,承担社会公共事务,运用公共权力对社会公共事务进行管理的社会活动。

公共管理比西方更早出现的"公共行政"要优越,它代表着一种新的理论旨趣与实践价值取向:①公共管理的目标是取得结果、改进技能和增强责任;②公共管理更多地涉及组织外部环境的处理和更广泛的组织目标;③公共管理强调官僚政府转变为企业政府,以市场机制取代政府机制,广泛使用交易契约与代理契约。①

前面我们已经提过,在中国学界对于公共管理的概念可以说是众说纷纭,各有解释。但是从多数学者专家给出的概念定义,可以基本把握"管理"的含义。我国的管理和行政化的国家权力部门紧密相连,管理意味着管理者(指政府部门)行使一定的权力,对被管理者施行组织、指挥、协调和控制。在管理的流程中,政府是公共利益的代表和维护者,控制了社会多数资源,处于施加管理的优势地位。政府认为,社会个体和社会组织处于被管理者地位,都会盲目地追求个人或社会组织小团体的利益,需要被教育和引导;个人必须服从整体,个人利益需要服从集体利益。我国大多数人对"管理"的认识,还停留在西方行政管理学派和官僚制度学派的思想上,现实的管理实践与这种认识十分契合。

需要说明的是,依据我国的情况,市区的公共管理和社区公共管理都存在上述的认识和实际。

---

① 李晓梅:《公共行政与公共管理:思想史连续性中的概念分析》,《辽宁行政学院学报》2010 年第 2 期,第 22 页。

（二）政府治理概念和操作

"治理"一词的出现要比"管理"晚得多，对于其概念的理解比管理也要棘手得多。国内外对它的定义有诸多种解释。一些专家学者认为，权威而具代表性的定义是全球治理委员会给出的界定："治理是各种公共的或私人的个人和机构管理其共向事务的诸种方法之总和。这是一个使相互冲突或不同利益可以得到调和并从中得以采取合作行动的持续的过程。它包括有权强迫人们遵守的正式的制度和政体，也包括各种人们同意或认为符合其利益的非正式的制度安排。"①

可见，治理是在一个既定的范围内运用各种权威维持秩序、增进公共利益的持续过程。在这个过程中，具有不同利益或相互冲突利益的主体，通过平等的协商、相互合作等方式，得以调和并且采取联合行动，既包括人们服从的正式制度和社会组织，也包括人们同意或以为符合其利益的各种非正式的制度。②

现在，我们要讨论的是社区治理的概念。青年学者黎智洪在其《从管理到治理》的专著中提出，城市社区是一定城市地域范围（一般指居委会管辖范围）内的居民，通过建立一定的组织结构形成互动关系，参加社区事务、解决社区公共问题，而形成的互助合作的社会共同体。至于社区治理的含义，也是不同专家学者理解不一。黎智洪提出，社区治理是指社区居民及其依法成立的自治组织，在不违反国家颁布的法律与政策的情况下，通过协商谈判、协商互助、协同行为等对涉及社区共同利益的公共事务进行自我管理、自我教育、自我发展。③

（三）管理转化为治理需要过渡与时日

西方经济发达的国家，如加拿大的社区已施行了100多年，其社区管理的进化方向是渐进走向社区治理，并且不断深化。这有政府处理公共事务的方式、居民民主意识、社会文化等诸多方面的原因。中国与西方加拿大等国家的历史、文化差异很大，今后虽然行政社区也会逐步由管理走向治理，但最终还是要体现出自己的民族特色。

作者做出的访谈调研发现，佛山的社区管理近10多年来与我国总的社

---

① 黎智洪：《从管理到治理》，第21页。
② 王名、冯玲：《治理理论与社区治理结构的变迁》，《中国社会报》2003年2月15日。
③ 黎智洪：《从管理到治理》，第36、38页。

区发展态势相同，组织形式、行事方式等都是在摸索变化之中，远没有形成成熟的统一运行和发展模式。例如某区某街道某社区，原来派驻的公务员抽调走了（实际上可能取消了编制），留下来的人无论是社区主任等工作人员，还是党支部书记等党务工作者，身份都是"聘任人员"，每月工资由街道办事处补贴。而街道办事处是乡镇的派出机构，实质上这些人员的费用是由国家最基层政府乡镇支付的，是国民税收支出的一部分。这些人工资和待遇都很有限，有条件的人都去报考公务员和从事其他工作以改善待遇状况。留下来的人待遇低下，业务水平和服务态度要求却很高。由于近些年习近平总书记主政后，非常强调真正为民服务，要用老百姓的满意度考察政府工作效果，社区工作人员的压力陡增。对于社区工作人员来说是"上面千条线，下面一根针"，基层政府的一些部门怕出事和承担责任，纷纷与社区签订种类繁多的责任状，有确保综合治理的、有保证舆情安全的等等。其实社区根本就不掌握诸如此类的任何权力，它怎么能承担这些责任呢？这样使社区工作人员整天犹如坐在"火山口"上，担惊受怕。还有就是需要花费相当大的精力应付方方面面的检查评比，用社区工作人员自己的话说，要是没有这些"大花工夫"的应对杂事，完全可以腾出"大把"的时间实实在在地为老百姓做些实事。面对如此纷繁复杂的事务，他们已经"如坐针毡"、不堪重负了，根本不可能再把服务百姓的事做细、做精和做深。

其实，这些基层政府及其工作人员就是把自己应尽的责任通过责任状的形式，强压给社区工作人员。假如真出现了大的事故，承担责任的就是这些部门及其工作人员，而不是社区工作人员。有职就有责，无职的责任你想担也担不上。这一点我们相关部门和人员需要头脑清楚。

为什么能出现如此的"怪现象"？还是因为一些基层政府及其工作人员依旧抱着传统的管理思维不放，把自己应承担的责任"一厢情愿"地转嫁给社区工作人员。长期这样下去必定是有大问题的。社区工作人员只要有可能，就会选择离开，无人愿意干长久；即使留在岗位，也是没有办法的办法。长此下去，社区能运行得好吗？令人怀疑。

从上级政府的号召、导向还有现实情况，都可以看出社区运行正在逐渐增加"民主元素"，鼓励社区的居民、企事业和社会组织逐步成为社区参与主体，鼓励这些社区主体"当家做主"，为基层政府解压。

当今的佛山社区运作依然是社区管理形态，尽管产生了一些走向治理的苗头，但这只是个良好的开端，要走向成熟的社区治理需要一定的时间，但走向治理的大趋势是不会改变的。基层政府应当逐步从社区管理抽身出来，把社区运行更多地放给多种社区主体协商、互助和协同治理，而更多地把精力放在公共事业管理和社会服务方面。

至于社区工作人员的待遇，需要政府以及多种社区治理主体——居民、企事业单位和社会组织等，依据他们的满意度情况动态共同承担。我想这样既能明显提高社区工作人员的待遇水平，又能充分调动其积极性，这才是良好的解决问题方式。

还有，既然社区组织的发展方向是"居民参与治理"，就要逐渐减少政府部门和人员给他们强加自己应承担的政府任务，公务员的责任要自己担当，居民组织主要是协助配合，不能"唱主角"。再有，名目繁多的各类检查评比必须大量精简，不要搞新形势下新的形式主义，再让社区组织"苦不堪言"。基层政府是要减轻群众负担，更多地服务大众，而不是相反。

习近平总书记多次强调，"治国安邦重在基层，党的工作最坚实的力量支撑在基层，最突出的矛盾和问题也在基层，必须把抓基层、打基础作为长远之计和固本之举。"[①] 因此，加大基层政府的投入力度，把资源、人力和服务下沉到社区才是正确之举。

三、城市政府权力与政府服务

佛山现今的各级政府，尤其是基层政府最需要认真对待的是两个基本动作——行权和服务。没有权利行使不叫政府，没有大众服务也不符合政府的发展趋势。针对佛山基层政府而言，应当缩减行权领域，更多地强化政府服务。这应当是基层政府主要的变革方向。

（一）必须改变原有的习惯思维

多年以来，在中国办事处处得求人，这是众所周知的事情。人们在工作和生活中遇到难事常常需要求人。从高级官员、商场翘楚、社会精英到普通百姓，平心而论，没有人敢拍着胸脯说，我和我的亲属一辈子从来没求过人！话又说回来，你和你的亲属从来没求过人，那你敢打保票你和你的亲属从来没被人求过吗？

我们现在也没必要再分析和追究这种社会现象的起因，肯定不单单是

---

① 转引自《全力营造共建共治共享的社会治理格局》，《南方日报》2018年3月12日。

社会资源匮乏因素造成的。求人就是求助于权力，而且这些权力多数是公权力，主要掌握在各级官员手中。

由于我国的社区管理及其改革都是国家政府在主导推动，从一开始社区管理就脱离不了国家权力的干系。无论是社区管理体制的变革，还是社区管理财政的投入、人员配备、权力的掌控，都是在政府支持下进行的。此外，在社区管理中，无论是街道办事处公务员，还是城市社区自治组织中的工作者，都愿意被当成政府"官员"看待，他们时常也乐意以"官员"的心态和身份去对社区进行管理。

几乎一切公共权力、几乎所有的公共资源都掌握在各级政府手里，各级政府又是由其官员、公务员来调配和使用资源，加之党务和行政监督一度乏力，造成了苍蝇到处乱飞、老虎很难打尽、贪腐遏制艰难的胶着局面。

如今的中国，已经远不是当年闭关锁国自成一体的独立大国了，信息技术已经将全球连为一体，世界上每分钟发生的事情国人都会立即了解。因此，民众要求话语权、知情权和社会治理参与权的意识在日益增强，各级政府必须直面这种现实，越早适应民众要求民主、公正、自由和参与的呼声，就越主动。

佛山各级政府及各类公务人员应当从权力政府的思维意识中解脱出来，主动、积极变革集权思维方式和垄断公权力的传统做法，由权力型政府尽快向服务型政府过渡。

（二）坚持向服务型政府转化

1. 由管理型走向服务型有个认识深化过程

从党的十六大以来到现在，以构建服务型政府为目标的政府改革思路是逐步清晰起来的。党的十六大（2002年）首次将经济调节、市场监管、社会管理和公共服务归结为政府四大职能。2004年2月，温家宝在中央党校省部级领导干部"树立和落实科学发展观"专题研究班结业式上正式提出"建设服务型政府"的口号。2006年10月，党的十六届六中全会通过《关于构建社会主义和谐社会若干重大问题的决定》，进一步明确要求"建设服务型政府"。党的十八届三中全会提出要推进国家治理体系和治理能力的现代化，鲜明地提出了建设服务型政府。这反映了执政党对执政能力、执政方式的新认识，折射了我们党对中国特色社会主义发展的新思路。

2. 服务型政府对社区治理模式转型的作用

服务型政府是指在公民本位、社会本位理念指导下，在民主制度框架内，把服务作为社会治理的价值体系核心和政府职能结构重心的一种政府模式或政府形态。①

服务型政府的行政理念应当是有限政府、责任政府，服务型政府的政治理念必须是法治政府、守法政府。各级政府要尽快树立服务型理念，对于佛山社区治理具有重大而深远的意义，主要体现如下：

（1）有助于政府提高工作效率，提升社区治理水平与能力。政府绩效追求的双重目标是公平和效率，没有效率的公平等于没有公平，因此效率事关公平。社区如果需要政府支持和指导时，政府要高效地给予反馈。

（2）有助于限制、监督政府权力，尽快实现社区走向自治。有限政府意指政府的权力、权能受限，让位于市场调节、行业自律和居民自治，管理方式要由直接管理转变为间接式的规则管理，为社区提供应有的公共设施和公共服务。

（3）有助于政府与其他社区治理主体合作，尽早实现社区治理。政府在社区治理中发挥着重要作用，是指导者和帮助者，要以一个合作者的姿态，与社区组织、社区居民等治理主体共同参与社区治理，通过民主协商为社区提供各种服务。

3. 服务型政府具有的深刻内涵

当前佛山党和政府应当清醒地认识到，从行政管理型政府向公共服务型政府过渡，是社会发展的规律，也是世界性的发展趋势，更是我国现今积极倡导的。要从侧重于管理到侧重于服务，有利于平衡政府部门与社区自治组织之间的关系，摆正两者的位置。必须真正遵循宪法和国家有关制度、规定对社区事务进行处理，以提升政府部门及社区自治组织的威望和居民对他们的信任。

服务的主旨改变了以往政府模式中公民和政府的地位，科学地对政府进行了角色定位，它使政治生活成为全体自由平等公民共同的事业。政府作为人民基于权力出让的集体组织，既不能享有比人民利益更大的权力，更不能凌驾于法律这一基于契约精神而制定的限制性规则之上。它强调阳光操作，提高行政的效率与效益，保障公民的知情权和主人公地位，是新

---

① 施雪华：《服务型政府的基本含义、理论基础和建构条件》，《社会科学》2010年第2期，第4页。

形势下推动法治建设和社会改革的目标模式，是政府模式的根本转变，是政府深化改革的具体体现。①

服务型政府是在公民本位、社会本位理念指导下，在整个社会民主秩序的框架下，通过法定程序，按照公民意志组建起来的以为公民服务为宗旨并承担着服务责任的政府。②

（三）政府权力收缩和分权，做好社区服务

在中国，管理型政府的存在有着深刻的体制原因与政治背景。20世纪计划经济时期，先是消灭了商品经济的存在，无论是物质产品生产、分配和销售，还是居民个人和家庭的就业和社会保障，都被列入国家计划。国家权力渗透到社会的各个角落，形成了国家的管理体制。管理型政府的主要目的是开展管理，维持政治国家的稳定和秩序；全能的政府机构不仅进行宏观管理，并且处处进行微观干预，全面介入社会生活的方方面面，甚至是私人领域，"看得见的手"无所不能。

后来在计划经济向市场经济逐步转化的过程中，政府没有同时调整之前的行政理念，还以强化宏观管理和调控为由，强化和扩张其管理职能和行政权，导致我国政府在管理方面出现了诸多问题，并产生了阻碍市场经济和人的自我发展等负面影响。③

佛山乡镇基层政府要实现从全能管理型到有限和节制型的转化，实现管理型到服务型的过渡，就必须首先开展权力收缩和权力再分配。基层政府原来掌握的社区行政权力应当与社区其他治理主体共同享有，而社区其他治理主体包括社区社会组织、社区所在企事业单位以及社区居民代表等。当社区其他治理主体条件成熟时，最终的结果应当是社区其他治理主体与基层政府地位平等。此时基层政府更多应当考虑的，是怎样才能为居民增加改善生活质量的公共产品，提供就业、劳动与社会保障条件，进一步形成公平竞争的社会环境，保护弱势群体，为大众排忧解难以及应对多种突发风险和事件，等等。

有限和节制的街道办事处不是毫无作为的政府代表部门，它要有所为和有所不为。在社区治理中除必要的政策和秩序监督外，它主要是提供服务，就是为社区组织和社区居民自我管理提供指导和帮助。在城市社区治

---

① 黎智洪：《从管理到治理》，第138页。
② 刘熙瑞：《服务型政府——经济全球化背景下中国政府改革的目标选择》，《中国行政管理》2002年第7期。
③ 黎智洪：《从管理到治理》，第135页。

理中，有限和节制的街道办事处意味着自己在社区治理中权力有边界，要积极推行居民自我管理。对社区其他治理主体决定了的公共事务，不要随意改变；要改变必须通过讨论和协商，争得同意，不存在再把权力的触角任意向社区基层延伸的情况了。

（四）多元主体治理社区

自从新中国成立以来，原来的城区街道始终实施一元化治理模式，由基层政府单一垂直领导。从实质上讲，这个基层政府指的是乡镇一级政府，而街道办事处只是乡镇政府的派出机构。从严格意义上说，我国改革开放之前，对城市社区的管理是对微型区域单元的"区域"管理，而不是我们现在研讨的"社区治理"。

改革开放之后，一元化的行政管理模式逐渐难以为继，创建城市现代社区治理模式的要求日益凸显，社区的内在价值被逐步认识。多元社区治理的主体应当包括街道办事处、居委会、居民、物业公司、社区企事业单位以及社区非营利组织等，治理的方法和手段有协商、合作、博弈、沟通、指导、参与和妥协等，治理的对象主要应当是社区公共事务，包括社区经济、社区环境、社区人际关系和社区秩序等。

四、佛山社区党组织的作用

（一）社区党组织如何参与社区治理

我国 1999 年推行社区建设与改革试验，这是试验自治制社区模式的开端。作者认为，从全国重点试验区的经验来看，社区党组织参与社区治理的方式可以概括为以下三种：全面领导型、党政分工型和方向领导型。

1. 全面领导型

以上海模式为例。1978 年改革开放以后，上海将社区定位于街道范围，形成街道社区，学界通常将上海社区治理模式定义为"政府主导型社区管理模式"。其实作者认为这种定义是不准确的，不是政府主导，而是执政党组织领导社区。这种模式的特点是：街道党工委掌握了社区最高权力，对社区的政治、经济和社会发展实施全面领导，在社区享有重大事项决策权、干部任免权、党风政纪监督权、基层党组织和党员管辖权等主要权力。

由上海市社区组织管理体系的两张组织结构视图中可以看出，党组织位于组织结构的顶端。街道党工委在上海市街道层面的社区组织结构图中，属于核心领导地位，可以直辖社区的所有组织。在上海市居民区层面的社区组织结构图中，居民区党组织可以管辖居民委员会、物业管理公司、业主委员会以及居民区内各类群众团体。就是说无论是街道层面的党组织还是居民区层面的党组织，都位于其辖区组织的顶峰，是最高权力机构。党领导行政，行政在党的领导下再发挥权力作用。实际上这无形中多了个层级，行政上如果出了问题到底由谁来负责呢？

党组织这种参与社区治理的方式既有优势也有不足。优势是将现有的街区以上惯常的党政关系的体制直接延伸到社区，这是"轻车熟路"，国内党政多年来实施的思路娴熟，方法更是娴熟。但问题是没有改变政府领导社区的实质，也与国家倡导的简政放权，发挥社会组织作用，居民享有参与权、知情权的思路有一定的差距。

首都北京也是国家重点进行社区改革试点的重要地区。北京是国家政治和文化中心，是特大型国际大都市，人口多，地域广，很难建立统一的、无差异的社区管理模式。经过十几年的实践产生了多种社区治理模式，如朝阳模式和西城模式，加上山东省青岛市的青岛模式，都可看作改良了的"上海模式"，也可以归类为党组织"全面领导型"社区治理模式。

2. 党政分工型

以沈阳模式为例。从1999年上半年开始，在国家民政部指导下，沈阳市在国内率先开始了社区体制改革。大致用了3年时间，社区建设工作获得了突破性进展，出现了思维方式和具体行动的双向创新。学界认为，沈阳模式是政府推动和社区自治相结合类型。作者不反对这种定义；但从党政关系的另一个角度审视，也可以认为它是"党政分工型"。

在社区组织机构视图中可以看到，社区党组织依然在视图的顶端，但是它与社区成员大会是"并列的"。尽管在视图的解释中，社区党组织仍然被称为"领导层"，但我的理解只是"政治上的领导"，干预行政事务的能力明显弱化。通过进一步分析其社区组织体系就可以证明我的判断。

沈阳的社区组织体系包括决策层、执行层、议事层和领导层。决策层是社区代表大会，由居民代表、社区单位代表联合组成，定期开会决定社区重大事宜、组织选举社区干部等，是社区内实行自治的权力机构。执行层为社区管理委员会，由居委会成员、户籍民警、物业公司负责人等构成,主要职能是服务、教育、管理和监督社区事务,对社区代表大会负责,并报告工作。议事层是社区协商议事委员会,由社区内人大代表、政协委员、社会名流、单位和居民代表等组成,在社区代表大会闭会期间行使对社区事务议事、协商职能,有权对社区管理委员会的工作进行监督和提出建议。在沈阳市社区组织结构图中,还标示出了社区党组织。那么,社区党组织的作用是什么呢?被解释为领导层。

这里我们有个困惑,从管理理论的角度来定义"领导"的作用或者任务,放在第一位的就是"决策"大事情。而在沈阳市社区组织体系中,重大事情的决策是由决策层社区代表大会来做出。我们不禁要问决策层和领导层是个什么关系呢?据我分析,党组织位于"领导层"意指"政治上的领导",保证社区在政治上不偏离国家的社会主义道路,而不再对社区行政事务拥有决策权。这是党政分工的最明显表现。另外,上文已述社区干部选举由社区代表大会牵头组织,这也是社区治理的重大思维突破。因为对于干部的任命和管理,我国已形成了一套比较成熟的机制。

我还认为执政党作为政治组织,应当牵头主抓社区政治和社区文化。为了保证社区政治上、文化上不变色,需要坚持"执政党主管意识形态"。还有就是坚持"党要管党"的组织职责,抓党员作用和处理党员相关组织问题。也就是说,党组织必须领导社区政治和社区文化工作。

我们还注意到一个细节,这就是沈阳市3年的社区体制改革是在国家民政部指导下开展的,并且实验结果受到了充分肯定。

我们认为,武汉市的江汉模式也是以转变政府职能为核心特征,是沈阳模式的新发展。

3. 方向领导型

这是介于"全面领导型"和"党政分工型"之间的社区治理模式。其社区党组织不像上海模式那样是街区以上党组织对下属社区的延伸,也不同于沈阳模式那样只局限于"政治领导",只是保证社区政治、文化上不偏离社会主义轨道。当然"全面领导型"和"党政分工型"也有多种不同模式,有靠近"全面领导型"的,也有靠近"党政分工型"的,还有居于"全面领导型"和"党政分工型"中间型的。北京的鲁谷模式也介于"全面领导型"和"党政分工型"之间,但其特点是行政导向十分明显。作者一家之言,认为北京的东城模式和宣武模式也是"方向领导型"模式。

从如上的三种模式情况分析,"全面领导型"模式是不是最符合党的十九大提出的"东西南北中,党是领导一切的"新精神?从国家行政区域层面,然后到省市、区镇,直到最小区域社区,都是党领导一切。这是否也可以理解为党引领社区建设。"党政分工型"应当是社区模式的另一种发展方向，也有符合中央"党要管党"精神的一面，将行政让给政府部门和社区其他治理主体去应对；党组织主要抓政治方向，抓意识形态，抓坚持社会主义道路。但是"党政分工型"必须有可实际操作的环境条件，如佛山市党组织如何认识，直接上级乡镇党组织是否支持，都需要仔细研究。另外，现在社区居民主动参与社区治理的积极性不足，社区社会组织数量少、能力弱，等等，实施"党政分工型"模式的条件还不具备。那么，我们可以直面现实，先根据客观条件，选择介于"全面领导型"和"党政分工型"之间的第三种模式——"方向领导型"模式，至于是向"全面领导型"靠近还是向"党政分工型"靠近，还是要依据具体社区的实际状况来慎重设计和选择。

通过"方向领导型"模式几年的运作，再逐步培育实施"党政分工型"模式的环境条件，待条件成熟时进入"党政分工型"模式。在"党政分工型"模式实施之后，至于什么时候能达到实施居民自治、政府协助治理模式，或者是否需要进化到居民自治政府协助治理模式，取决于今后我国高层领导对基层区域社区的治理是否需要进一步细化党政分工的思考。

（二）社区党组织的主要任务与参政方式

我们学术上的观点认为，社区的党组织与乡镇以上党组织的主要任务和参政方式应当是有明显区别的。在乡镇以上，要在多个方面强化党的组织在同级组织中的领导地位，党组织领导政治、经济和社会的方方面面。但是到了社区这一级，社区是国家地域的最基础单元，是不是还要党组织党政工作一手抓，值得今后进一步从实践中检验和探索。

从世界社区发展趋势看，社区管理转变到社区治理是主要的进化方向，就是多元社区主体自治模式。因此，在佛山社区内加大各社区主体的话语权，这是一种必然的趋势。但执政党组织需要实施何种模式的领导，可能还要在社会实践中去摸索、去创新。

因为有乡镇以上党组织把关定向，社区党组织也可以按照"党政分工型"工作模式，党政事务不交叉，各负其责。社区行政事务全权放给社区办事机构，党组织坚持党要管党，抓好党的思想建设和组织建设等党务工作，主抓共青团、工会、妇联等传统社会组织的协调、配合工作，抓好社区的宣传舆论阵地，还有社区的整体文化工作，等等。总之，社区党政组织工作分工清晰，不交叉，不重叠，各有侧重，可以减少以党代政的情况发生。

"党政分工型"工作模式中,党组织把握社区工作大方向,掌住舵。其主要任务是掌握住社区工作的政治方向,保证不能偏离社会主义道路;抓住舆论宣传阵地,使社区宣传以正面和正能量为主,可以鞭挞无德不良倾向,可以监督行政部门懒政、惰政和不作为等问题,但目的是治病救人。至于行政上多数具体事宜还是由社区行政部门——社区办事机构来处理和解决为宜。

佛山社区的现实情况又如何呢?作者居住于南海区狮山镇,了解了一下本地的情况。狮山镇有80多万人口,镇政府直接管理街道办事处有困难,就在镇政府和其派出机构街道办事处之间,又增加了一层行政管理处,其下面管理若干街道办事处。这样,几个管理处的"头"都是镇党委委员,是"党政一肩挑"。

作者认为狮山镇是全国"超大型"镇区,不具有一般镇区的代表性,因此又去访谈了一个佛山普通街道办事处和一个社区,详细了解各方面情况。我在与办事处和社区负责人的互动沟通中,询问在社区有行政机构,还有党支部,那相对于行政事务,是支部书记还是社区主任说话算数呢?如果是支部书记说话算数,那行政不该是社区主任做主吗?将来行政决策发生了失误,是问责支部书记还是问责社区主任呢?当事人告诉我,确实存在这样的问题,因此上面对此的解决办法是支部书记兼社区主任,这样就不会发生矛盾了。这其实是用"一肩挑"的办法掩盖了党政抓行政事务谁为主的问题。

第七章 漫议佛山社区社会组织

一、中华民族历史中施行社会保障的借鉴

中华民族是文明而伟大的族群,尽管存在着2000多年的封建社会形态,纵观其历史的长河,依旧可以找到熠熠闪光的社会保障痕迹。

(一)国家社会保障的理念起源

中国著名的儒、释、道三教均有社会保障的理论论述。例如道家老子的"甘其食,美其服,安其居,乐其俗",儒家孟子的"出入相友,守望相助,疾病相扶持,则百姓亲睦",佛教的"八福田中,看病福田,是第一福田"。从如上的三教理念可以看出,良好的社会保障是它们努力追求的目标,"同归而殊途,一致而百虑"。中华民族最早的相关文字描述可以追溯到《礼记》中的大同社会,是这样叙述的:"老有所终,壮有所用,幼有所长,矜寡、孤独、废疾者皆有所养"。

这些理论论述,体现了一种正面而鲜明的指导思想,致使中国历代朝廷及官员,受到了若明若暗的理念引导。

(二)官府与其他组织的做法及功绩

泰始元年,宋明帝即位,下诏"鳏寡孤独,癃残六疾,不能自存者,郡县优量赈济"(六疾泛指各类疾病)。永明十一年,齐武帝诏书:"顷风水为灾,二岸居民,多离其患,加以贫病六疾,孤老稚弱,弥足矜念"。同年,在制度设计上,与之相对应的"六疾馆"应运而生。《南齐书》还记载了文惠太子和竟陵王萧子良一同创立了"六疾馆"救助病困贫民。这标志着我国的慈善救济和社会福利制度,由以设官掌事为主向因事设署、以署定职的方向转化。

隋唐朝代,政府已更多地关注贫病救济,制定了一系列的政策及制度来落实社会保障体系,开始建立政府主导、私人参与的制度模式。例如允许设立悲田养病坊。到后来,以寺院田地为基础,由僧人进行管理,政府只起监督作用。

宋朝继承了唐朝的规制,在组织和精神方面实施了强化。哲宗元祐二年,官员范祖禹奏请朝廷放开福田院人数限制,收养贫民;建立考绩制

度，对掌管福田院的官吏和僧人依照救治的人数，给予相应的奖惩。这些措施完善了相关的规制，使保障政策和做法更加规范化。

(三) 执政官员个人作用不容忽视

纵观我国古代的社会保障历史，可以看出，除了当朝的皇帝仁慈开明之外，一些执掌实权官吏的体恤爱民，起到了十分明显的作用。这也从另一个方面说明，在一个相同的执政环境下，执掌官员完全可以创造一个执政为民的小环境，为国家为民众做出一番令人感动和敬佩的贡献。

宋哲宗元祐四年，著名的大诗人苏轼出任杭州知府，设立命名为"安乐"的病坊，以救治患有疫疾的人。安乐坊选用僧人做主持，官府派人做粥食，施舍药剂，差遣官吏引领医师为百姓治病，"活者甚众"，得到朝廷的认可与褒奖。义庄是由范仲淹发起的宗族内部救助模式，始建于宋仁宗皇祐二年。范仲淹在知杭州府时，于里中购置土田十顷，以救助族人。族人如果遇到婚丧大事或者天灾人祸时，要给予临时赈济。范氏家族的善举被后人仿效，渐成风气。明清之后官绅富豪置田产设义庄，以赡养族中贫弱多疾之人，这种形式遍及大江南北。义庄的普遍推行，极大地促进了中华民间慈善事业的发展。

宋代的社会保障体系中，个人医疗慈善救助尤其引人注目。其始于疾疫防控，更多的是正直的地方官员运用个人力量肩负起相应的社会责任。宋神宗熙宁九年，赵抃于越州创办了史上最早的地方医疗机构——病坊。时年春，越州"大疫，为病坊，处疾病之无归者，募僧二人，属以视医药饮食，令无失所恃"。马光祖在宋理宗宝祐四年创办安乐庐，初建时共用钱六万贯，米三十一石；开庆元年又把安乐庐改建，面积扩大了三分之二，规模宏大，相当壮观。安乐庐与安乐坊的管理方式大致相同，由僧人负责看守，聘请医师开展诊疗。

通过回顾历史可以看出，即使是在封建帝王时代，开明的君主和正直爱民的地方官吏，也一样重视社会保障制度的施行。那么，在中国共产党的领导下，我们佛山各级政府机构和公职人员，没有理由不借助和扶持社会组织进一步关爱民众，没有理由不动用所掌握的公共资源努力完善现代社会保障机制。

二、探索佛山"志联网+"——志愿服务更贴心

2015年,由南海区团委倡导并支持创办的南海义工联,创新工作方式,通过线上线下结合、设立导师库,以及寓教于乐、引导群众参与志愿服务等一系列做法,将互联网思维模式运用到志愿服务中,推出了"志联网+",探寻一条无缝隙联系市民、零距离服务市民的新模式。

(一)逐步建立公益生态链

南海义工联透露,2016年要打通南海义工网站、南海义工之家手机APP、"南海义工"微信公众号三大线上平台,实现志愿服务和群众的互联互通,创建服务供需对接渠道。升级后的义工官网增加"义工地图""活动参与""爱满南海"等版块。市民可以在官网上找到南海义工服务站点与其他义工组织地点,便捷享受文明宣传、便民咨询、紧急救助等服务,还能够借助APP、官网和微信公众号等报名参加爱心联盟,为义工事业献力。将来,区内各志愿服务阵地骨干还可以根据具体情况,编写个性化信息,通过移动便携式Wi-Fi定点发布。相应地,广大市民都可以快速连接专属Wi-Fi来查看和参与义工服务。

(二)通过争取扶持资金,加速项目孵化

志愿服务项目孵化是以项目管理的方式,对南海区重点志愿服务项目开展奖励扶持。通过种子基金扶持、项目个别督导等多种方式,扶持区内志愿服务项目持续发展。2015年底,南海区团委、南海义工联携手开展了南海区优秀志愿服务项目扶持,共征集到39份项目申报书。每个项目得到了1万元扶持基金。在这些项目中,有爱心助学、敬老爱幼、关注特殊群体等专业服务类,还有公益文化推广、社区志愿服务队、工艺人才培育、增能发展和工艺阵地建设等拓展类。

(三)志愿团队实现自我造血功能

2015年南海区团委、南海义工联还联合启动了"本土志愿者导师培训

项目"，通过制度建立、培育孵化、导师库设立等措施，持续探索、完善南海区本土志愿者导师管理模式，以便解决志愿者导师不足问题，促进志愿者专业化、本土化、持续化和系统化发展，以达到让群众的受益越来越多的目的。一些项目通过"本土导师的培育"，促进大多数志愿者成长进步，以滚雪球的方式加速壮大志愿者队伍，实现志愿服务自我造血功能，促进南海志愿服务良性循环发展。志愿服务最得力的供需对接平台是在社区，核心力量也是在社区。"本土导师的培育"要面向镇街、社区发掘和培养一批志愿服务骨干，帮助南海义工"充电蓄能"，力求带动佛山市全民义工建设。

到了2018年初，据不完全统计，南海义工联会员已达29万人，下属公益组织有2000多家。

（四）菠萝义工队——佛山市最有代表性的公益队伍

菠萝义工队是南海义工联公益组织中一支最有代表性的队伍。它是由一家物流公司老板王治勇于2012年成立的，先从事助学、敬老等社会服务工作。后来依据社会急需，菠萝义工队转型开展城市救援业务，更名为菠萝义工服务中心。2017年，中心从最初的28人发展为7名专职队员和2763位义工。中心下辖5个部门11支分队，义工遍布珠江三角洲多个地区，现在可以向全国提供365天、每天24小时的免费救援服务。

1. 菠萝义工的领路人——王治勇

说起王治勇，他并不是佛山本地人，而是出生于四川达州。家中兄妹四人，治勇是老小。因家里生活很贫困，才14岁的小治勇为了能让两个哥哥上学读书，减少父母的负担，于1990年带着仅有的30元，只身一人跑到佛山来打工。那时的新佛山人王治勇很瘦弱，身高不到一米五，体重才30多公斤。

初到佛山的小治勇既无技能专长，也无学业文凭，只有卖苦力赚点小钱。最多的时候一人同时打三份工，经常是半夜一两点钟才能上床休息。治勇是个懂事顾家的孩子，除吃住费用外，会把余钱全部寄回家，供养父母和支持哥哥们读书。凭着吃苦耐劳和仁义，自己的事业逐渐成长起来，于2008年开起了自己的物流公司。

王治勇是个充满感恩之心的人。他的原名叫王治波。现已年过40的他，每当回忆起14岁到佛山来打工时的艰辛，情不自禁地感慨万分。那时初到佛山，举目无亲，找工作到处碰壁，真是苦不堪言。后来幸亏遇到一位农场的好心老板娘,给了他工作,还包吃住,关心他就像自己的孩子一样。由于治勇那时长得矮小,老板娘总是亲切地叫他"小菠萝",从此"小菠萝"几个字在他心中扎下了根,菠萝代表着善良、仁义和爱心。

以后王治勇无论是做批发生意、开小卖部、建立物流企业,还是注册民间公益组织,全都以"菠萝"命名,其中寓意不言自明。

(1) 菠萝义工大爱无疆,声名远扬。王治勇虽然文化水平不高,但绝对是个知恩图报的人。由于在艰苦中创业,又得到了老板娘等佛山好心人的相助,从2008年起他开始了义工之旅,这一做就坚持了10年。2012年8月31日,菠萝物流义工队在佛山市南海区狮山镇正式注册,菠萝物流公司总经理王治勇的朴素想法是:"感恩帮助,回报社会"。

(2) 在佛山,义工队风雨无阻,为爱前行。2012年佛山321国道狮山段大修,往来车辆需要绕路,导致很多外地司机找不到方向。王治勇带领义工队从9月初到12月末,义务为南来北往的车辆指路3个半月。市民不解、朋友嘲笑和家人反对,都没有挡住他前行的脚步,反而做出了更让人难以理解的举动,把辛苦建立的物流企业交给职业经理人打理,自己全身心投入到公益事业,妻子以离婚相逼也不起作用。

现在佛山各大专院校每年都有几千名新生入学,最容易发生安全问题或者其他交通堵塞和事故,学校领导和工作人员都十分担心。只要一个电话向菠萝义工服务中心求助,他们会立刻组织人员相助。从2016年起,每到广东东软学院新生报到日,在学院的重要部门和各个路口都会看到菠萝义工的人员在指挥、疏导和执勤;在最繁忙、最需要的地方总能看到王治勇忙碌的身影。只要有王治勇、他的义工队在,各个学校的领导和教工心里就有底了。

2013年10月12日凌晨5点,佛山一环桂丹路出口,一辆油罐车追尾撞上一辆皮卡,油罐车即刻发生了侧翻,大量柴油喷涌而出,情况十分危急。菠萝义工吴松刚好路过,冒着油罐随时爆炸的危险,冲进驾驶室救出了两个人。吴松随后立即通知了领导王治勇,王治勇马上带领义工火速赶到现场,协助警察疏导交通、清理油污。因为救援及时,有效避免了一场重大安全事故的发生。

(3) 在外地,义工队使命如一,痴心不改。王治勇是个心中有"大我"、胸中存"大爱"的人,他的义举早已超出了佛山的地域,走向了广东全省,走向了全国。

2008年,南方部分省市遭受特大冰冻低温灾害,王治勇借助于个人的物流企业,免费为受灾地区承运电塔及其他物资。2010年,广东省高州市突发水灾,王治勇又是在第一时间组织车辆向当地抢运物资。2014年8

月,云南省鲁甸县发生6.5级地震。震后的第二天王治勇就带着满载救灾物资的车队赶赴第一线。在那些抢救的日子里,他率领车队冒险前行,把一车车物资分发到受困群众手里。2014年10月,云南省普洱市发生6.6级地震,菠萝义工队再次出发,急行军30多个小时,行程2000多公里,即刻奔赴该地区展开义务救援。

王治勇和他的菠萝义工队从不言苦和累,连续作战已成为其公益常态。2016年5月20日,广东省信宜市突发特大水灾,菠萝义工队第一时间奔赴该地援助;6月23日,江苏省阜宁县惊现冰雹和龙卷风灾害,菠萝义工队再出发,火速奔去施援;7月2日,安徽省桐城市孔城镇、潜山县王河镇又发水灾,王治勇和其他义工每天连续作业16小时以上,救助、转移被困人员154人;7月9日,王治勇又带队赶赴福建省闽清地区实施救助任务,协助对24个水灾乡镇发放急需物品;7月19日,王治勇又在湖北省荆门、天门水灾地区援助,搜救、转移被困群众272名,配合电力部门运送应急变压器17台。在不到两个月的时间里,王治勇率队马不停蹄驰援广东、江苏、安徽、福建和湖北五省,连续高强度作业,曾让他一度晕倒在救助现场。

2. 菠萝义工——佛山品牌的特殊力量

作者的母校东北大学位于辽宁省沈阳市,每每与母校的老同事会面,他们都会问起:"广东经济发达,可听说做公益献爱心的人也不少,是这样吗?看起来人如果富了,也是想着回报社会的呀!"我们不说远的,就说佛山的王治勇及其团队,真的是10年以来,用自己的全部身心和辛劳,抹亮了大爱佛山的品牌。

在佛山市,只要一提义工,人们马上就会想起大名鼎鼎的菠萝义工队。在狮山镇,居民只要打一个求助电话,菠萝义工15分钟即可达到救助。在佛山,有时义工队一年的保安服务就超过了百场。在国内,只要发生重大灾害,义工队能做到两小时内集结,24小时内到达现场。10年来,佛山菠萝义工的善举,在国内多个省市声名远扬。在2017年义工队又主动参加了甘肃文县、湖南冷水江和祁阳、江西修水等重大灾害的驰援。近5年来,王治勇和他的团队帮助的群众达2000人次,参加多种救援服务400多次。因为事迹感人和成绩突出,菠萝义工队先后获得市、区和镇杰出团队组织称号。

多年来,王治勇冲锋在前,每天只能休息四五个小时。由于他助人为乐事迹非常突出,曾荣获中国好人、中国优秀青年志愿者、中国最美志愿者、广东好人等光荣称号。2017年7月24日,第六届全国道德模范候选人开始公示,王治勇光荣入围助人为乐类候选人。2018年3月王治勇又获得佛山好人光荣称号。

可以说,王治勇及其团队是展示佛山文化品牌的一面鲜明闪亮的旗帜,这面旗帜从狮山、佛山飘扬到了广东各地和全国多个省份。我们衷心希望这面象征着佛山人民道德水准的旗帜,终有一天会走出国门,在"一带一路"的伟大航程中迎风招展。

三、被"互联网+"深度改变的慈善事业

(一)草根 NGO 破土茁壮成长

近些年来,无论是在自然灾害还是群众突发悲剧的救助中,都能发现草根 NGO(非政府组织)活跃的身影,并且其影响和作用日益凸显。

南都公益基金会理事长、国务院参事室特约研究员、责任中国公益盛典评委会主席徐永光,早在17年前就写过《欢呼互联网,迎接新生活》的文章,他曾预言,互联网公益的"选择性、便捷性和透明性"将对公众参与公益和公益组织的良性竞争带来重要影响。现在看来,让具有"公益教父"之称的徐永光说中了,移动互联网确实把中国公益事业带进了一个"上好"的时代。

移动互联网深刻变革了群众参与公益的方式方法,从项目的发起、传播、网上募捐,到操作后的反馈、资金使用情况,完全可以在手机上完成,移动互联技术让公益活动的影响力可以瞬间爆发。

(二)互联网助力慈善新时代

世界上的事物总是具有双重性。2008年发生的四川汶川大地震,是一场天塌地陷的巨大灾难,同时也极大地唤醒了深藏于中国民众心中的义善情怀。这场灾难的另一个"附加结果"是,在我国催生了第三支公益慈善力量的崛起,互联网则是这第三支力量的最重要技术支撑。可以说没有互联网渠道,个人自主的慈善行为很难操作。

已经投身公益20多年的涂猛,被评选为责任中国2015年度公益人物。他的业绩是依托共青团系统的网络化平台,推动了中国青少年发展基金会的共同体建设;涂猛也被赞誉为体制内公益改革的一员创新猛将。他认为

现代公益慈善有三支力量支撑：第一支力量是"官办基金会"，是 20 世纪 80 年代脱胎于体制的。它发起了中国现代社会公益慈善的启蒙运动，从政府领地迈向了社会。第二支力量是颇有数量优势的企业基金会。2005 年政府放开了非公募基金会的闸门，相继产生了一大批非公募基金会，这支队伍开启了市场领域自上而下的公益慈善崭新的结构板块。第三支力量在多灾多难的 2008 年破土而生。这是一支基于草根的力量，在历经汶川地震、玉树地震、雅安地震和鲁甸地震灾难的四次考验和磨炼后，蓬勃兴起，迅速覆盖了中国大地。草根 NGO 很快成长为"互联网＋"时代最具个性色彩的一支自下而上的公益力量。

（三）公众主导个人捐赠强力回归

在 2008 年之前，大众没有参与公益的自主权和选择权，捐赠被强行"导流"给了拥有公募权利的官办慈善机构。自 2008 年以后，互联网静悄悄地为国家公益生态带来了质的变化，公众参与慈善自主权的回归是不容置疑的变化。如今，随着党和政府的多项开明政策，草根 NGO 不用再获得政府批准授权，直接借助于互联网，实现了募捐权利的公平再分配。官办慈善垄断公募权的局面开始破除，他们不再具有垄断优势，只有与草根 NGO 共享公募权，才能和睦共存、优势互补。

移动互联网给公益事业带来的另一个变化，是通过移动互联技术打破时空阻隔，个体对个体的传统慈善模式得到了理性恢复，有人称其为"私益慈善"。和公益慈善不同，私益慈善是个人对个人的互助行为，以前只有在亲戚、朋友和邻里之间出现，现在通过移动互联网已经完全打破了时空限制。

因此，中国青少年发展基金会副理事长兼秘书长涂猛感觉到，做了 20 多年的公益发生了明显的改变，是互联网开通了公民参与公益的新路径。

四、政府变革思维，主动让社会组织"接棒"

从 2014 年起，佛山市南海区连续组织了两届(年)"益动全城·家·南海"社会服务洽谈会，由政府向社会组织购买了近千个社会服务项目，惠及 260 万南海居民。这只延长政府服务的手臂，触及了政府无法覆盖的不少民生角落。

（一）服务项目社会组织完全可以做好

早在 2014 年，民政部与财政部联合发文，支持和规范社会组织承接政府购买服务。在《关于支持和规范社会组织承接政府购买服务的通知》中强调，充分发挥社会组织在公共服务供给中的独特功能和积极作用，在购买民生保障、社会治理、行业管理等公共服务项目时，同等条件下优先支持社会组织购买，这有利于加快转变政府职能，创新公共服务供给方式，提高公共服务供给水平和效率。

"社会组织替代政府为民众提供'嘘寒问暖'的专业关怀，是一个大趋势。"南海区民政局局长周剑雄说，社会服务洽谈会（以下简称社洽会）是一个政府采购的阳光交易平台，也是社会组织和社会服务成果的展示平台，更是政府和社会组织之间的沟通平台，能吸引优质机构和社会服务人才入户南海，加快推动社会服务的全面发展。广东省民政厅社工处负责人郑章树观摩了南海的社洽会后感言，以摆摊的方式举办社洽会，这是个"新鲜事"，是社会建设服务领域的一大创新，有助于居民需求与社会组织服务对接，南海的做法值得学习。

（二）政府有理由退出更多的公共服务领域

近年来，南海区政府把向社会组织购买服务作为政府提供公共服务的一种新途径，以居民群众需求为导向，率先在国内把"家"的理念引入社会建设与社会服务领域。据不完全统计，南海区政府共投入 4 亿多元，建成了 10 万多平方米的社会服务载体，购买了近千个社会服务项目。

在 2015 年南海区政府投入 1.2 亿元购买 380 个项目的基础上，2016 年社洽会购买的社会服务项目数量增加了约 10%，投入金额上涨超过了 1/3。据不完全统计，2016 年社洽会到场的社会组织超过了 300 家，约 700 人参与。18 个政府部门和 11 个基金会设摊与各地区社会组织洽谈，总共收到意向书 360 多份，珠海、广州和东莞等多个城市的社会组织也参加了洽谈。出资 1.6 亿元的 416 个项目约 70% 基本落实，其余的在走招标流程或沟通洽谈中。

（三）政府、社会组织各司其职，相互促进

有数据显示，截至 2016 年底，南海区的社会组织已经超过了 1600 家，

从业人员近 1.4 万人，社工员 256 人，获得国家职业社工水平证书的人数达 1450 人，志愿服务总队 650 多支，注册志愿者 26.2 万人。当时的南海区区长郑灿儒要求南海要继续办好社洽会，服务社会，服务更多需要的人群，政府会按照群众和社会的需求，加大对项目的投入，让社会服务不但能全覆盖，还能不断提质。

到了 2018 年 1 月，仅南海义工联合会会员就达到了 29 万人，掌控公益组织 2000 多家。如今，南海区社会组织在许多地方都扮演了比政府职能部门更专业的角色，尤其重要的是，接触到了政府长期达不到的死角，延伸了政府的关怀和细致，满足了不同民众多层次的需求，实现了资源互动共享和服务效益最大化。

以社洽会为明证，南海区社会服务品牌建设发展迅速，并带动了一批优秀社会组织成长。2015 年，南海有 7 家社会组织被评为 3A 以上等级，15 家被评为示范性社会组织，有 38 个项目被评为优秀服务项目，16 位社工被评为南海区优秀社工或者社工之星。

"社会组织如雨后春笋般欣欣向荣，已经成为南海推进社会治理和服务创新的一股重要力量。"南海区副区长冼富兰表示，南海会通过多类平台培养壮大社会组织，强化社会组织提供公共服务的供给能力，为居民提供更贴心周到的服务。

五、值得鼓励的合作，佛山政府与社会组织联手解决社会难题

佛山市、区政府已经开始变革思维，主动让社会组织"接棒"。在这个过程中，需要扶持和鼓励现存社会组织通过自主沟通合作，形成多种形式的"新联合体"，来抱团应对和解决难以独自处理的众多社会热点和难点问题。

（一）联手打造"互联网+医疗服务"平台

1. 鼓励社会组织之间联手合作

在佛山市、区政府变革思维主动让社会组织"接棒"的过程中，应当注意鼓励社会组织之间的合作，支持他们联手承接和解决社会热点、难点民生问题。例如，佛山明德内分泌专科医院（以下简称明德医院）和中国

联通佛山分公司签署战略合作协议，联手开展"互联网＋医疗服务"新模式的探索与互联网移动医疗系统平台的研发。移动医疗平台可以使佛山居民安坐家中，运用一部手机就可以享受多路名医的优质医疗服务。

明德医院院长郎江明教授介绍，"互联网＋医疗服务"模式将依托明德医院这个实体医疗服务载体，把线上互联网医疗服务与线下医疗实体提供的医疗服务相结合，形成完整的O2O医疗服务的闭环。与以往一些网络医疗平台不同的是，它是一个逐步开放给佛山所有医生和患者使用的平台，而不仅限于明德医院的医生和患者。该平台操作使用简单便捷，只要会使用微信，稍加了解和使用就能熟悉。据了解，该平台推出初期主要服务于各类慢性病患者。

2. 逐步延伸，长远解决"看病难"

郎江明还坦言，"互联网＋医疗服务"是个新鲜事物，和现有的传统医疗健康服务模式相比，存在很多未知的值得探索和尝试的空间，必然也存在很多有待改进的地方，如要解决个人隐私信息资料的安全性问题等。

但是当病人尤其是慢性病患者，在确诊和进入稳定期后的复诊阶段，患者只需通过该平台将血糖、血压等测量结果上传，并和医生网上交流，医生就可以通过平台对病人情况作出判断，安坐在家中就实现了复诊。在医生开具药方后，即可由具有相关资质的物流企业送药到家，省去患者来回医院、排队挂号就诊、候药等环节。

将来，在"互联网＋医疗服务"模式发展规划方面，期望能够逐步延伸向社区提供医疗卫生服务，还期望能够和更多的公立医疗机构、民营医疗机构协作，更好地推进分级诊疗、家庭医生制度，解决"看病难"、医生多点执业等问题。

（二）慢性病管理需要多种相关主体参与解决

民生问题中，广大民众的医疗难题是个主要问题。其中，相当一部分中老年人的慢性病预防和治疗问题，无论对各级政府还是老百姓家庭，都是令人头痛的事情。这些中老年人只相信三甲以上医院，盯住大医院看慢性病，实际上是在浪费珍贵的稀缺医疗资源。医药界专业人士提出慢性病的解决之道是社会多方联动，合力参与共治。

1. 市民慢性病危机显现

在社会老龄化的大背景下，慢性病正在成为一个政府和社会不容忽视的重要问题。有专家学者预言，在未来的十几年内，慢性病在我国将呈现"井喷式"增长。

据国际阿尔茨海默症联合会公布的《世界阿尔茨海默症2015年报告》显示，2015年世界新增990万老年痴呆症病例。现今中国老年痴呆患者人群已超过1200万人。老年痴呆已成为继脑血管疾病、恶性肿瘤、脑卒中之后的中国老年人疾病死亡的第四大杀手。国家计生委发布的《中国居民营养与慢性病状况报告（2015）》表明，18岁以上的中国公民中，25.2%患有高血压，9.7%患有糖尿病，给社会造成巨大经济负担。报告还指出，我国每10万人中有533人死于慢性病，占疾病总死亡人数的86.6%。中国高血压患者超过2亿人，且以每年1000万人的速度增加；心脑血管疾病患者也超过2亿人，死亡人数占每年疾病总死亡人数的1/3。

白云山和黄中药公司总经理徐科一认为，慢性病的危害越来越大，包括糖尿病、高血压、老年痴呆目前都非常高发。业内人士共同探讨"互联网＋"时代慢性病管理的应用和发展，意在研究切实提高我国慢性病防控效果的途径。

2. 要靠多元相关主体协力应对

随着"互联网＋"技术的不断发展，国外的"互联网＋慢性病管理"的模式正在为我国的"互联网＋慢性病管理"提供借鉴。好药师大药房连锁公司总经理蒋志涛提出，"互联网＋慢性病管理"环境下，药店需要寻求四大突破口：提高门店专业水平，打造专业服务标准；建立会员管理体系；强强联合医院、保险、药企等组织与机构；利用互联网技术开展用户慢性病数据的获取和应用。

徐科一进一步阐述："我们希望工业、医疗机构、商业零售、媒体一起来参与。比如，工业要把药做好，医疗机构和商业零售要能分别对症治疗和销售。对已患病的用户，连锁药店、社区医疗机构要对慢性病患者建立健康档案，建立药学服务，进行跟踪治疗。对于亚健康的用户，处于这个产业链上的中医机构，就有必要以治未病的方式尽早介入。"

目前热门的医疗大数据服务，前期也急需通过连锁药店的会员和社区医疗机构采集病种、病例；能极大地促进医疗资源共享的远程诊断也需要病例数据库和医疗机构、医生的参与，因为唯有健康档案进入大数据平台，远程医院才能远程开展病例的分析和诊断。

我认为，除了社会企事业组织的自觉合作以外，各级政府的积极参与，以及发挥撮合作用促成企事业的联合，也是非常必要的。如今的企事业除社会责任外，可能更多的是关注经济效益。各级政府则不然，应当以解决和完善民意民生为己任。另外,政府还负有监督和检查的职责,力促好事好办,而不是好事走样或办歪。

六、引导和助力现有社会组织解决内部民生难题

作者一直有这样一种想法,当今社会的痛点、难点问题,除了应通过新生社会组织协助或者替代政府分忧,原有的或者说是传统的各类社会组织可不可以挖掘自己的组织潜力,增加新的协助解决民生问题的功能呢?要是现有的大量社会组织都能主动自行解决其内部可以解决的民生困难,那推给社会的痛点和难点问题不就少得多了吗?在佛山市的现实中也确实具有这样的典型案例。

(一)建设慈善扶贫济困基金

在佛山禅城区张槎街道有个大富村,从2011年起村里建立了慈善会,由30多名发起会员筹集了120万元初始基金。打那以后,每年都会组织捐款活动,村民们都积极参加,平均年新增款项7万~8万元。每年慈善会接济本村的孤寡老人、贫困户、孤儿和贫困学生等60人左右。后来,大富村村委会还另设了奖学金,鼓励本村的优秀学子:考上本科的奖励2000元,攻读硕士学位的奖励5000元,攻读博士学位的重奖1万元。大富村人用这样的方式来激励青少年上进好学。

大富村村委会主任谭启镰认为,扶贫济困一直是大富人的传统民风,设立基金会和奖学金,是希望借用集体的力量来提升村民的幸福感。

(二)运用传统文化启发组织村民

大富村有个公祭的宗祠,叫谭仙观,供奉的是谭公。相传大富人姓谭,谭公在世时乐善好施,曾经救民于水火之中。后人为纪念他的恩德,于1849年兴建了谭仙观;此宗祠1998年被评为佛山市文物保护单位。因为谭仙观在"文革"期间遭到了严重的破坏,2006年村民们自发捐献进行了重建。

2016年7月29日是农历六月廿六,是大富村一年中最大的日子——"谭公诞",来自村内外的乡亲们共聚一堂,全村里里外外热闹非凡。村两

委、村妇委、村民、回乡的乡亲，还有外来务工人员等组成庞大的会演团队，为大家献上几十个精彩节目。在"谭公诞"当天，从清早开始到谭仙观酬神的人们络绎不绝，大家击鼓、祈福、放鞭炮和舞狮等，好不热闹。当天夜晚，赶回来的港澳乡亲、在外打拼的乡亲和村民一起，四五千人分组共赴盛宴。这一活动极大拉近了村内外乡亲以及务工人员的距离，增进了大家热爱家乡、友爱亲邻的浓厚感情。村慈善会每年的筹集善款，也都是利用"谭公诞"来展开，效果非常好。

（三）禅城区张槎街道大富村带给我们的启示

大富村委会谭主任表示，我们为继承和发扬先人谭公的乐善好施，感于他老人家的恩德，为促使后人传承和学习他的精神，才把每年的"谭公诞"办成大富团结乡亲、扶贫济困、举村共庆的大喜日子。

我们还注意到，在欢庆"谭公诞"时，不仅港澳乡亲、外地打拼乡亲回来，并且当年在大富插队落户的知青也返乡欢聚一堂。大富村的慈善义举以及奖学助学的举动会不断传扬出去，感染和带动更多的人乐善好施，这更是好事一件。如果我们要再给大富人支支招的话，就建议他们充分运用互联网，扩大与国内外乡亲的实时联络，把每一天都办成"谭公诞"，"互联网+谭公诞"会深化大富人的善举，这样的效果一定会更棒！

大富村的"谭公诞"给了我们一个启示：现有的社会组织要解决其内部成员的痛点、难点民生问题，是有能力的，是有很大潜力可挖的。如果佛山市区内所有的社会组织都行动起来，不用考虑外部，先下力气解决内部成员的闹心事、难心事，尽量不推给政府，不推给社会，佛山市的民生难题一定会少很多吧！

第八章

佛山社区自选动作：传递正能量

一、如何认识社区品牌效应

2017年1月,在中共中央、国务院举行的春节团拜会上,习近平总书记发表了重要讲话,他说中华民族历来重真情、尚大义,我们要让真情大义像春风一样吹遍神州大地,吹进千家万户,给每一个中华儿女带来温暖。习总书记的声音引起了全体中国人民的共鸣。作为我国区域的最基层单位,社区应当如何在塑造自身品牌方面贯彻领袖的决定,值得我们认真思考。

一个基层社区必然会有自己的品牌,品牌是多方式、多层次、多角度长期形成的,需要认真和精心培育。在这里我们主要讨论的是,怎样通过"互联网+"来培育和夯实社区品牌。

二、从思维上认识"互联网+"的正能量

(一) 网络现状带来的反思

我们还曾记得,几年前一些网络大V利用微博肆无忌惮地攻击党和政府,抹黑中国社会,甚至煽动不明真相的群众向司法公安部门施压和泼脏水。这些人同时还不遗余力地美化西方社会制度和政权,以宣扬所谓的西方文明来丑化我们中国政府和中华民族。网络上少数心怀不轨之人确实起到了混淆黑白和扰乱人心的作用。后来国家相关部门通过法律手段对这些人采取强制措施,并通过多种媒体展开澄清、辟谣和反击,取得了良好的效果。

这些网络情况能带给我们什么样的反思呢?应当从被动澄清、辟谣到主动出击、宣传,传达党和政府的方针大计,传播国家社会和经济的正面情况,弘扬中华民族团结向上的精神风貌,尤其是要向习总书记要求的那样,让真情大义像春风一样吹遍神州大地,吹进千家万户,给每一个中华儿女带来温暖。

在佛山市,现有5个行政区,16个街道26镇,下辖412个社区,其中城镇社区278个,农村社区134个;现有人口达820万,其中外来人口

有 422 万多，首次超过了本地人口。截至 2016 年 9 月，在"十二五"期间，佛山有 173 个社区被评为广东省宜居社区，195 个社区被定为佛山市宜居社区，两种社区占总数的 89.3%，照理说比例应当不低了。

但是，随着社会变革、经济发展，社会阶层结构进一步分化，一些群体间利益摩擦加剧，违法犯罪空间扩展和链条延长，一些科学技术的革命也给国家安全与社会治理带来了新的挑战和问题。国内民众对社会安全的要求提高了，形成了期待和现实的落差。群众的诉求和回应不同步，使一些社会成员焦虑感增大；少数人生活失意、利益受损等，怨气、负面情绪开始加重。还有一个特殊的情况是，传统违法犯罪开始变换手法，向网上蔓延，使网络新型犯罪持续增加。这些现实情况造成的负面影响，使社区传播正能量变得更加困难。

目前，佛山社区所面对的人群形势是比较严峻的。在城镇社区中外来人口密集，而在外来人口中有相当一部分是随儿女过来的老年男女。他们来给打工子女带小孩或者依靠子女养老，其中相当一部分人没有自己的住房，与儿女们挤在一起，生活问题、二孩问题、两辈人对孩子教育差异问题等都容易产生矛盾。

（二）佛山社区要主动出击移动互联阵地

无论是社区的外来打工者、老人或者孩子们，使用手机玩微信和打游戏已经司空见惯了。作者偶尔晚上在居住小区内散步，看到的无论是外来打工者还是带着孩子出来玩耍的父母，以及赋闲在家的老人，十有七八都在专心致志地摆弄手机，手机应用程序和媒体信息成了他们的最爱。如果手机上的东西多数是负面信息，那对这些人将会产生难以估量的影响。大家都心中有数，如今手机的功能日益增加、信息量越来越大；传统媒体日益遭受冷落，如现在看电视新闻和阅读官方报刊的人急剧减少。纸质书籍除学生学习需要外，成年人也很少问津了。这是个不争的现实。

因此，我们认为作为最基层的区域单元，社区需要主动占领网络媒体宣传阵地，积极作为，向社区居民强力传播正能量。

三、佛山民众遭遇移动互联媒体的负面效应

(一) 爱恨交加的朋友圈

大家和作者都有体会,在自己的朋友圈中已经分成了多类人群。有的是将深含人生哲理的、正能量的东西与朋友们分享,有的是把自己的喜好如最新消息、名山大川、名人轶事和至理名言拿出分享,等等,这些都非常好!现代社会高新技术日新月异、一日千里,生活和工作节奏越来越快,闲暇之余,为了休闲娱乐,发点雅俗共赏的笑话和幽默,也未尝不可。亲朋好友之间共享人类美好的事物或者沟通交流,这些才是微博、微信等现代通讯有益的作用。

可是还有那么一些人,整天价不是晒吃到多少美食,就是晒住了多少高级酒店、经常在哪里旅游。这样的人时间长了总不免给人以粗俗之感,档次有点问题,自己却不知道,晒得很来劲。再有的人是晒自家、晒自己,自己的娃怎么晒都不厌倦,自己和自家的老公、老婆怎么摆POSE(摆姿态)都觉着美不胜收。

更有少数人有点不可思议,无论走到哪里、无论自己在干什么,几乎每时每刻的事情和动作都要在网上晒出,自恋自爱达到了难以复加的程度,我想这些是某种病态,患上了自恋癖吧!尽管如今进入了自媒体时代,人人都可以无限制地"当主角",可你是否要考虑一下站在其他人角度的感觉?肆无忌惮、旁若无人地抢占众人的眼球,是一种过于自私的表现。

这还不算,亲朋好友还得不时地点赞;要是忘了几次,还要怪你不够意思,这也挺愁人呐!给大家无形中增加了不少精神负担。

对于亲朋好友偶尔介绍国内外旅游风景和奇闻逸事,以及偶然晒晒家人和子女,作者会很高兴地接受和欣赏。但是对那些晒此成瘾的"微友"基本上是一飘而过,哪有那么多的宝贵时间可以去浪费呀?

(二) 叫人欲哭无泪的网络投票

我刚开通微信不久,所在学校开展了一次活动,各部门都想争先,登门动员要求大家网络投票支持,这事挺新鲜!可是票投给谁呢?隔空根本

不了解情况。很快微信群中有热心人出来引导，投谁谁谁，或者从谁谁谁投到谁谁谁。不明就里的只得跟着引导投吧！几天过后，网上传来一阵欢呼，说是众望所归的"心上人"中选了。本人一笑置之，当个小插曲。

可是从那打起，微信投票渐成"洪水漫来之势"，"私人的""公家的"延绵不断。多时一天竟然收到三份投票通知，有的还需要每天投，连续投十几、二十几天，最离谱的一次需要每天投票延续一个月之久！这些仁兄、仁姐，怕你记性不好，三天两头催你不要忘记投票，搞得人一看他们的"催命"就"想吐"，恨不得立即关闭朋友圈。

后来，想要使用"排除法"排除一部分人脉好省省心，一看还都不能漏掉，不是涉及"公务"就是"亲朋好友"。尽管有些相识的人多年不联系了，可微信投票却忘不了你。别人对你如此"重视"，就更不能不给面子了。哎呀！真的是闹心！我们现在还是"官身不由己，人在职场"，每天就够忙活的了，哪照顾得过来这些事呀！可在相识的人中还有那么一些"热心人"，不是一次而是多次张罗此类事，一会是直系亲属，一会是间接亲属，然后是同事、好友的亲戚朋友。不要说看"热心人"的微信，只要一想起他就头痛，这真是让人纠结不已。至今，我闲暇看看微信朋友圈时，网上投票也是最怕的事情之一。

我时常在想，隔空投票是现代技术先进性的证明，现在怎么用得变味了呢？一会是最美护士，一会是最美小学生，要不就是最佳创新项目，全都是发动亲朋好友和相关人员拉票所致，这不是在明目张胆"集体造假"吗？我们是在爱护青少年还是在腐蚀他们的心灵呢！其实这种现象是对社会诚信的最大打击和毒害，这样投出去的票大多是在鼓励造假和欺瞒。社会上长此下去还有什么诚信可言呢？因此，本人在投了两三次微信票之后，就不再跟投了，这与我守信的做人原则太背离了。"两弊相权取其轻"吧！宁可得罪亲朋好友，也不可以天天冲击我的道德底线。

（三）欲罢不能的网络点赞

如前所述QQ或者微信中的好信息，点赞应当是由衷的赞许。但是在朋友圈，不时会遇到一些情况，使你碍于情面而被迫点赞。

有那么一些人热衷于摆阔。我一位以前同事的夫人，其微信的最大特点是"摆阔"。一是狂晒美食满桌的场景，10次发微信六七次都是山珍海味、特色佳肴。余下的几次晒的是名山大川旅游休闲。给人的感觉"就是显摆"，她的微信看久了总是会产生"反胃"的感觉。后来一想也不奇怪，这人没啥学历，出身普通市民家庭，可近些年老公偶走"官运"，从一般职员一下子进入企业高层，待遇翻番增长。给人的印象一家子是"一步登天"，就是个"生活暴发户"；个人文化素质很有限，除了吃穿玩，眼里没别的。碍于老同事情面，我时不时也得点个赞，但心里确实很腻歪。

还有一些人，尤其是有的年轻母亲，晒自家娃没商量。只要一看到她的微信，几乎满眼都是她的"小宝贝"。男的就是"小王子"，女的就是"小公主"；有两个孩子的，晒完了这个晒那个，晒完了王子晒公主，完全没有厌倦的时候。孩子们的每一举手投足，都是那么的可爱。这些宝贝的妈妈是你的同事或者好朋友，眼巴巴地等着你点赞或者夸奖；你能怎么办？晒几次总得点个赞吧！

点赞是照顾面子而为之，否则你就是妒忌人家的幸福生活了。实际上偶尔摆摆幸福生活、晒晒家人也未尝不可，但不厌其烦地晒就让大家另眼相待了。

还有一种是"感情点赞"。在朋友圈，一些人的顶头上司也在里面，他或她晒出的观点或资料，会令下属们纠结。不是每次都必须点赞，但如果出现了几次，总得点下赞吧！否则你会产生"不安全"的感觉，尤其是同事或者朋友之中总会存在那些"会来事"的人物，他或她快把恭维的语言都表达完了，你还能不赶快点个赞吗？再有就是对一些感情深厚的同事或好友，多数人也会情愿不情愿地给个赞吧！

因此，网上点赞的内涵完全超越了"因好而点"，起因变得复杂而费思量；同时，可能还赋予了某种"公共关系"的性质。

（四）真真假假的网络打赏

网络打赏是"出生较晚"的一种感情表达方式，但是它从一出世开始，就有遍地开花、秋风扫落叶之势。据有关数据显示，2017年除夕的24小时内，微信红包收发142亿个，同比增加75.7%，最高时段的收发高峰是76万个/秒。QQ数据表明，去除了重复部分，参与新玩法的用户达3.42亿个，超过2016年再创新高。这种红包的打赏代表了一种新的经济形式即社交经济的产生，是一种全新的"金融创新"。

发放电子红包也是一种网络打赏，它具有赞赏某种服务的物质动作，如打赏网络直播的主播。还有感谢之意，感谢亲朋好友的某种帮助和支持，发发红包表示感激。再有就是年节或生日等喜庆时间的祝福，相互发些打赏，大家乐和乐和。如果是真心的打赏，千金难买我乐意确实是很好的，移动互联的新应用给公众带来了全新的享受和便利。

曾经看到过这样一则消息：A女士和B女士是闺蜜，A女士好心把B

女士拉进了一个群，B女士在群中总是疯抢别人发的红包，自己从来不发。A女士劝告，B女士还出言不逊，说这是个"穷鬼群"。两个闺蜜从此闹翻，反目成仇。分发红包打赏别人本来是增进感情、相互拉近关系之事，最后变成了永远解不开的"过节"了。

从2016年底开始，佛山市的一些餐饮店开始出现了要求打赏的牌子。通过仔细了解方知道，这是"小费"在互联网时代的一种进化方式。扫码打赏模式正在国内餐饮行业悄然兴起，当然佛山也不例外。打赏的牌子放在桌上或挂在墙上，说不清是自愿还是不自愿，反正你要一问店主，回答一定是自愿的。但是，当服务人员当面询问你是否奖励时，可能还真说不清是出于自愿还是被迫打赏。

微信发红包已经开始影响到中小学生了。大城市一些孩子春节收到的红包最多的达到了2万元，最低的也有1000多元。有的学生家长抱怨说，夫妻两人的年终奖金也就是万元左右，全都用于发红包了。"别看我们孩子收到了过万元的红包，这就是个数字游戏，孩子红包收得越多，说明家长分发出去的会更多。"亲戚朋友相聚在一起，一些人爱面子，对孩子的红包出手大方，其他的父母也不想占别人的便宜，就得给对方孩子更大的红包。就这样，一来二去，红包越搞越大，当家长的相当焦虑和纠结。

从互联网的角度考虑，打赏具有赞赏、感谢、支持、祝福和喜庆等多种积极意义，并且催生了新型的"社交经济"，可以这么说，其积极、向上的作用众多。但是任何事物都有其两面性，近些时间以来连续出现的"网络打赏"折射出不少"乱象"，社会问题频发，甚至是违法犯罪案件。有专家指出，相关的犯罪行为主要有：①为给别人打赏相互比拼"烧钱"，从线上骂战发展到线下人身攻击；②发布虚假信息，博得网友同情，通过骗取"打赏"的方式获得不义之财；③为了筹钱"打赏"，侵占他人或国家财产，或是利用网络借贷平台参加不法借贷。

2017年初，还出现了"红包贿选"的典型案例。浙江省天台县戴某自荐村主任人选，在微信群中发放了总额100元的60个红包，为竞聘村主任拉票。后来被组织部门查处，认定为贿选，戴某被行政拘留7日，处以500元罚款，竞聘资格遭取消。微信和网络对此反响热烈，争论不休。微信发红包、抢红包是种娱乐方式，不少人认为这与贿赂和贿选不沾边啊？但是不论涉及金钱的数量多少，它的性质就是贿赂，没有什么可怀疑的。

（五）令人纠结的网络求助

除了微信投票外，还有一个闹心的事是网络方面的求援和救助。从开始上网，就发现不断有人在网上发起求援救助的活动。我们都是工薪族，除正常花费外剩余不是很多，但是力所能及救助一些总是可以的。因此，身在职场几十年，只要本单位发起捐助事宜，我从没有落下过，并且所捐数目都是排在前面的。当年的汶川大地震，我在四川的单位多次组织个人、家庭捐款捐物，我也都次次尽力捐出。

在本单位多数是公开捐赠，我们心里有底。而网络上多数是个人发起的捐助，今天有，明天有，后天还有，到底哪些该捐哪些不该捐？这些情况、这些人是真的还是假的，根本就说不清。我们不是大款而是工薪族，希望捐出的财物能真正起点救助的作用，可没人能做出这样的保证。

如今的微信救助也开始像微信投票一样接二连三了，在多个朋友圈中时不时出现热心人张罗救助和捐款，时髦的话语叫"微信打赏募捐"；都把事情说得很紧急、很可怜。总得捐些吧！到底每次捐多少？如何判断捐不捐？心里根本就没有谱。我判断这样的网络求助募捐一定会成为常态，这对于不缺钱的人还好说，钱有富余来了就给呗！可放在一般的平民百姓身上就是个事了，是不是将来会像结婚"凑份子"，招架不住了呢？普通老百姓上微信的这个难事如何破解呢！

2016年9月1日，国家公布了《慈善法》，这个法律是专门针对慈善组织行为的规范问题，慈善组织运营的活动被定为慈善活动，但不包括个人的慈善活动。慈善活动的主管部门民政部已公布首批13家慈善互联网募捐平台，这些募捐平台可以承接公开募捐的委托。而个人求助募捐，原则上属于个体公民之间的民事法律行为，不属于募捐行为，只是一种正常的个人求助。而网上其他人所实施的微信"打赏"或转账给求助人，都属于赠与行为。这种个人求助募捐和微信打赏、转账助人行为目前还属于国家法律的灰色地带，即无法可依。因此，对于移动互联中的个人网络求助，需要仔细判断，你所实施的行为要"后果自负"。即你的行为实施后没有法律依据为你做保障。

在2017年初的"两会"上，致公党中央相关提案认为，互联网自身存在虚拟性与隐蔽性，个人网络募捐存在着不少隐患，一些个别事件伴随着骗捐或诈捐的嫌疑，很大程度上伤害了捐助人的爱心，也严重影响了网络募捐的公信力。网络募捐与传统的募捐方式相比，其互动强、传播快且门槛低，以惊人的速度广泛引起社会公众的注意和参与；一旦发生诈骗情况，就会立即造成社会大面积的"信任危机"，且很难在短时间内消除影响。

致公党中央建议，尽快启动或修订地方慈善立法工作，把网络募捐作为重要内容进行规范。现在的国家慈善法采用了"大慈善"的概念，对个人求助行为没有禁止。致公党中央常委、同济大学教授蔡建国提出,慈善法应明确规范个人募捐的整个过程,包括信息的真实性、完整性、透明性与公开性等,如出现欺骗大众善款或者恶意的造假炒作等行为,要依法追究当事人的法律责任。

全国政协委员雷后兴建议,工信部相关部门必须管理好各种网络信息平台,不能让个人随意发布网络募捐信息,网络募捐必须经民政部门核实相关信息后方可发布。他还表示,"规范网络募捐也要加强宣传,让老百姓知道遇到困难先找政府民政部门,而不是马上想找媒体和慈善组织。"

(六)观点不同产生感情嫌隙

从实际情况看,移动互联应用主要有两种群值得关注,一是QQ群,二是微信群。其中微信群出现的时间虽不长,但现今已入群者众多,我们以其为例分析和比较是有代表性的。另外,我们也不得不承认QQ群已经在没落,没有重点分析的必要了。

现在的微信群种类繁多,很难计数。例如同学群,包括大、中、小学,硕士生、博士生和博士后以及综合的校友群等,非正规的还有各类的继续教育班、培训班、研修班等;有老乡群、同乡会、战友群、工友群、知青群和老邻居群等;针对育儿这件事就有育儿群、家长群、考学群等;还有同行群、各类协会(学会)群等。这些大多都是"业余"性质的,关系处理相对而言简单一些。

还有一类是属于职场群落,如在一个组织中的若干综合或者业务群体,这样的群体设立目的很明确,就是便于业务开展和任务、情况传达、汇报和沟通等。在职场群落中,每个人都不可能脱离自己的社会属性,身份不变、地位不变,行事风格也不会变。在这样的虚拟群落中,每个人的表现依然是"人在江湖,身不由己",无法区别于现实社会中的自己。大家处理相互之间的关系要比"业余群落"复杂得多。相当一些人的心思放在了主要领导身上,忙着恭维,忙着点赞,忙着揣摩其心思。还有就是因为表现本部门或者本人,而产生表面"和风细雨"其实是"舌枪唇剑"的"争风斗"。本来出现的问题或矛盾,可以两个部门或者两个职场人员私下相互沟通,是很好解决的;但偏偏要在群里"语重心长"地指出。发问者展示了为民请命、一心为公的态度,领导站出来发令说话,涉事方态度诚恳表示照办。问题可能很快解决了,但是双方的"梁子"也这样结下了。职场上这样解决问题或矛盾,似乎把双方的正常协调和沟通,化作了一场"没有硝烟"的"宫斗",人为制造了内部矛盾,而起因只是一点点取悦主要领导的"小心思"。

　　虚拟的职场群落就是现实中的职场,复杂点肯定是没啥说的。那么,如前所述的"业余群",如战友群、家长群或协会群等,没有职场群那样费心机,但也有不尽如人意之处。像有人总结的微信群中几大无聊,就很有代表性,其中有:①卿卿情侣档:天天秀恩爱,就是不顾是否"死得快";②专业失恋人:夜半吐槽发图,一颗破碎的心,满屏尽哀怨;③晾晒专业户:晒宠、晒娃、晒装、晒脸,扮嫩和假清纯;④广告推销商:以关心为名,待水到渠成时,亮出底牌销售;⑤痴情养生党:自认健康大师,配方无所不能,包治百病;⑥志愿鸡汤狗:猛熬心灵鸡汤,无论你是否愿意,灌下再说;⑦揭短战斗队:满腹怨气,随时发泄对社会和周遭的不满。总之,这些你看到了可以不表态,但内心引起什么样的感觉只有自己知道。

　　对于大多数人而言,朋友圈是很有价值的,它能满足渴望关注的友情,存在着我们希望追求的价值,还有亲朋好友共同盼望的情感温暖。可是朋友圈也是一个小江湖,包罗人间百态和世间万象。有的人有点像"斗架的公鸡",专门乐于寻衅滋事,你不爱听啥话他偏要说啥话,有时会互撕很长时间而不相让。别人说个事他就是要往反了说,这样能不打嘴仗、能不影响感情吗?可能因为一件不经意的小事结了仇,这辈子都难于解开了。

　　在群里总是有这样的少数人,觉得自己是天生的老大(其实他们多数在现实生活中是属于不得志的一类),尽管大家没有公认,但自觉是"头",经常有意无意地对其他人实施"管制"。作者所在的一个群,有人就表现得十分明显。一次有位老友新入了朋友圈,多年未见,我跟他开了个玩笑,说当年去北京请他聚餐他未到场是"不给面子",老友一笑就过去了。可是没想到群里那位"管事的头",私下找我,说我的话影响了战友之间的感情,有失妥当。我觉得这实在是没有必要,一个非正式的朋友圈聊天,又不是职场群业务交往,何必搞得那么正式、紧张呢?

　　在如今的微信朋友圈,不时听到原来的闺蜜、好友、老同学或者老同事因为对分享资料的观点不同,或者其他小事引起矛盾,而引发争论,最后对骂甚至反目成仇,相互删除和拉黑。多年的交情,本来没有朋友圈时相互珍惜和怀念,有了朋友圈,仅仅因为小摩擦而毁掉了一世的缘分,到底是值得还是不值得呢?

四、佛山社区传递"互联网+"正能量的做法与方式

对于社区而言,品牌传播可以通过线下的形式开展,如设立宣传栏或者自办社区小报等形式。我们在这里研讨的只限于线上(网络)方式,这种方式也有两种体现方法。一种是通过网络电视来传播,但这种方式只能满足城市的行政区和农村的县城。像佛山南海区的狮山镇因是"超级大镇",全国排位第一,这是个例外。还有一种方式就是互联网直播手段,社区可以通过互联网直播服务,来为区内的全体居民提供正能量的信息和娱乐节目。通过借助现代移动互联技术,在社区层面上,通过组织手段把真情大义播撒到每个家庭和每个民众。

那么谁来从事这项工作呢?可以由街道或乡镇委派到社区的工作人员牵头负责,组织一些热心公益、有相关爱好的人士,形成虚拟社区自媒体展播团队,常年负责此项任务,并计入个人社会公益活动记录。

在社区是否有必要开展"互联网+"播撒正能量呢?作者认为是很有必要的。例如,狮山镇中恒社区常住人口5万人,常住户数1.5万户(还不算其中的流动人口和流动家庭),建筑总面积达220万多平方米。这要是在加拿大或者美国就是个小城市了。笔者经常晚饭后在社区散步,所看到的人很多都在浏览手机内容,互联网信息在社会上已达到了无孔不入的程度。但是在我们的社会调查中发现,在社区工作的管理和服务人员却不这么认为。他们的观点是社区不是一级政府,手里没有任何权力和资源。镇或县级政府才有能力和资源开展,或者至少也是街道办事处承担此事,因为它是镇或县级政府的派出机构。

作者认为,不论是街道办事处直接承担,还是通过授权和调拨资源由社区操作,前述这项工作总归得有单位去负责。我们下边还是说在社区层面要做的事。

(一)开展互联网直播业务

网络直播是现代社会一种重要的互动平台,是典型的移动互联时代的社交手段。现在微信成了中国社会社交平台的王者,一些表现欲很强的人几乎每天都利用此平台猛刷"存在感"。从这些人的表现我们可以得到什

么启示呢？那就是作为一个基层区域的社区，完全可以主动自觉地、有组织地开展社区网络直播服务，做得好，一定会有成效。我们应当启用一些表现欲强又热心的社区居民，给予其社区平台展示机会，既满足了个人演的心理，更重要的是发挥了社区整体宣传作用，服务了民众，扩大了社区的正能量影响面。

社区可以考虑开展的直播项目有：①国家、省市及社区时事和新闻；②社区内外部好人好事传播；③社区居民求助和公益捐献；④政府部门相关法律和规制的传递和解说；⑤社区各类业务的通知和下达；⑥社区居民自演节目的播放；⑦健康、向上的知识、历史和人物的推送；⑧社区相关业务人士和居民交流互动展示；⑨对外传播正能量，扩大社区品牌。

（二）借助互联网平台开展居民社团活动

有了移动互联平台，无论社区设立多少个居民社团，统计、联络、信息传递和社团表演都会变得容易和简单。在每个社区内可以鼓励有专长的成员自发组织文体等社团组织，实行自我管理、自我教育和自我发展，社区力所能及提供些便利条件。甚至可以社团为骨干开展年度运动会和年度新年、春节晚会等活动。

（三）组织志愿者关爱孤寡老人活动

在如今，几乎每个社区都有孤寡老人居住。社区可以通过智能家居设备，加之手机微信、短信配套，再协调公益志愿人士分片包干，完成对孤寡老人家庭帮扶的"全覆盖"。待条件成熟时，完全可以通过购买服务等方式将这些家庭托付给社会公益组织，以减轻政府的民生压力。

（四）集合社区智力资源教育青少年

当今的社会现象有时候真的是很奇怪，一方面是"读书无用论"大行其道，另一方面是每个家庭都不惜拿巨资为孩子搞"加餐补课"。就算自己本身就不爱学不想学的中青年夫妇，也十分重视子女就读"重点班""重点校"的问题，望子成龙之心十分迫切。实际上许多家庭并不懂教育，甚至是高知家庭也不懂；孩子受逼迫很痛苦，家庭花了不少冤枉钱。社区可以把区内有经验的教育工作者组织起来，利用网络平台为有就学孩子的家庭答疑解惑，这些家庭会真正感受到社区组织的作用和力量。

（五）为社区居民组织多种"团购"活动

社区是个团体，是团体就有"团购"的优势，如果具有这种优势而弃之不用，那是很大的浪费！关键是社区想不想干这样的事。如果真心关注民生，真正愿意解民困，那就应当在协助居民"团购"上下点功夫。例如网上购物有"团购"，节日订套餐有团购，现在社会上许多业务都有团购。在社区经常会发生新婚礼仪、婚宴预订，还有房屋装修等事项，每个家庭都在"单打独斗"。如果社区能做些组织和协调，把多项家庭"独购"整合为社区"团购"，那区内民众就会得到更多精神上和经济上的实惠。

（六）动员社区专业人士为居民传授、咨询移动互联技能

当今的社会高新技术日新月异，使很多人感到有思想压力，尤其是中老年民众；少数上了年纪的居民，也包括原来的"高知人士"，深感对高新技术的"力不从心"。几天前，我与一位老同学通话，邀请他参加微信群，他无可奈何地告诉我，不会用微信；并调侃地说："与年轻人相比，已落后半个世纪了！"要知道几年以前，他可是副省级市的副局长啊！退下来几年就患上"高科技恐惧症"了。

社区完全可以把相关专业人士组织起来，运用他们的特长开展技术帮扶公益活动。因为科技发展速度越来越快，这些专业人士能够持续开展技术咨询和帮扶活动。像这样的社区动作是非常具有实用价值的。

（七）倡导新风改变陋俗活动

社区不是一级政府组织，可也自有其优势，有时候能够起到基层政府难于起到的作用，例如在倡导树新风移陋俗方面。

现在，结婚办酒席攀比之风很盛，不少家庭其实并不愿意为此花费过多的资金，只是不多花觉得脸面上过不去。只因相互攀比，致使结婚酒席的花费不断攀高，让不少家庭纠结不已。如果通过具有自治功能的社区组织，给予"乡规民约"式的约束，如"婚事简办规定"，给出个约束桌数和花费封顶，这就让不少不想大花费的家庭有了不大办的"借口"了。如此的"乡规民约"，可能产生的效果是居民明里"口头抱怨"，暗地里却会"拍手叫好"。

另外，有条件的社区，也可以指定附近一些物美价廉的饭店作为社区

定点婚宴场所，既能保证饮食安全，又能达到"婚礼团购"效果。如果长时间坚持做下去，社区居民定会对社区组织越来越满意。

关于结婚"彩礼"和红白喜事"份子钱"，社区也可以通过其自治组织民主讨论，确定其最高限额。这对社区居民也无疑是件大好事，尤其是在佛山不大富裕的乡村。如今佛山市民众整体生活水平提高了，但是民间的结婚"彩礼"和红白喜事"份子钱"也"水涨船高"，这让一些平民家庭不堪重负。有的村民一年的收入，差不多1/3都随了各类"份子钱"。社区有规定，就可能抑制住"穷讲究"的陈规陋习。

（八）开展废物利用节约共享活动

倡导、实施节约共享应当是社区工作的一个重点，并且社区完全有条件大力开展，关键是看社区负责人想不想投入精力和时间进行。

现在很多家庭的穿戴有剩余，儿童的、中青年的尤其多，放在家里占地方，扔掉又很可惜，可能有不少家庭至少有一半的穿戴放着不用或者没用。家庭生活用品也是如此，大量的东西闲置不用。还有大量的儿童玩具、图书和教育用品的闲置等。其实许多家庭还有粮食和其他临时用不掉的食品，最后都被当作垃圾扔掉了。另外，人们购置新家具、新物品，老家具、老物品完全可以使用，也被当垃圾扔掉了。

社区可不可以找出个地方，长期协助民众相互廉价出售、交换或者无偿赠送有需要的邻里呢？另外，社区与社区之间也可以交互协助居民的节约共享活动，让居民们可以"跨社区"互通有无吧！我想实施起来的效果应当是非常明显的。

居民拼车上下班、结伴出游项目等都是含有"现代共享概念"的活动。作者每天从小区一人开车去学校上班，也看到不少职场人都是单人驾车去单位，这也是很大的浪费。如果社区协助居民拼车上下班，乘车人也可以付些油钱，对于节约能源、节约车耗和方便居民都有利。这样的事还有不少，社区完全可以承担协调和沟通工作，也没有太大的难度，只是麻烦一些。

再有，佛山有车的家庭很多，其中有些不大富裕的家庭车辆完全可以在社区组织登个记，社区为有车的家庭和临时用车的家庭牵线搭桥，居民们自行认定个合理的行车里程费用，大家在车辆使用上互通有无，相互帮助。这样做定会进一步密切社区居民之间的关系，强化大家的社会主义核心价值观。

五、佛山社区应急事件中的舆情应对

照理说,应急事件的舆情应对可以列入第九章"危机化解",考虑到如果社区应对不利,将对其品牌造成很大伤害,因此纳入本章讨论。一个社区良好的品牌需要多方式、长时间的锻造和打磨,绝非单凭一件事或短时间就能完成的。即使具有了很好的品牌效应,稍加不注意,仅仅一时或者一事没有处理好,就可能对社区品牌造成难以估量的损毁。这样的例子也比比皆是,在社会舆情方面也会时常发生"一丑遮百俊"的态势。

在社区工作的同志还会说,这样的舆情应对我们更做不了,那纯粹是政府的事。没关系,我们只谈这件事要有人做,将来可以由基层政府去考虑谁来做吧!要是社区做不了,就上升到镇区派出机构街道层面;要是街道办事处也做不了,就得镇区级政府来做;镇区级政府还担不了责任,那地级政府总得出来担责吧!

在社区应急事件的应对中,有信息沟通、信息发布和舆情管控三个关键环节需要重点把握。在关键环节讨论之后,我们再借鉴和分析国内的一些典型案例。

(一) 应急事件中的信息沟通

应急事件沟通实际上应当包括两种情况:一种是存在发生事件的风险,需要事先沟通,具有预判和防患于未然的意味。另一种是风险已演变为现实,成了社区的危机,必须紧急沟通应对。对于社区机构而言,前者具有主动性,是需要长期开展的;后者具有被动性,危机发生了,不得不面对应战。

社区应急事件沟通指的是社区应急责任人通过某种方式,同社区企事业单位和居民,就紧急事项交流信息和互动反馈的过程。这个过程不是单向的,而是个双向相互沟通的过程。通过这样的交流互动,可以安抚居民的不安情绪、树立社区良好的公众形象、减少社区和居民之间的矛盾和摩擦,同时也有利于吸纳民间智慧,减少社区处理应急事件的决策失误。

在信息沟通中,要特别注意处理好与各类媒体间的关系。媒体职业的一个兴奋点在于"猎奇"和"发现",因此要把握好沟通时机,叙述情况要掌握好分寸,恰到好处。另外,社区平时就要与媒体人建立正常友好的关系，即使发生了意外情况，社区和媒体业界依旧可以相互理解和信任，随时开展坦诚的沟通和对话。

（二）社区突发事件中的信息发布

按照常理，应急事件信息发布的主体是法定行政机关。我们平时在报纸、电视上所看到的国家部委的新闻发言人，他们所代表的是其法定行政机关如外交部、国台办等。负责突发或应急事件发布的一般是省市指定部门，企事业单位通常是其宣传部门人员。对于社区发生的应急事件信息发布，可能是这样的情况：由社区上级主管部门街道或者镇主管宣传部门主持发布会议，但具体实际情况还是要由社区应急事件负责人公布。退一步讲，即使镇街宣传部门相关人士直接发布了，如果新闻媒体问到具体细节问题，可能还是要社区相关人士出面解释，这一点需要特别注意。这些情况充分说明，信息发布会的成功与否，主要决定于社区层面，而其上级部门街镇只是出面主持而已。

应急事件的信息发布主要存在于两个环节：一是在事件的相应阶段，事件发生了，需要尽快向公众说明事件的起因、程度、范围、性质、发展趋势，以及采取的措施，还有建议等；二是在事件恢复阶段，信息发布的内容有事件的经验和教训、责任调查处理、补偿办法和恢复重建措施等。

至于少数应急事件事先的信息发布，只是对于有极大可能出现的特殊情况。例如，2016年中期佛山发布洪水预警信息的情况，但这种情况与社区这样的最基层行政单元无关，社区不存在这样的发布权利。因此社区对于应急事件事先信息发布环节可以忽略不计。

（三）应急风险中的舆情管控

狭义的舆情概念是指公众对社会现象、社会问题所持有的态度、观点和情绪等，实际上包含着知、意和情三方面的因素。学者王来华认为舆情是"在一定的社会空间内，围绕中介性社会事件的发生、发展和变化，作为主体的民众对作为客体的社会管理者产生和持有的社会政治态度"。

要很好地处理应急事件的舆情管控，需要注意其六个要素，包括舆情主体、舆情客体、舆情环境、舆情内容、舆情载体，还有中介性事项，其中中介性事项指的是所发生的应急事件本身。

另外，在舆情管控中，由于我国从来都是政府包揽和主导于社会，在应急事件舆情管控时，社会动员机制薄弱，企事业、第三方机构以及志愿者的力量难以充分调动和发挥，这正是社区应急负责方需要注意和加以弥补的。

（四）佛山周边地区突发风险应对不当的典型案例

1. 增城新塘事件，公众借机发泄

2011年6月10日，当地治保人员涉嫌对小贩收取"保护费"，进而与民众产生口角，外地孕妇王某被打，引发了规模性群体事件。当地政府在首次舆情发布时，有偏袒倾向。从10日到11日，连续两天三次爆发了从百人到千人，最后到更多人的群体暴力事件。参与人员到后来一味发泄怨气，丧失了理智，不再考虑事情的真相究竟如何。

这次信任危机说明，地方政府部门如果不关注舆情、及时消解民怨，一些人迟早要借机发泄，使社会充满暴戾之气。

将来社区也要注意，一旦发现不稳定因素就要立即妥善处理，争取消化在本地，将问题解决于萌芽状态。

2. 乌坎村事件源于罔顾舆情

2011年9月21日上午，陆丰市乌坎村400多村民因土地等问题对村干部不满，到陆丰市政府上访；下午开始围困冲击村委会、公安派出所。从9月开始直到11月底，事件多次反复，从冲击围困村委会、到市政府上访，发展到村民罢市和罢渔，还在网上发布游行上访、要中外记者报道的帖子。

事件是由于村民多项切身利益被侵害而激愤难平，当地政府部门没有及时了解民意、满足民众的合理诉求而发生的，这需要引起我们的高度重视。类似事件在农村发生，首先要进行应对的是村委会；在城市发生，首先要进行应对的就是社区委员会或者街道办事处。

从乌坎村事件中可以看出，群体性事件一般是人民内部矛盾，尽管以不合理、不合法的方式来表达其自身的合理的社会、经济要求，但基层政府部门也负有未能及时察觉和妥善处理的责任。将来在佛山社区或乡村也出现类似情况的时候，一定要吸取乌坎村事件的教训，及时察觉和妥善处理。

第九章

危机化解：佛山社区踏着自信的脚步

一、佛山社区面对的是风险社会

当今的世界科技发展一日千里，仅仅是互联网等 IT 技术的高速发展和持续升级已让人目不暇接。同时中国处于激烈的社会大变革时期，40 年的改革开放已经进入了"深水区"，各种社会矛盾和冲突高发、多发、频发。可以说我们面临的社会处于大动荡、大变革和大发展之中，我们面对的也是潜在风险众多的局面。

在 2018 年 3 月的十三届全国人大一次会议上，通过了《国务院机构改革方案》，方案中首次提出了组建应急管理部，作为国务院独立组成部门，把原有的应急、安监、民政救灾、公安消防、地质灾害和水旱灾害防治、草原森林防火、地震救援等职责整合起来，目的是解决过去多个部门"九龙治水"，体制上的相互嵌套、叠床架屋以及职责上的重叠和交叉等多年顽疾。

可以想见，今后各省市政府部门将会很快比照国务院机构，对应设置各自的应急管理机构。

社区可以说是现实中国最基层的"社会单元"，它所面临的风险包括自然的（天灾）和人为的（人祸）两大类。天灾是自然形成的，如洪水、暴雨、地震和台风等；但其中有些是人类粗暴对待大自然所遭受的惩罚，如气候变暖、雾霾、泥石流或雪崩等。人为的风险多数则是明显的人祸，如互联网造谣生事、环境污染、生产事故、社会矛盾、国家冲突和暴力恐怖行动等。

依据《中华人民共和国突发事件应对法》，突发事件分为自然灾害、事故灾难、公共卫生事件与社会安全事件，它们和自然风险、技术风险、生物风险和人为风险相对应。其实，事故灾难和公共卫生事件所对应的技术风险和生物风险，本质上也是属于人为风险的范畴。

因此，作为行政基础单元的社区要想踏着"自信"的脚步健康运行和发展，就要实施危机治理，对各种潜在的风险危机必须高度警惕实时防范。对于天然形成的自然风险我们无法控制，只能提前设计好应对预案，坦然面对、抗击和恢复；对于惩罚性的自然灾难，我们只能通过善待大自然去减少或者避免；对于那些人为形成的风险，社区和居民则是可以通过主动预判、防范和行动来降低发生率或者避免发生。在这里我们需要讨论一下社区面临的主要风险种类，而不是全部风险。

（一）自然风险

自然风险主要是由自然灾害造成的，这些自然灾害包括气象灾害、地质灾害、海洋灾害、生物灾害和火灾五种。洪涝、冰雹、干旱和台风是气象灾害，泥石流、山体滑坡和地震是地质灾害，海啸、赤潮和风暴潮等是海洋灾害，农作物病虫害是生物灾害，而草原和森林大火是火灾。这些灾害的罪魁祸首是大自然，确实难于确定和防范。2008年突然爆发的四川汶川大地震应当是典型的自然灾害带来的自然风险，地震预测至今还是困惑人类的一道难解的方程。2016年7月底8月初突袭广州、与佛山擦边而过的台风"妮妲"也是自然风险，广州遭受了一定的损害；佛山市预先做了充分的防范准备，幸运的是"妮妲"侧身而走，几乎没给佛山造成什么大的影响。

（二）人为风险

人为风险主要来自社会人自身的问题，形成人类灾难，如公共卫生事件、社会安全事件和事故灾难等。

公共卫生事件主要包括职业或食物中毒、群体性未知原因疾病、传染病疫情和动物疫情等；其中动物疫情多数是因为人们圈养、携带或接触等人为因素形成，而非来自动物自身。

社会安全事件是指群体性事件、暴恐袭击、涉外突发事件、民族宗教事件、重大刑事案件或者经济安全事件等。

事故灾难大致包括环境污染、生态破坏事件和安全生产事故等。例如设备事故，核辐射事故，城乡水、电、气和热等公共设施事故，工矿、商贸等企业安全生产事故，以及公路、民航、铁路、水运和邮电等交通运输事故。

2017年1月18日下午3点多，佛山南海区桂城半小时之内两次发生公交车垃圾桶炸弹爆炸案，造成6名乘客受伤，车辆轻微损坏。在警方的全力侦办下，犯罪嫌疑人梁某7小时后落网。这次事件是明显的重大刑事案件，属于社会安全事件中的一种。

（三）互联网风险

实质上，互联网风险也是一种人为风险，但值得我们特殊重视。为什么要单列一项来讨论呢？原因有二：一是这是近些年伴随互联网出现，才产生的一种新风险，是源于互联网技术或者人为事故。自美国人发明互联网之后，才出现了互联网诈骗事件。二是影响面大小不一，小到一个社区，大到全世界各地。例如互联网病毒和黑客攻击，既可以影响一个社区，也可以影响全球各地。小区内只要有一位居民上当受骗，报案求助社区片警就要忙活一阵子了，并且网络作案易发生却难破案。

在我国，有一定社会、政治或经济杀伤力的网络造谣、传谣和信谣，近些年很是猖獗和泛滥，必须引起有关部门的高度警惕，并采取有力措施予以对抗和反击。作为一个社区，既有整个社会大环境的影响，也存在着社区内部自我形成的小环境的能量。社会大环境可由更高一级的政府组织负责应对，但大环境出现的问题或矛盾对社区小环境造成的连锁反应或冲击，在社区内反映出来，则必须由社区组织去处理和平复了。

另外，社区自身就是个"袖珍"社会，社区的平时运行和工作服务态度涉及少则几千户多则几万户居民的安危冷暖，一天24小时的每时每刻都可能发生问题与矛盾。这些矛盾和问题一旦处理不妥当，通过微信霎时间可以传递给社区大部分居民乃至社区外部，形成使社区组织被动的舆论局面，这是很可怕的一件事，造谣容易去谣难呐！这就是需要我们特别重视的一种互联网风险。

（四）佛山市南海区案例

政府消除安全隐患的意识和行动很重要。佛山南海区每年都要在各种节日前组织安全大检查。2016年在中秋节的大检查开始前，召开了近千人的动员大会，这是一种首创。

南海区有各行业企业3.9万家，其中中小企业多、村级工业园多和流动人口多，火灾事故易发频发。截至2016年8月底，区内出现火警1517起，造成直接经济损失1603.3万元。但与2015年同期相比，火灾事故下降了13.62%，伤亡人数下降了66.67%。其原因就是政府未雨绸缪，防患于未然，发动全民共建安全南海。

以南海区政法委倡导开展的"平安南海"项目为例，区政法委持续贯彻"依法治区"理念，南海公安系统建立联动工作机制，使社会治安防控体系逐步完善，形成了维护社会和谐、抑制多种犯罪的平安网络。其主要做法是：①通过交警严查、公安严打和消防严巡，强力压缩违法犯罪空间；②采取交警智能交通、公安推进"五防"（人、物、技、制度、信息）、消防建立安全档案，形成社会治安立体化防控体系；③开展窗口服务网上受理、推动交通事故"快速撤离"机制和积分制服务新市民方式,努力构建高效便利的服务网络。

这些措施和做法取得了明显成效,有力推进了平安南海智慧化的进程。

二、国家各级政府对社会灾害预防的重视

我国对各类社会灾害和应急事件的认识,有一个从感觉不敏感到逐步加深的过程,尤其是在2003年爆发"非典"以后,到2008年左右构建了一个基本的管理架构。但是依然存在着一些明显的问题,如"重救轻防"、部门条块分割和各自为战、行业间应对合作意识不强、社会动员能力偏弱等,这些问题从国家层面到基层社区都不同程度地存在着。据统计,"十二五"期间,国内的多种自然灾害呈现频发高发趋势,年均造成3.1亿人受灾,死亡失踪人员1500多人,房屋倒塌近70万间,紧急转移安置900多万人次,农作物受灾面积2700多万公顷,直接经济损失达3800亿元之多。

2016年7月,在唐山抗震救灾40周年之际,习近平总书记到河北唐山市考察,提出要更加自觉地处理好人与自然的关系,正确处理防灾减灾救灾和经济社会发展的关系,提高全民防灾抗灾意识,全面提高国家综合防灾减灾救灾能力。

"十二五"期间,国家及省市地方政府不断在完善防灾救灾的法规体系。国务院修订了《国家自然灾害救助应急预案》,民政部与财政部制定了《自然灾害生活救助资金管理办法》,民政部制定、修订了减灾示范社区等管理办法,24个省(区、市)制定出台了本地受灾人员救助标准或开展了相关试点工作。2017年1月,国务院办公厅印发了《国家综合防灾减灾规划(2016—2020年)》,明确了"十三五"国家综合防灾减灾工作的主要任务。

至于信息与网络安全方面,近些年我国在法律和规制层次"大招"频出。2015年7月施行《国家安全法》,明确了建设网络与信息安全保障体系。2016年11月发布《网络安全法》,成为我国网络领域的基础性法律。2016年12月,经中央网络安全和信息化领导小组批准,国家互联网信息办公室发布了《国家网络空间安全战略》,把网络安全提升到了国家战略层面,为保障我国网络空间安全构筑了一道坚固的"防火墙"。2017年5

月,国家互联网信息办公室发布《网络产品和服务安全审查办法(试行)》,提出国家将成立网络安全审查委员会,统一组织网络安全审查等工作。

2016年10月中旬,在江西南昌召开全国社会治安综合治理创新工作会。从会上获知,目前网络犯罪已成为国内第一大犯罪类型,恐怖袭击构成了对公共安全的最大威胁。中央政法委书记孟建柱指出,传统犯罪不断变换手法,网络新型犯罪大量增加,经济运行风险亟待化解,民生诉求引发群体事件,暴力伤医、校园欺凌等事件频发,削弱了民众的安全感。

2017年1月,习近平总书记就政法工作做出了重要指示。他强调,全国政法机关要强化忧患意识,提高政治警觉,增强工作预见性,不断创新理念思路、体制机制、方法手段,全面提升防范应对各类风险挑战的水平,确保国家长治久安、人民安居乐业。

2018年3月,在十三届全国人大一次会议通过的《国务院机构改革方案》中,确定设立应急管理部。这绝对是国家层面应急机构改革的大手笔,在我国应急管理发展进程中具有划时代里程碑的意义。

三、2016年河北省井陉县大水灾的警示及教训

这里以2016年发生的河北省井陉县大水灾为例,反思可以获得什么样的警示及教训,思考佛山今后遇到类似的情况应当如何事先做好预案和从容应对。

(一) 突如其来的暴雨——毁灭性打击

2016年7月19日13时至20日8时,河北省石家庄市井陉县遭受到百年一遇的特大暴雨袭击。石家庄市的5个暴雨中心地点井陉县就摊上了3个。仅一天的降雨量就超出全县2015年全年降雨量,相当于1996年大洪灾3天的降雨量。据初步统计,全县4.8万户、16.6万人受灾。县乡村560多公里道路、大小桥梁189座被冲毁,50多条输电线路倒杆断线,286个村子停电,287个村通信中断。

"小作镇72公里硬化路面全部片甲不留!"镇党委书记樊国强哀叹。南峪镇贵泉村村委会主任董焕明欲哭无泪:"如果只靠自救,30年也恢复不了!"

截至 7 月 27 号，井陉县已成立通信、道路、电力、天然气、市政设施等 8 个工作组，由县领导、相关部门负责人牵头，昼夜抢修道路、通信和电力等基础设施，其他救灾事宜都在紧急开展中。

（二）特大水灾的应对检讨

截至 2016 年 7 月 24 日中午，强降雨已造成井陉县 36 人死亡，35 人下落不明。大致在相同时间，邢台市的灾情波及全市 21 个县市区，受灾人口 167.8 万，倒塌房屋 28483 间，严重损坏 8284 间，一般损坏 16962 间。

对于这种情况，北京师范大学教授、国家减灾专家委员会委员李京认为，邢台当地备灾存在问题。首先，事前风险评估做得不够。其次，在高风险的地方没有修建堤坝，使暴发洪水的风险进一步加大。最后，应急措施做得不够。对于突发而来的大洪水疏于防范，应急措施没有严格贯彻。

7 月 20 日凌晨，邢台七里河破堤，大水冲垮开发区包括大贤村在内的 12 个村庄。一名当地官员"无人在洪灾中死亡"的说法激怒了当地村民，他们抗议当地政府没能及时通知洪水到来的信息。邢台官方迟缓的抗灾救灾行动也遭到一些国内媒体和网民的抨击。23 日晚，邢台市市长董晓宇在该市抗洪救灾新闻发布会上鞠躬道歉。24 日河北省委对 4 名防汛工作落实不力的干部做出停职检查决定。

（三）佛山地方政府的应对行动

根据气象部门天气预报，2016 年 8 月 1—3 日佛山地区将出现大暴雨，局部特大暴雨，平均雨量 150 毫米左右，最大可达 300 毫米以上，平均风力加大到 9 级以上，阵风可达 11 级以上。在此严峻形势下，佛山市政府立即发布防风紧急动员令，要求千方百计确保人民生命财产安全，各区镇一把手必须亲自在一线督促落实。

该动员令主要要求切实落实人员转移"五个百分百"：船只百分之百回港，渔船人员百分之百上岸，回港船只百分之百落实防御措施，四个高危区域（含旅游度假区）人员百分之百转移到安全地带，危破房、低洼地简易房、户外施工作业人员百分之百转移到安全地带，确保不留死角、不漏一人。

该动员令还指出，各区、镇街要强化组织领导，深刻总结和反思以往防御类似台风的经验和教训，对重点环节、重点部位查险排险工作进行再检查、再落实，狠抓针对性风险防控措施。要强化各级政府领导下的三防指挥部门统一指挥调度；宣传、财政、公安等有关部门要切实履行职责，密切配合，通力合作，形成防台风的工作合力。

2016年8月1日下午，佛山发布台风红色预警，全市要求适时"停课、停工、停业、停运、停市"。好在来势汹汹的"妮妲"并没有预想那样的凶狠。至8月2日17：30，"妮妲"离开佛山，台风预警信号正式解除，全市无一人伤亡。

因为"妮妲"的到来，佛山共转移民众96236人，转移船只1391艘，开放庇护点1391个。教育部门紧急通知从8月2日到3日中小学、幼儿园停止一切教学活动。旅游部门关停了全市39家景区，要求149家旅行社8月1日停止出团、出车。"妮妲"到来期间，全市发生内涝32处，受浸农田、鱼塘、农作物360亩；全市停电区85个，遭受停电影响的客户4871户。

在"妮妲"到来时，个别地方像高明的荷城，风力最大时达到了10级。在张槎，"妮妲"带来的暴雨突然将河水从广州方向倒灌，永强中街汾江河畔11户房屋瞬间被水浸，一度淹没到膝盖，家中的居民赶紧躲上沙发，近3个小时水流才退掉。该区域多年来都是内涝高发区，有多年的内涝经历，几乎年年被淹。有居民抱怨说，"前两年政府曾经贴过通知，要将永强中街进行改造，但后来又没下文了。"这些居民期盼着政府能对该片区域开展整体维护或迁移。

四、社区民众面临"互联网+"的种种社会陷阱及纠结

伴随"互联网+"出现的多种社会陷阱，在公共危机理论中算是一种人为"致灾因子"；用通俗的话表述，就是形成灾难的一种人为因素。公共危机理论定义这种因素源于某些社会不良分子的故意行为，这些行为还包括恐怖袭击、动乱、破坏和诈骗等。在这里，我们以"互联网+"出现的多种社会陷阱为例，即以互联网不良行为作为风险源，来阐述它给社区带来的可能风险。

（一）投资理财不知信谁

现在佛山生活小区中，有不少退休老同志，这些人的多数生活比较简

朴，手中都有不少的积蓄。放在银行觉得如今的利息不高，长时间存放，不是增值而很可能是在贬值。因此这些人的多数是真想搞点投资理财，但又找不到可以放心的门路，因为如今的社会上，老人被蒙骗的事例实在是太多了。除此之外，还有不少中老年家庭，已经基本解决了车子、房子和孩子读书问题，家庭经济进入了"收大于支"的"高点"时期，手中余钱开始逐渐增多。一些人轻易相信了网络或者其他媒体推介的投资方式，上当受骗的不在少数。

（二）手机电信陷阱防不胜防

1. 诈骗行为向网上延伸

互联网在我国应用以前，作者从北方到深圳、广州等地出差，曾有四五次遇上这样的情况：在外面行走，突然有人碰撞了你，指着地上说，看那是什么东西？他随后捡起来给你辨别，不是金戒指就是其他高级首饰，然后提出"平分"，要把他分得的一半出售给你，如果你动心掏钱，买了假货就上当了。说实在的，这种情况只要你心正不贪，骗子很难得手。

但是在互联网时代，网上骗局有时你真的很难识别。有的高级骗子团伙，开车携带"伪基站"，可以在短时间内屏蔽你的手机信号，然后以你出事为由来蒙骗你的亲朋好友，诈取他们的财物。那种冒充公安、检察院和电信部门判决或通告的现象更是比比皆是。

大致在20多年前，听到电话呼叫，几乎没有人想到不接的。现在相当多的人在手机上发现陌生号码来电都是不接听的；有的家庭座机也是这种情况，来电号码不熟不接听。作者由于是做管理的，没有不接电话的习惯，几年来接到至少六七个冒充熟人、老朋友的电话套近乎，由于有点警惕性，没有陷入圈套，只是遭到了骗子们气急败坏的漫骂。

两年前，偶然得知一位多年联系不上的老友手机号，兴奋之余要立即拨打。另一位老友提醒："这哥们从来不接陌生手机号，你还是先发个短信吧！"近些日子得知，QQ号、手机号和微信号均有被盗和实施诈骗的情况，就是说亲朋好友、政府机构以及公共服务部门打来的电话、发来的邮件、短信或微信都有可能是假冒的，这真的是很可怕！

记得作者刚调任佛山学校工作不长时间，有一天刚上班，就接到了学校一位老师的电话。他有点不好意思地问我，是否昨天打他手机说有急用需要借2万元钱，我说哪有的事啊！他说知道我调来学校不久，不熟悉我的声音，本想操作拿钱，但多了点警惕，推说第二天再转款。这不同我一核实，发现是个骗局。事情发生后，我还真有点后怕：如果那位老师转了款，到时以为我长期赖账不还，那事情该如何收场呢？不敢想象。这些骗子真是太可恨了！

这些可恶的犯罪分子严重破坏了社会上组织间、民众之间以及组织和群众之间的信任关系；人们时时刻刻需要防范的是，如何避免被坑骗。

2. 通过手机以多种理由诈骗

福建某高校应届毕业生钟同学遇到了一件糟心事，由于泄露了短信验证码，被骗走近2万元。她先是接到了一陌生男子的电话，自称银行工作人员，准确报出钟同学的姓名和银行卡号，通知她卡号到期，要其配合办理续期，需要提供收到的短信验证码。在钟同学提供后，被骗走近2万元。福建漳州的陈同学接到电话通知，说是有购物未扣款的情况，要求回复提供过来的验证码，被骗4500元。

江西欧阳同学收到同班同学微信要借款3500元，她有些警觉，电话一核实，原来那位同学微信号被盗了，险些中招。

2016年8月，家境贫寒的山东临沂女孩18岁的徐玉玉，高考后被南京邮电大学录取。在报到日接近之际，接到多个要给她发放助学金的电话，涉世不深的徐玉玉信以为真，按照对方要求进行手机操作，被骗走9900元学费。当晚和父亲报警回家后她伤心欲绝，突然昏厥，经两天紧急抢救后不治身亡。几乎在同时，临沂还有一名女孩也遭电话诈骗，家里筹集的6800元学费也被骗光。

电信诈骗严重破坏了人们之间的相互信任关系，现在的社会人，尤其是城市人群，对手机来电、陌生短信和未知名微信相当恐惧。例如，某高校每年在发出学生录取通知书后，都要在新生报到前与新生或家长挂个电话，确认学生报到事宜及答疑。但是在2016年8月学校挂出的电话接近50%失败，大多数是刚挂通就被对方断掉了；少数接了电话，对方上来就说"我怎么知道你是不是骗子？"，致使沟通根本无法进行。学校在新生入学前没办法掌握新生的基础数据，这是多年来从未出现过的新情况，也说明社会上人们之间的相互信任遭遇了空前危机。

（三）不断伤害群众的"爱心救助"

2016年11月25日，深圳媒体人罗尔在微信上，发出了给身患白血病女儿写的信《罗某笑，你给我站住》，在许多人的微信朋友圈被刷屏。27日，微信公众号"P2P观察"（属于某P2P营销公司）推文称，"转发一次，给笑笑一块钱"。后来该信很快获得几十万阅读量，通过微信打赏获得了 267 万元善款。30 日，事情发生了反转，网络上有人爆料，罗尔有房、有车还有广告公司，捐助者和信件转发者感觉善心被利用，都异常愤慨。12 月 1 日，深圳市民政局介入调查并发布调查意见，表示要继续跟进、监督和督促，当日剩余的打赏资金原路退回至用户零钱包。该怎样反思"罗尔事件"？时至今日社会上依然众说纷纭。

近两年，个体求助陷入骗捐漩涡的事件已经发生多起。2016 年初，在知乎网上，大 V@ 童瑶疑似与另一位网民@ ck 小小在"演双簧"，其中一人谎称患有疾病，另一位在为其募捐，涉嫌诈骗几百位网民捐款 15 万元。6—7 月，南京 4 岁重病女孩柯蕾获得了近 650 万元捐款，但其父母却被质疑滥用款项，一些网友对其以涉嫌"诈捐"报案。8 月，广西防城港市有一女人借口天津滨海新区爆炸事件，谎称家人遇难，在网上骗取了 10 万元捐款。10 月，安徽利辛女子李娟自称为救女童而被恶犬咬成重伤，社会爱心人士捐款超过了 80 万元。后来的调查发现，李娟不是在帮助别人时被咬，而是在其男友自家的养狗场内被咬伤的，网上舆论哗然。

（四）网上诈骗及误导居民

1. 潇洒的网上购物也会有烦恼

在网上购物确实很潇洒很便捷，但是也有烦恼。例如，即使是购得的商品质量过差或者消费体验不如预期，多数消费者会选择调换或者退货，也不敢轻易给商家差评。尽管费劲费时，只要能调换或者退货，多数人会"息事宁人"，不愿招惹是非。因此，对于网上商品评价中众口一词的"好评"，多数人是不大当真的。如果消费者给予商家差评，被报复的情况时有发生；有的手机被"打爆"、短信"铺天盖地"，有的收到寿衣或冥币。更出格的是，广州一女大学生打"滴滴"给差评后，个人信息被挂到黄色网站；济南一男子使用 APP 订餐给差评后被砍伤，生命都受到了威胁。

那么，消费者真正的想法是什么？很多消费者对于网络购物商城的抱怨最多。据《南方日报》记者曹菲、刘爽调查，群众给差评的真实原因是（多选）：商品质量差 75.86%，消费体验不如预期 49.26%，其他 12.81%。对于"给差评后，是否遭到商家的骚扰？"，回答"是"的占 40.89%，可见敢于给出差评的消费者是需要很大勇气的。

针对这样的情况，一些电商平台，如淘宝正在制定相应规制予以打击和制止。设计消费者评价制度，是为了通过买家和卖家的真实沟通，来提高卖家的服务质量和提升买家的消费信心。然而面对网络的虚拟性和隐蔽性，相关政府部门及电商平台都需要破解"初心被扭曲"的难题。

2. 网购过程中遭遇诈骗不在少数

家住广州市天河区的市民刘小姐报案称,在国内某家知名电商平台网购退货过程中,遭遇自称售后服务人员的电话诈骗,被骗走人民币46272.96元。《南方日报》记者金祖臻、黎亚娣在"退货骗局受害者"QQ群中发现了类似刘小姐的情况。群中近30人,多是大学生和刚工作不久的年轻人,分别来自四川、河南、湖北和江苏等多个省份,受骗过程与刘小姐基本相同,均是在退货环节给出验证码被蒙骗的。

(五)遭人怨恨的网络打手

对于社区网络用户而言,网络打手是很遭人恨的。

网络打手指的是这样一些人,把互联网当成攫取不义之财的工具。他们名义上在为网站做文字规范和维护工作,实则借助网站的授权,搞网络侵犯人权,甚至敲诈勒索。

例如,某些著名网站明里暗里的滋养着若干网络"打手",说是依靠这些网络志愿人员开展利民服务,这些人员实则运用这种依附特权肆意擅改他人信息以达到个人目的。你要恢复吗?你要更正谬误吗?你得求助我,必须拿出我要的钱数!否则你就"被黑着"吧!

作者几年前就曾遇到过这样的人,有一天我忽然发现在百度百科人物中,自己的介绍被一个叫某某的家伙删减掉了绝大部分,仅剩下100字左右。我从不认识这个人,他有什么权利随便删减他人的介绍,这不是侵犯他人的人权吗?最后虽然没有被他们诈去钱财,可也被折磨了一个多月,没办法,只得四处找关系恢复更正。

后来我想了不少办法才发现了这个人的踪迹,在北京某个说不上正规还是不正规的专科学校毕业,职业和工作都飘忽不定,没有什么成就感。他利用大量时间在网上混,在某网站不断篡改他人的百科内容而持续提升某网站赋予的网络头衔的级别。我也发现他篡改了不少人的介绍,不时遭到受害人的诅咒和痛骂,但依旧我行我素,照样在网上作恶多端。后来听别人说我才知道,这是一种"赚钱的方式",通过不正当的表现,网站竟然授权给这样的人修改他人文字资料。由于有了这样的权利,受害人想要恢复介绍的原貌,那就得交钱给他,交多少他说了算。这样的人不就是网络打手吗?他们借助网站的授权,干着敲诈勒索、损人利己的勾当。这些网站是否知道,它本身就是网络打手的保护伞。

（六）相关移动互联技术问题求助无门

现在的社区中，由于国家人口老龄化加速，中老年人口比例很高。对于佛山市而言，据最近的不确切统计，820万左右人口，外来人口已经占了一半还多，这些外来人口绝大多数居住在社区及乡村中。可以说社区的中老年人和外来人口比例很大，这些人绝大部分都有自己的智能手机。由于现代移动互联技术更新换代不断加快，新的手机应用程序持续推出，手机新功能的使用，还有新移动应用程序的掌握，对如上所说人群都是技术难点。再者手机出现故障，本来问题不大，也要跑去专卖店维修处理，既耽搁工作又耗费了时间。如果在社区有专人负责或者就近设置维修代理网点，那会给居民们带来许多便利。

另外，如今市场比较混乱，鱼龙混杂，即使是一些移动互联设备专卖店，也是不时有负面消息传出，至于小毛病大修、小钱被忽悠成大价钱的情况也不在少数。因为老百姓不懂技术，只能是凭维修人员的良心了。现在可能有个共同的现象，去大的专卖店维修，质量有保障，但价格绝对不菲，是否被要高价，客户都无从知晓；要是去一般小店维修，也不敢保证不是花高价，至于维修质量那就更没法说了。

要是在社区有个技术明白人，先给移动互联设备做个"初步的体检"，可能那些不必送维修部的小问题就迎刃而解了。而该送维修部的，也可能知道了大致的问题，社区居民再跑到市面上维修，也就心中有数了。至于维修店知晓了社区有明白人，可能对他们盲目要高价也是个威慑。如果小区的移动互联专业维护人员了解国家审批的维修价目表，那更是让社区居民放心了。

五、社区居民信息危机预防与化解策略

社区信息危机主要是指通过移动互联设备的使用，给社区居民带来的安全风险。例如伪基站诈骗、盗窃用户信息、盗刷电子钱包、散布虚假或恐怖信息等，一旦居民上当受骗，这就发生了信息危机。信息危机发生很容易，但是危机发生后化解起来会很困难。被骗的高危群体主要包括两部分人：一是青少年，也包括大学生；二是老年人。青少年经过填鸭式教育，其目标主要为考学，社会经验是其重要缺项。老年人由于社会变迁的速度不断加快，他们以前的社会经验积淀已经过时，在知识更迭的时代缺乏多元化知识储备，成了社会科技的边缘人员。社区居民信息危机的预防和化解，主要针对的就是这样的两部分人群。

（一）佛山各界建立预防网络犯罪合作机制

社区居民面对的网络危机绝大多数是网络犯罪引起的，要制止网络犯罪必须解决犯罪源头问题。犯罪源头涉及几方面的要因：一是犯罪分子；二是犯罪分子借助作案的平台，如网站、直播平台、二维码、微信群等；三是虚拟运营商转售业务，如170号段被不法分子滥用等问题，广为诟病。网络犯罪的主要源头一般情况下不是来自社区内部，这就需要社区所隶属的城市相关政府部门及企事业单位协同联动共同解决。这其中应当有互联网安监部门、公安部门、虚拟运营商和移动互联大平台等。这些相关方必须紧密配合、实时沟通，共同形成预防网络犯罪合作机制，才能从网络犯罪源头上解决问题。

（二）社区要设专人负责

我们必须深刻理解，在21世纪的今天，移动互联设备犹如阳光、空气、饮水和电力一样重要，是现代人不可或缺的工作和生活必需品。打个不恰当的比方，在当今的中国社会如果"断网一天"，真就不知道会发生什么。可能会有一多半的人无所适从，这一点都不夸大。

当然从长远情况考虑，每个社区都应当设立移动互联专职监管人员，这个人其实可以和维护移动互联设备的人员合二为一，或者说一身兼两职，既是网络监管人员又是网络维护人员。

城市的社区和乡下的村落就是我国最基层的行政辖区，从社会发展的角度看，行政力量应当向这样的一线区域下沉。像乡镇以及街道的人力资源不应集聚太多，因为乡镇及街道都是中层管理环节，应当增加社区和村落一线的工作人员，直接为居民服务、解困。

最好的情况是每个社区应当配备一名网络人员，负责社区内移动互联设备的维护和监管。移动互联设备既包括社区公用设备，也包括社区居民的私有设备。对于社区居民私有设备的维修、维护可以以非营利服务为目的，只收取成本费和人工维护费，也就是明显低于社会上以营利为目的的维修和维护。这名社区网络人员也负责协助社区居民预防网络诈骗行为，社区提醒居民当接到可疑电话、短信或微信时，第一时间联系社区网络人员或者网络志愿者咨询或求助。这样，居民上当受骗的概率就会大大降低。

据《珠江时报》记者戴欢婷、通讯员吴婉珊报道，2016年6月南海区自主认定"社工员"培训班开班，有30多名长期在南海社会工作领域的工作人员参加培训。到当年底，南海区自主认定的"社工员"有望增至350名。为发挥社工在推进基层社区建设中的作用，南海计划在每个基层社区增设一个以上的社工工作岗位。由此说开去，社区更需要设置一名移动互联工作人员，除了监督和维护移动互联设备外，还可以协助社区开展新媒体直播服务，同时也可以执行社区内自媒体的监督、管理职能。

（三）在社区组织信息技术志愿者队伍

2017年3月，《狮山树本周讯》记者何美芬、通讯员李劲峰发出了一篇报道，题目是《邀市民来当"网格员"发现问题及时上报有奖》，说的是狮山现有72个社区，被划分为275个网格，把消防、安监、城管、人社、环保和综治等11个部门的143项管理业务清单纳入网格化治理。

在"佛高区狮山政务通"微信公众号新增了"我是网格员"功能模块。广大市民可以通过关注微信公众号，把发现的问题和图片反映至社会治理网格化平台。如果事件上报真实和规范，每条奖励5元手机流量。这项新功能从2016年试用以来，得到了市民们的广泛好评。这种做法实际上展示了一种新的社会治理思路，即积极鼓励广大市民参与到区域社会治理的行动中来，市民和基层政府部门协同开展社会治理工作。

依照以上工作思路，我们也能够在一个或者几个社区，从居民中努力挖掘信息技术专家或者信息工作人员，用这些人组成社区信息志愿者团队。这个团队完全可以与社区专职网络工作人员密切配合，形成社区专兼职结合的移动互联工作队伍，共同维护、维修社区公用及私用网络设备，开展服务于社区居民的新媒体业务，协助社区网络专员接受住户的网络咨询和预防网络诈骗活动。

这支社区信息志愿者团队的特点应该是：具有移动互联等技术专长，或者他们自身的职业就是信息行业，还有一些人是移动互联技术和设备的业余爱好者。我们不能小看业余爱好者，因为热爱，所以从事相关的公益活动就不累，并且打心里爱好。

虽然是公益志愿者，但我们处在社会主义时期，对他们付出的劳动，行政部门应给予相应的物质补助，毕竟是在业余时间多付出了。当然，对于这些公益志愿者，更多的应当是给予精神鼓励。精神鼓励相对于物质鼓励而言，前者的效益会更持久一些。

另外，从多方面大力营造和组织社区志愿者队伍，对佛山城乡社区努力开展居民自治活动是有积极和促进意义的。

（四）居民信息安全宣传常态化

现今，居民及社区相关组织已经无法离开互联网以及移动互联设备。例如，分别位于佛山市和成都市的东软控股公司旗下的广东东软学院和成都东软学院，早已实现了"无纸化办公"。同事们之间的主要交流方式是电子邮件和OA软件平台沟通；我们与设在辽宁大连的东软控股公司总部开会，电话视频会已经是一种主流会议方式。这两所学校都曾经发生过因停电而所有部门和地点无法上网的情况，导致学生不能正常上课，学校各所属部门无法正常办公，只能被迫全校临时放假。

由此推开去，如今的小区同样也是离不开互联网和移动互联设备了。即使是社区里退休养老的老年人也离不开微信了吧！一旦互联网因故中断，手机、iPad和（网络）电视都无法正常工作，那对社区居民和社区组织而言，会是非常纠结和难熬的一件事。因为现在社会的断网和停水、停电或者停煤气具有同等效果，甚至可以说"有过之而无不及"。

既然信息化对社区及其居民十分重要，在社区内无论怎么强调信息安全都不过分。在社区内强调信息安全必须常态化、全时空化和全员化。信息安全宣传可以通过如下几方面来开展：①通过社区内设置的宣传栏、宣传板常年做宣传；②通过智能手机新媒体平台开展形式各样的宣传；③在社区显著位置让上当受骗的居民现身说法教育宣传；④定期或不定期开展信息化安全培训、授课活动，开展居民教育活动；⑤利用社区会议会前时间开展信息化典型事件宣传教育；⑥通过定期或不定期播放信息化安全宣传教育影片或视频开展教育活动。

六、应急事件的应对方式及流程

近些年，由于多种因素影响，我国经济增速明显放缓，不少行业产能过剩；社会上刑事犯罪高发、对敌斗争复杂和人民内部矛盾凸显；台湾蔡英文拒不承认"九二共识"，"台独"趋势严重；香港部分青年对国旗、国歌大不敬。国际形势风云多变，日本反华势力日强，伊斯兰国等极端组织到处作乱。在这种国内外形势下,基层社区极易发生猝不及防的应急事件。这种应急事件导致的危机防范具有突然化和常态化趋势。

本书所述的应急事件等同于突发事件,具有公共威胁性、突发性和紧急性三大特征,这些基本特征决定了其应对方式和流程。

(一) 应急事件的前置动作

1. 制定应急计划

所谓的应急计划就是平时政府或媒体经常提及的"应急预案",它必须事先制定和具有落实的可能性,不是虚幻的装装样子。这个计划针对各种突发风险可能发生的实际情况,就应对组织的机构、人员、技术、器材、物资和行动方案等所有相关事务做出的预先安排。该计划的要点是:目的明确,使突发事件风险的应对制度化和规范化,以及这个计划具有真正的可操作性。没有操作性的应急预案是"官样文章",将导致可怕的后果和社会影响。

2. 应急人力事宜

人力是应急实践中最重要的因素,也是唯一的能动因素。有人会说将来一些特定功能的机器人可以替代人类。但是我们说机器人是靠预先编制的程序工作的,编制程序的还是技术人员,因此可以说到任何时候"生理人"永远是机器人的"主人",只要人类改变程序,就可以改变机器人的思维方式和行事规则。要说归类,机器人可以归类到应急其他资源保障类别中。

现在社区应急事件主要依靠三支队伍:一是解放军、武警和民兵预备役;二是公安、抗灾、消防和搜救等行业专职队伍;三是企事业单位的专兼职应急队伍,以及突发事件的志愿者。从实践情况看,在这三支队伍中,公安等行业专职队伍必须是主攻手,解放军和武警是行动最快、打突击战的行家里手,而组织不力和经验最不充分的就是志愿者组织。

另外,在行业专职队伍中,互联网违规和犯罪的纠察队伍的建立和运作变得越来越重要。每个社区都应当设有专人负责互联网业务的维护和纠察。各社区(或者是上级部门街道办事处)都需要在平时与如上叙述的三支队伍保持紧密联系,以备不时之需。

3. 应急其他资源保障

除人力资源外,其他的资源保障包括应急通信网络、紧急避难场所的考虑、应急资金的来源和应急物资的保证等。在平时，无线通信是最方便的，有线通信造价高但效果好，就是说有线和无线各有利弊。对于应急的情况，社区最应当有线和无线兼备，这叫"双保险"。当然要实现双保险的成本一定会很高，但这是防备突发事件的最有效方式，一旦建立起来会受益无穷，可能在一次大灾中所发挥的作用，就值回成本了。

对于社区而言，需要考虑居民基本需求中断的应急方案。例如在生活必需能源水、电、气中，可能电是第一重要的，水和气还可以依靠社区外临时解决，但居民用电就很难依此解决。预先考虑断电的应急办法，是比较重要的。

避难场所对于一个社区而言，不可能重新设立，只是根据可能的灾祸（如恐怖袭击、大雨或地震等）事先有所考虑即可。

至于应急资金和物资，除尽可能选购相应的保险险种外，可以通过建立抗灾社区互助联盟等社会互助组织来"抱团取暖"，互帮互助来解决。有人会说一旦发生紧急问题，可以找上级党组织和政府来解决嘛！但要注意一旦发生紧急情况，尤其是涉及城市或者农村大面积区域问题时，各地都需要援助，仅靠上级组织的提供，有可能是"杯水车薪"了。如果社区还备有自己的救援渠道，那就会主动和从容得多。当今社会，"完全依赖上级解决全部问题，自己毫无作为"的时代已经过去了。

（二）应急事件的及时预警

1. 及时预警的阶段和功能

预警是突发风险出现之前的预先警示，实际上是一种"预告"，是把可能发生的风险信息及其破坏程度事先通知社区居民和单位组织，使各方做好应对准备。预警由监测、预警和响应三个阶段构成，即用现代技术和手段监测，需要时把预测升级为警报，以适当方式传递给上级、区内组织和全体居民，最后在社区治理机构、组织和居住者那里落实为防范行动。预警具有四项基本功能，包括预测、警示、消解和教化。

2. 及时预警的风险评估

既然预警是突发风险出现之前的预先警示，它是一种"预告"，说明风险有发生的可能，发生的可能性要比不发生的可能性大。但不能保证绝对出现风险，因此才叫预测。

一般情况下，根据承受能力可以把风险划为三个级别：可承受情况、可容忍情况和不可承受情况。第一级别有些破坏力，但不大；第二级别破坏力增大，有社会影响，但凭社区自身能力可以调整处理；第三级别超出了社区自身解决的范围，必须动员社区内外力量共同抵御。对第三级别必须发出警报，对第二级别是否发出警报可由社区治理部门判断决定。谁来做出决策？应由社区委员会请示街道办事处后才能做出；街道办事处的决策也不是几个人"拍脑袋"，而应当是有相关专家意见作为支撑的。

依据2018年3月《国务院机构改革方案》，下一步佛山市也要设立应急管理局，有可能佛山所属任何区镇及社区发出预警都要经过应急管理局审批，或者预警发布权就只属于应急管理局。

作者认为，在以前我国基层组织出现的问题中，还有很严重的情况是出现在处理和解决事情的"前端"阶段，在情况不明、调查不清的前提下，就整体事情盲目决策。用今天时髦的说法是"没有做好顶层设计"。

实际上应急事件的预警环节还有"监测预警与警报传播"和"警报后的响应行动"两部分内容，在这里不再展开叙述了。因为前置的顶层设计做好了，后面就是执行的问题，可以按相关的专业要求和国家规制要求照做即可。

(三) 应急事件的妥善处置

1. 处置活动和功能

应急事件的处置是指某种风险发生后，社区组织的应对行动。其主要目的有三方面：保护公众和社区组织，减弱灾害的影响，严防次生灾难的发生。抢救人员生命、尽力避免和减少人员损失都是必要的，但救人应当置于第一要务，因为物质财产可以再造，可人的生命只有一次。

2017年春节期间，浙江宁波野生动物园发生了观众为逃票而被老虎所伤事件。某观众为逃票而误入虎园，遭老虎袭击，为救人老虎被乱枪打死。表面看是严格执行了"救人为第一要务"，但是否有必要把老虎也执行"枪决"呢？这里可能有点"城门失火殃及池鱼"之嫌吧！

应急风险的处置具有四方面的功能，包括应急评估、影响处置、安全保护和调度资源。其中应急评估有两项任务，一是评估各类损失，二是预测各种需求。而影响处置主要指的是对灾害形成的危险源如煤气泄漏、电力外泄和水源污染等，进行临时或长久的处理。

2. 主要处置措施及要点

突发风险的处置是强制性的措施，紧急情况下采取一些临时措施可能会有悖于平时的情况，但还是需要注意尽力依法行事。

对于社会安全事件,要依据国家《突发事件应对法》等法律规制,实施强制隔离、保护控制、封锁限制、重点保护等合法措施。

至于事故灾难、自然灾害和公共卫生等其他突发事件,要依法采取预防性、动员性、控制性、救助性、保障性和稳定性措施。

3. 突发事件中的紧急决策

突发风险的处置是强制性的措施,需要快速决策,有时来不及团队商议确认,需要最高决策人单独承担决策风险。这对于第一决策者个人的胆略、素质和经验要求很高,同时需要很强的心理承受能力。

应急决策是典型的非常规决策,掌握的信息相当不确定,决策的难度高,极具挑战性。它只能是一种有限理性决定,既难于择优且无法评估,需要决策者审时度势。

当然,只要有可能,决策者还是要尽力听取管理和技术行家的建议,以强化决策的科学性和可行性。

另外,在事后评估中需要充分考虑决策者的困难处境,尊重赋予他的职位权力,不能罔顾现场实际,也不可求全责备。

(四) 应急事件的常态复原

1. 关于常态复原

灾害发生后,需要尽快开展恢复和重建活动,这就是社区的常态复原。常态复原包括维护公共秩序和安全,复原生活质量,保护生态环境,降低灾害的影响,恢复社区经济和生产。这些工作中首先开展的应当是公共安全保卫。在复原生活质量中,基础公共设施要优先考虑,如通讯、水、电、气和医疗等。在优先保证人群生存条件的基础上,再考虑恢复社区经济和生产。

2. 复原的程序和治理

社区复原也是需要加快思考和行动,但已经不像灾害风险袭来时那样要紧急应对了。因此我们这里提出复原过程需要治理,社区各个组织可以召开联席会议,各方代表共同商议复原计划和实施方案。当然,在会议召开之前需要先草拟计划方案讨论稿,使出席者遵循一定项目展开商议,避免无目的的"神侃"。也可以由社区各方组织和居民代表设立恢复重建领导小组,提出计划方案,通过后由该小组组织实施。当恢复重建工作完成后,领导小组自动取消。

复原行动的程序主要包括恢复重建过程认定、恢复计划和恢复治理、恢复过程的主要举措三方面，这里不展开讨论。

3. 复原行动中的要件和问责

作者提出，恢复重建行动中的要件包括建筑物的恢复和重建、经济和生产的恢复和重建、救灾资金管理、灾害损失补偿、人员心理干预。其中建筑物重建又分组织建筑物重建和家庭建筑物重建，而家庭建筑物还可分解为临时住宅、应急住宅、临时住房和永久住房四种。应急住宅指家用汽车、公交车或火车车厢等，临时住宅指宾馆、体育馆和亲朋家住宅等，临时住房是指救灾帐篷、救灾板房等，永久住房自不必解释。

在社区恢复重建的过程中，可以并行开展突发风险调查工作。一方面是总结抗灾救灾的经验教训；另一方面是调查政府和社会组织人员是否存在不作为、失职或渎职情况，如果存在，需要按党纪、国法和规制去应对处理，以诫后人。

七、全面提升社区防范应急事件的能力

（一）社区变化情况

就中国几十年以前的社区情况看，社区只是个"袖珍地域"概念，社区管理者通常是一些老头、老太太，管理组织称为居民委员会。原先，在社区逗留时间较长的无非是丧失工作能力的老人、孩子以及少部分无业者；如今，一些私有企业主、个体工商业者、外来人口以及他们的父母等亲属，甚至是外国从业者也都长时间逗留在社区之内。而社会上相当一些政府组织、事业单位和国有企业的组织功能却在缩减和弱化，这无疑从外部助推了社区区域组织地位和功能需要强化的态势。尤其是在各类突发事件的应对上，社区必须增强相应能力和风险意识。

（二）应急事件的动员和多方参与

在我国突发事件的社会动员方面，一直是自上而下的政府行为，这里所谓政府至少是省市级以上的政府机构。作为城市下属的区级政府机构以及镇街机构是无权开展社会动员的，除非是在省市政府行政命令发布后的执行动作。

然而,西方发达国家把社会动员视为一个自下而上运行的自发过程,下面有要求,上边政府才考虑行动。近些年来,中国学者也提出了一些新观点。例如在突发风险应对的社会动员问题上,市场主体、第三方力量和政府部门应当具有平等的地位,他们之间是一种合作协商的伙伴关系。这可能是将来这些参与要素关系的发展趋势,但现阶段在我国仍难以实行:一是因为政府行政力太强;二是因为第三方力量太弱,还没有扶植和培育起来。

社区突发情况的社会动员在相当长时间内,必须接受强势行政权力的领导。与之同时,社区组织需要积极发挥自身作用,还要尊重市场行为和鼓励第三方力量积极参与。在政府、市场和第三方三种参与要素中,强力发掘后两种要素的功能,避免单一依靠政府的意志和资源,这样应急动员的效果一定会更好、更有效。

应对突发风险动员的多方参与是指除政府和社区以外的企事业、非政府组织和志愿者团队的参与。政府参与是必然的,因为我国传统行政文化的影响,政府必然是主导力量。社区自身的参与也是必然的,社区自己有难,那就得自救。社区需要发挥主动性积极自主作为,不能光被动听命于上级政府,完全"等、靠、要"。

我们必须清楚,完全行政化的突发风险动员具有明显的缺欠:政府自身力量正变得越来越有限,难以独自承担应急风险动员的重任;同时也容易压制与风险无关的企事业、非政府组织和志愿者团队的自主参与意识。

(三)国际应急治理借鉴

1. 欧美的应急处置

美国从20世纪中期开始,所防备的主要应急风险是苏联的核打击。20世纪后期"冷战"结束后,美国应急处置开始转向多灾种的民防方向。从总体来看,美国的应急管理存在着两种模式。一是传统模式,这种模式把政府作为灾害相应行动的重要主体,认为在所有处理的灾害中战争造成的负面影响最严重。二是职业模式,政府不再是灾害响应中的唯一主体,把自然或技术灾害和灾难更加频发作为应对的主要对象。例如,克林顿时代的联邦应急管理署负责人维特,倡导管理署与州及地方政府、私人部门和志愿者组织等建立应急处理伙伴关系,对任何灾害都给予快速、有效的回应,把风险减缓作为国家应急管理系统的基础,大力扩展应急管理骨干、雇员以及灾害预备人员。

在欧洲，以英国为例，英国采用分权式应急管理体系。中央政府提供指导和负责协调，除了极特殊的重大情况，中央政府不参与应急问题的处理和解决；地方政府承担主要职责，直接负责突发风险的应对，而地方警察力量是应急行动的主要执行人。英国还有一项紧急权力赋予的特殊政策。当英国遭受突发事件侵袭时，相关部门可以行使紧急权力，对社会公众基本权利和自由采取一定的限制性措施。同时，为防止这种权利的滥用，政府对行权的条件进行了严格规定。

2. 日、韩的应急处置

日本政府长久以来对于突发风险相当重视。日本处于环太平洋活动带，地震、台风、火山喷发、大雪和暴雨频频发生。常年多灾给日本带来了巨大的损失，也促使其防灾机制持续完善。形成了基本法、灾害紧急应对法、灾害预防与准备法、灾害恢复法等比较完整的法律体系。作为该法律体系重要的组成部分，灾害管理规划包括防灾基本计划、防灾业务计划和地方防灾计划。其中的地方防灾计划，从最大的行政区域都、道直到最小的行政区域村都制定了各自的《防灾基本计划》，不存在相互替代的问题。

韩国也是一个自然灾害多发的国度，最初它比较注重应对自然灾害。从20世纪90年代初以来，多种人为和技术原因造成的危机不时威胁着国家公共安全，困扰着韩国政府。因此，建国以来至今韩国已发布了70多部相关法律法规。从这些规制的不断完善中，可以看出韩国国家应急管理的发展历程，也折射出其管理侧重点的持续转换。

韩国认为应急管理是一种公共产品，必须由政府主导，而私人组织和国民处于从属地位。在政府主导的情况下，层次最低的区域政府自治权很小。但从2004年以来的实践看出，以社区为基础的组织（CBO）发挥着日益重要的作用。这值得我们关注。但是韩国缺少专业性的志愿组织，业余的志愿者们很希望自己的善举在日后能得到一定的回报。

3. 印度的应急处置

印度作为发展中国家，在应急管理方面比较有代表性。在印度，由于气候、地形等自然条件影响，饥荒、干旱、洪水、滑坡和热浪等自然灾害频发；同时，由于多种原因，交通事故、工业灾难、空难和恐怖袭击等人为危机时有发生，对公共安全形成了严重威胁。

印度应急管理组织有自己的特点。全国灾害事务由政府总理负责。中央政府设有国家灾害管理局，制定政策、宏观管控和调度资金。灾害管理是地方政府的职责，邦（相当于省）政府负责督促，中央政府提供支持。印度还建立了一支万人以上的国家灾害快速反应部队，分别驻扎在危机多发地区。

最近几年，印度灾害管理与时俱进，从单纯依靠政府向建立公私伙伴关系和加强社区灾害管理转变，从注重灾害响应和救援向强调应急准备、预防和减缓转变。但是，由于多年传统制度的惯性力量，政府独家主导的弊病短期内是很难根除的。

4. 应急处置国际合作

据现在掌握的信息看，国际上还没有专业的应急处置组织，各国家或地区都在各自应对自己的问题。我认为国际合作应对突发风险是日益紧迫的人类生存和发展的需求，最好通过达成共识，设立全球性相关专业组织。在这样的组织未建立之前，应在联合国框架内设立相关机构以应对实际问题。

无论是专业国际组织还是联合国相关机构，都首先应当担负起制定国际"游戏规则"的责任。没有全球大多数国家和地区公认的相关规制，世界性的、区域的以至于国与国之间的合作很难持续开展，即使有合作也是临时的、短期的和不可靠的。

5. 国际经验对于我国区域应急治理的借鉴

通过分析世界上其他国家突发风险应对情况，可以看出：美国由于自然和技术灾难频发，已从传统模式向职业模式进化，政府与私人部门和志愿者团队成为共同抗击的伙伴，政府不再是主导方了；日本最小的行政区域村都制定了自己的《防灾基本计划》；韩国近年来志愿者活动日趋活跃，以社区为基础的组织（CBO）作用很大；印度也越来越重视加强居民社区的灾害管理。

鉴于如上国家应急管理的发展趋势，我国应在社区（或者是在街道办事处）内设立专兼职结合的机构应对突发危机。其中要有人专职应对网络危机，在平时还要负责宣传教育和降低危机风险的工作，组织开展对社区小企业和居民的网络维护、咨询服务和预防诈骗宣传等。

社区危机应对组织需要接受社区管理组织和国家相关机构的双重领导，社区管理组织实施行政领导，而国家相关机构实施专业业务领导。这个组织需要依据国家、省、市相关法律和规定，制定适合本社区的实施细则，以便于相关工作的顺利开展。

附　录

现在中国老百姓最时兴的事

——给家添个勤快的"电子人"

陈万里（撰文）孙工科（选图）

从 2000 年起，我们人类社会已经走进了 21 世纪。在新的世纪，科学技术更是加快了发展的脚步。美国人已经在火星上探秘，中国的载人飞船上了天。可以说，科学技术发展真是日新月异，在这儿就让我们来聊聊科学技术进入普通百姓家的新鲜事。

一、让咱们认识认识"人工智能"

如果我们把新科学、新技术比作一个大家庭的话，这个家中有个年轻的小妹妹，她的名字叫"人工智能"。要是用通俗的话解释她，就是用人造的东西，代替人来想事和干事。人工智能虽然年轻，可在航天、工业、农业等领域已经有了实际应用。最近以来，她开始进入我国普通人的家庭。现在我们以沈阳万工世纪智能技术公司研制成功的"WG-1型智能家居系统"产品，作为例子来给大家说道说道。

二、一路向咱们家中走来的"电子人"

为了方便大家理解，这里把万工世纪智能家居产品叫作电子人。可是这个电子人一点都不像我们真正的人类。

从外表看她只是一个 17 英寸电视机大小的"盒子"，大约为成人的一个拳头宽。外加一些房间电源开关大小的小盒子，再有一两把遥控器（与电视机用的一样）。别看她外表不像人，但可以替人想事和干很多事，并且 24 小时不休息，就像家里多了个任劳任怨的帮手。这个"大盒子"带着几个"小盒子"的立正人，能干的事可多了。下面只谈谈其中的几种：

（1）她是您家的保镖：可防盗、防火灾、防漏水、防煤气泄漏；

（2）她是您家的老师：教您和您的孩子外语、音乐，读诗、讲故事；

（3）她是您家的管家：回家和离家时她给您提个醒，别丢三落四；

（4）她是您家的保姆：照顾老人、病人、小孩子，也照顾您自己；

（5）她是您家的成员：您与家人外出，她留守在家，保管万无一失。

那么这里所说的电子人到底能干些啥呢？让咱们细点唠唠。

三、看不着的家中保镖

1. 保护家人与财产不受侵害

家中无人时，如有强盗从大门、窗户闯入，电子人会发出警报声，以威慑坏人；同时通过电话向家人或小区报警。夜间小偷破门窗而入，电子人为不惊扰家人会用语音提醒主人。要是有人动了室外的汽车、摩托车或电动车，电子人会立刻报告。

2. 保护家人与财产免遭火灾

报纸时常报道家庭失火情况，大火无情，令人心寒。有了电子人，无论白天黑夜，一有火情她就立即通知主人采取措施。

3. 煤气泄露紧急避险

对于一个家庭来说，煤气漏气也是件挺要命的事，真说不准啥时就赶上。另外烧煤产生二氧化碳，熏死人的报道也时常看到。电子人能管这些事，一旦房间气味不对就马上提醒主人注意，同时自动打开风扇通风。

4. 一有"水情"，紧急报警

现实中不少家庭都有"水淹七军"的经历，不是"被人淹"就是"淹了别人"，都挺闹心。只要"发上一次水"，新房立马变旧房。添了电子人的家庭就解决了这块"心病"，甭管是别人家还是自己家，一有水情电子人就会用电话通知您，不愁主人不知道。

四、看不着的家中老师

当您的家里有了智能家居，就好比请来了一位永不下岗的教师。既可以教孩子，甭管是才出生的婴儿还是大学生；也可以教大人，如今在竞争激烈的社会，成人也要学习提高；她甚至还能教老年人学习。因为无处不在的电子人，能够使您在家里的任何房间、任何地点，放置广播音响、电视机与互联网。婴幼儿无论在家中何处，都能听到轻柔的音乐和动人的儿歌。

上学的青少年不管是洗漱、吃饭还是休息，都可以同时学外语、温习数理化知识。您自己呢？在洗衣、做饭或者干任何家务活时，都不耽误"充电"提高。上了年纪的人甚至在洗手间里，都可以随电视或广播练功或上老年大学。家里有了电子人，您的孩子不想上大学都不行！

五、看不着的家中管家

1. 出门回家时的提醒

当您回到家中时，一个声音会告诉您撤掉防盗警报，以免电子人把自己当成小偷。当您离开家时电子人会告诉您做好布防。

如果您离开家时有怕忘的事，可以提前告诉电子人；当您离开家时，

亲爱的
我回来了！

她会及时提醒您办完。

2. 提供家庭统一的准确时间

家里的钟表多了，看起来是方便了；但还有一种苦恼，就是几个房间几个点，说不清哪一个点准。有了电子人，它能提供一个统一准确的时间，它们永远分毫不差。并且当黑夜来临，家中所有的灯光熄灭后，"智能家居"控制的钟表全是主动发光的，半夜不开灯都看得真真切切。

电子人还能自动计算时间；家庭主妇做饭的同时，还可以干别的家务活；饭菜做好了，智能家居会立即发出通知。

六、看不着的家中保姆

1. 像手一样替人干活

每当清晨和傍晚，只要按一下遥控器，您家的窗帘就会自动打开或关闭。早晨老人或家庭主妇买菜回来，站在高楼下"手指头一动"，楼上的家人就会"得信儿"下来帮忙。出门在外时，用公用电话或手机能够打开家中的电饭煲、热水器和空调等电器，到家时就等着享受了。哪怕您在北京、上海甚至在国外，只要一动手指，家里的电子人立即照办。

2. 随时随地替人开灯关灯

有了智能家居，您家永远也不会发生忘关灯、忘关电器的事了。家中要是有老人、病人和孩子尤其方便；因为家中所有的灯光全能自动控制，坐着不动想开关哪个都行，要开关多少都可以。当家人晚上起夜时，灯光会慢悠悠亮起来，以防刺眼；无论

是在走廊还是在厕所，您到哪哪的灯就亮；只要一离开，灯会自动熄灭。因为电子人在为您服务。

七、看不见的家中成员

要是全家人外出探亲、旅游，不管走多远，是海南岛还是美国，有智能家居在家值班，您就一百个放心！只要您吱一声，她能随时或定期开关家中的任何一个窗帘和灯光，就像家里有人一样，小偷绝不敢进门。

如果家中留有老人或者病人，您照样可以安心出门远游；因为老人和病号有紧急情况，只要按一下身边的按钮，远在万里之外的您和家人就会立马知道；同时电子人还会电话通知您委托的朋友或者医生，及时登门帮助老人或救治病人。

八、还有不少其他的能耐

1. 实现各房间的电话通话

不管是在城市还是在农村，有多个房间的家庭还有一个不方便：这屋人要跟那屋人说点事，不是大声喊就是得到那屋去。有了智能家居，各屋就能互相通电话了；如果各屋通话时，赶巧家外的电话打过来，长着"顺风耳"的电子人能立刻提醒您先接外边的电话，你说智能家居神不神？

2. 实现各屋的隔屋讲话

房间多找人也麻烦，打电话都嫌麻烦。那也没关系，电子人还有"隔墙传话"的本事。只要动一下墙上的按钮，一声"吃饭了""起床了"立马传给听话人。智能家居怕您不放心，还能把听话人的"答应声"送到你耳边。

3. 自备"发电机",以防停电

从上面说的一大气看,智能家居真就是个"大能人",会干的"活计"属实不老少;但是这个外号叫电子人的小家伙,铁定离不开电。您一定会说,要是停电不就"坏菜了"吗?我说呀,甭着急!沈阳出的这种产品在

停电的 12 小时以内,能够自己供电,电子人照样灵光;再者说了,一次停电超过全天的,太少见了吧!

九、智能家居产品今后还会不断"长本事"

随着时间的推移,电子人的神奇还体现在,生产厂家能不停地"教会"她很多新能耐。比方说:

1. 护理功能

婴幼儿或者重病老人大小便失禁,智能家居会麻溜儿地报告,不让小孩和老人遭罪。刚会爬、刚会走的婴幼儿要是出了爸妈划定的"一块地儿",或者是要从床上爬出来,电子人能立马通知大人。独自在家的小孩子遇到危险或突然难受,只要按一下相关的按钮,爸妈会马上知道。

2. 调节温度的功能

无论春夏秋冬,您可以随意决定家里温度,智能家居就自动控制空调机,一点不差地保证您要的度数。如果国家一旦按用量收"取暖费",家中的电子人还能够自动控制暖气温度,尽可能地省钱。

3. 照顾花草和宠物

智能家居将来可以干浇花草的活儿,不管是屋内屋外都成;最长三个月室内没人,电子人依然能让花草不缺水。智能家居还会照管宠物;能定时定量给狗、猫、鸟、鱼等喂食喂水,还可以定期为宠物消毒搞卫生,真是棒极了。

4. 室外遇险报警家人

出门在外的任一家人，一旦遭遇天灾人祸等危急情况；只要按一下随身的微型报警器，其他家庭成员可立即得知谁遇险，就能在第一时间采取救助行动。

实际上，智能家居以后会做的事还远远不止这些，只要您家中添了电子人，一家人保准儿

"越活越滋润"。唠到这儿，您可能要问："咱家在农村、在山沟里，电子人能好使吗？"没事儿，只要有电就行。

十、说说未来的家居智能技术与产品

智能技术总体上讲，是一门新兴的知识领域；与其他方面的应用相比，家居智能技术的运用更是近几年的事。因此我们说家庭智能技术和产品有着广阔的未来发展空间。据一些专家预计，在不远的将来，家庭的大门是无锁头的；其他的门都是自动"认人"决定开关。电子人控制房间的空气湿度；如果空气污染或者有害细菌超标准，就会自个儿消毒。人们不必出门，就可以工作、上学、娱乐、运动和旅游等，所得到的效果和感觉与外出完全一样。等等，等等，未来家里的新奇事说也说不完。有了智能家居做帮手，咱老百姓的日子会越过越舒坦，您就瞧好吧！

（辽宁省科普宣传智能家居部分初稿，2004年）

参考文献

安东尼·汤森. 智慧城市：大数据、互联网时代的城市未来［M］. 北京：中信出版社，2015.

白国龙，孙奕，潘洁. 两会后出台人工智能发展规划［N］. 新华每日电讯，2017－03－12.

保罗·托马斯，大卫·伯恩. 执行力［M］. 北京：中国长安出版社，2003.

本·霍洛维茨. 创业维艰：如何完成比难更难的事［M］. 北京：经济管理出版社，2015.

毕胜然. 赢得优势［M］. 北京：中国商业出版社，2004.

蔡辉. 物联网要来？中国电信发布物联网技术路径［N］. 环球时报，2016－07－17.

蔡嘉敏，张沂锋. 8月1日起南海推开"5＋2"服务模式［N］. 佛山日报，2016－07－28.

曹菲，刘爽. 给差评，为何那么难？［N］. 南方日报，2016－07－18.

岑雪莹，罗国强. 警灯亮　民心安［N］. 佛山日报，2016－07－29.

陈国嘉. 智能家居：商业模式＋案例分析＋应用实战［M］. 北京：人民邮电出版社，2016.

陈万里. 佛山家风家教研究［M］. 广州：南方日报出版社，2017.

陈万里. 高等院校产业系统分析及产业发展对策研究［D］. 沈阳，东北大学，1992.

陈万里. 关于大学科技园治理、运营及前沿理论［J］. IT教育探索，2015（4）.

陈万里. 融合时代对大学生事务管理构成新挑战［J］IT教育探索，2014（2）.

陈万里. 中国大学科技园发展及治理问题研究［M］. 广州：广东高等教育出版社，2016.

陈燕，吴璇，黄智昊. 境外专家引进数量广东居全国首位［N］. 南方都市报，2016－05－24.

陈一. 网络打赏不能"变味"［N］. 中国青年报，2016－07－25.

程虹. 平安南海智慧化［N］. 珠江时报，2016－01－08.

程姝雯. 政府公共数据2018年一站式开放［N］. 南方都市报，2016－07－28.

大泉常长，汪波. 生活中的危机管理学［M］. 南昌：百花洲文艺出版社，2008.

戴欢婷，吴婉珊. 服务到街坊心坎上［N］. 珠江时报，2016－06－24.

端然. 用好数据这笔"大资产"［N］. 经济日报，2016－08－02.

丁志强,龚国梁.电子政务智慧化 便民服务上"云"端[N].珠江时报,2016-06-15.

董碧娟.因特睿:用大数据服务大数据[N].经济日报,2016-08-02.

樊江涛.暴雨过后[N].中国青年报,2016-07-27.

冯雪亮.86个小区同一个群"共享保安"[N].南方都市报,2016-07-06.

凤飞伟,黄文龙.深圳龙岗打造沿海发达区域智慧城市样板[N].南方日报,2016-07-29.

付志宇.从"敬天保民"到"赈济养恤":水灾救治三千年[N].南方都市报,2016-07-17.

付志宇.中国历史上的社会保障[N].南方都市报,2016-06-26.

高靓.依靠社区打通教育服务"最后一公里"[N].中国教育报,2016-07-30.

郜晓文.莫让微信成"危信"[N].人民政协报,2016-07-20.

顾磊.各地政策竞相创新——社会组织参与养老服务空间广阔[N].人民政协报,2016-05-31.

关雪仪,叶能军.高明塑料产业触网转型启示录[N].南方日报,2016-07-06.

管璇悦.今天的学习有啥不一样[N].人民日报,2017-12-07.

郭帅."互联网+"教育走向谈[N].人民政协报,2017-11-22.

何绰瑶,禅宣.禅城运用大数据打造一站式旅游平台[N].佛山日报,2016-07-27.

何绰瑶,邱乐昀.美感禅城释放中心吸力[N].佛山日报,2016-03-14.

何奎山,曾祥龙,徐培,等.外国人到广东自贸区投资达百万美元即可申请绿卡[N].南方都市报,2016-07-22.

何宁.信息化织就智慧城市"互联网"[N].佛山日报,2016-03-14.

何美芬,温洁贞,杨黛梅.你的生活被微信绑架了吗?[N].狮山树本周报,2015-10-15.

胡喆,阳娜.中国成为全球最主要机器人消费国[N].人民政协报,2016-10-24.

胡卫.加强在线教育课程主权管理[N].人民政协报,2017-04-12.

胡绪鹍.城市智慧管理[M].武汉:湖北人民出版社,2013.

黄群飞.大富村连续六年筹款帮困难村民[N].珠江时报,2016-08-01.

黄群飞,穆纪武,孔凡畅.建议全面推广智慧菜市场模式[N].珠江时报,2016-06-06.

黄蔚,王同聚,魏宁侃.人工智能,不只从你的世界路过[N].中国教育报,2016-11-07.

黄蔚,魏宁侃.当虚拟现实与教育亲密接触[N].中国教育报,2016-07-16.

黄娴,吕中正.从云端到身边[N].人民日报,2016-05-30.

黄鑫.我国人工智能技术走在世界前列[N].经济日报,2017-04-11.

黄鑫,吕瑞.传统企业搭上数字化转型快车[N].经济日报,2016-08-02.

黄子宁. 世界前五机器人巨头布阵顺德 [N]. 广州日报, 2017-05-11.

黄子宁, 张宇洁. 世界前五机器人巨头布阵顺德 [N]. 广州日报, 2017-05-11.

贾庆国. 全球治理: 保护的责任 [M]. 北京: 新华出版社, 2014.

建平. 教育 APP "神器" 你选择信赖还是依赖? [N]. 羊城晚报, 2017-10-17.

金丽国. 区域主体与空间经济自组织 [M]. 上海: 上海人民出版社, 2007.

金祖臻, 黎亚娣. 女子网购退货遭诈骗 4 万多元被盗刷 [N]. 南方日报, 2016-07-20.

婧濚 (音). 中国零工经济待掘金: 移动科技如何改变世界最大的就业市场 [N]. 向阳, 译. 南华早报 (香港), 2017-02-26.

康斯坦丁. 在家工作可能不利于你的未来 [N]. 羊城晚报, 2017-06-16.

姜奇平, 周其仁, 陈志武, 等. 读懂互联网+ [M]. 北京: 中信出版社, 2015.

杰里米·里夫金. 零边际成本社会: 一个物联网、合作共赢的新经济时代 [M]. 北京: 中信出版社, 2014.

蓝志凌, 叶洁纯. 格兰仕: 让家电越来越 "聪明" [N]. 南方日报, 2017-05-04.

黎智洪. 从管理到治理 [M]. 北京: 经济日报出版社, 2014.

李护彬, 张少鹏, 郑泽聪. 网友援手 一日筹集 80 多万 [N]. 佛山日报, 2016-07-28.

李慧君, 李欣, 周柳青. 从生产传统五金到布局智能家居 [N]. 南方日报, 2016-07-19.

李维安, 王世全. 大学治理 [M]. 北京: 机械工业出版社, 2013.

李想, 傅晓羚. 移动互联网面临出局 与机器对话的时代即将到来? [N]. 中国青年报, 2016-11-18.

李亚娟. 现代城市治理与城市文化建设研究 [M]. 上海: 上海人民出版社, 2015.

李珍, 青木, 周曼娅, 等. 全球都为阿宅们担心 [N]. 生命时报, 2016-07-29.

梁炜健. "互联网+医疗" 平台解决就医难题 [N]. 佛山日报, 2016-07-20.

梁艳燕. 小学生微信豪发红包惊呆家长 [N]. 南方都市报, 2016-02-18.

林海岚, 曹莉敏. 文化悦民 打造城乡十分钟文化圈 [N]. 珠江时报, 2016-11-24.

林智仁. 验证码诈骗犯频频瞄上职场新人 [N]. 中国青年报, 2016-07-18.

刘博智. 人工智能, 迎来最好的时代? [N]. 中国教育报, 2017-04-10.

刘李胜. 上市公司危机管理: 求解迫在眉睫的公司管理难题 [M]. 北京: 中国时代经济出版社, 2009.

刘积仁, 史蒂夫·佩珀马斯特. 融合时代: 推动社会变革的互联与创意 [M]. 北京: 中信出版社, 2013.

刘淑妍. 公众参与导向的城市治理——利益相关视角 [M]. 上海: 同济大学出版社, 2010.

刘奕湛. 电子政务国际排名今年我国跃升七位［N］. 南方都市报，2016 - 08 - 01.

刘扬. 体验无处不在的"万物互联"［N］. 环球时报，2016 - 07 - 18.

刘扬. 物联网到底是什么？［N］. 环球时报，2016 - 07 - 18.

泷本哲史. 京都大学最受欢迎的决策课［M］. 北京：中信出版社，2015.

卢凯阳. 30 秒一台电饭煲，怎么做到的？［N］. 南方都市报，2016 - 09 - 22.

路帅. 逾 380 台机器人已在高明上岗［N］. 佛山日报，2017 - 05 - 11.

罗家坤，陈建英. 互联网 + 智能家居：颠覆与重构传统家居产业链［M］. 北京：中国经济出版社，2015.

罗艳梅，陈汪彦. 禅城：拥抱大数据 点燃发展新引擎［N］. 珠江时报，2016 - 07 - 25.

罗志华. "社区延伸处方"体现以人为本［N］. 人民政协报，2016 - 08 - 01.

马化腾，等. 互联网 + 国家战略行动路线图［M］. 北京：中信出版社，2015.

马建忠. 互联网 + 慢病管理需全产业链参与［N］. 南方都市报，2016 - 07 - 21.

马建忠. 老字号突围用"互联网 +"或许更好［N］. 南方都市报，2015 - 10 - 16.

马拉. 从"90 后"打工仔看中国［N］. 南方都市报，2016 - 07 - 24.

毛建国. 关闭朋友圈未必是坏事［N］. 佛山日报，2016 - 07 - 27.

孟伟. 陶博会以国际化引领产业转型［N］. 佛山日报，2016 - 04 - 22.

孟伟，梁燕瑜. 佛山陶博会成品牌全球化桥头堡［N］. 佛山日报，2016 - 04 - 22.

莫柳. 智能家居雷声越来越大 雨点还是那么小［N］. 南方都市报，2016 - 03 - 15.

南方日报评论员. 全力营造共建共治共享社会治理格局［N］. 南方日报，2018 - 03 - 12

南香红，陈显玲，罗苑，等. 互联网 + "善"更简单 or 更复杂？［N］. 南方都市报，2016 - 01 - 08.

倪玉洁，黄淦颖. 传统产业弄潮兴起"迭代式创新"［N］. 珠江时报，2016 - 01 - 13.

潘跃. 提升防灾减灾救灾能力［N］. 人民日报，2016 - 05 - 16.

潘展虹，佛高宣. 以机器人推广应用 促进制造业升级"智造"［N］. 珠江时报，2017 - 05 - 09.

潘展虹，关帅屏，邓海莹，等. 智能导诊服务贴心 微信预约挂号便捷［N］. 珠江时报，2016 - 06 - 01.

阡陌. 遭遇连环骗 大学生该反思怎样跟上时代［N］. 南方都市报，2017 - 03 - 20.

钱夙伟. 网民 7.31 亿，"低头族"谁是"假洋鬼子"？［N］. 佛山日报，2017 - 01 - 10.

钱鑫，张怡薇. 无穷的远方，无数的人们，都和我们有关［N］. 新闻晨报，2016 - 07 - 25.

青木, 贾文婷, 丁雨晴, 等. 机器人来了, 人类大面积失业？[N]. 环球时报, 2016-02-23.

青木, 王伟, 白云怡, 等. 世界关注特大洪水考验中国[N]. 环球时报, 2016-07-25.

覃征鹏, 黄才文. 电商十年 顺德千亿巨轮再出海[N]. 佛山日报, 2016-06-13.

邱道勇. 互联网+城市[M]. 北京：经济管理出版社, 2015.

邱梦华, 秦莉, 李晗, 等. 城市社区治理[M]. 北京：清华大学出版社, 2013.

屈宏斌. 中国过早去工业化的大危险[EB/OL]. http://finance.ifeng.com/a/20150612/13772521_0.shtml.

任萍萍. 人工智能将在三大领域替代人类[N]. 经济参考报, 2016-12-29.

任珊珊, 谭鑫, 李绍斌, 等. 在以：一个病人半小时 来穗：一个病人五分钟[N]. 广州日报, 2016-07-29.

任雪梅. 融合创新促佛企拥抱"互联网+"[N]. 佛山日报, 2016-01-08.

任雪梅. 拥抱"互联网+"融入新一轮全球化[N]. 佛山日报, 2016-03-31.

阮凤娟, 蒋晓敏, 蔡嘉敏. 推进智能制造和互联网+[N]. 珠江时报, 2016-03-12.

沈煜. 接到这两个号段电话要小心[N]. 珠江时报, 2016-08-26.

苏力, 田迪迪, 蒋晓敏, 等. "长臂善舞"的粤产工业机器人[N]. 南方日报, 2017-04-20.

苏绮玲, 谢晓娟. 探索"志联网+"志愿服务更贴心[N]. 珠江时报, 2016-01-07.

孙兵. 区域协调组织与区域治理[M]. 上海：上海人民出版社, 2007.

汤姆?彼得斯. 重新想象：激荡年代里的卓越商业[M]. 北京：华夏出版社, 2004.

唐钧. 政府风险管理[M]. 北京：中国人民大学出版社, 2015.

唐子湉, 谢美琴, 何勇荣, 等. 鸡年春节红包大战主打AR体验[N]. 南方日报, 2017-01-17.

陶良虎. 中国低碳经济：面向未来的绿色产业革命[M]. 北京：研究出版社, 2010.

王宏伟. 公共危机与应急管理：原理与案例[M]. 北京：中国人民大学出版社, 2015.

王宏伟. 应急管理, 应时而生[N]. 环球时报, 2018-03-02.

王林, 陈晶, 窦玉帅. 网络打赏的正确姿势是怎样[N]. 中国青年报, 2016-07-19.

王培志. 移动互联迎来"拐点"[N]. 人民日报, 2016-07-07.

王烨捷. 王振. "互联网+养老"不应成为概念炒作工具[N]. 中国青年报, 2016-07-19.

王紫上. 云管理：互联网+时代的组织管理革命［M］. 北京：人民邮电出版社，2016.

温明俐，戴欢婷，张显雄，等. 南海将打造海创园 引留学生回家创业［N］. 珠江时报，2016－08－08.

文联. 抢建平台布局 主导产业生态［N］. 人民日报，2017－07－23.

文倩. 为佛山制造插上"互联网+"的翅膀［N］. 佛山日报，2016－03－29.

吴锦良. 基层社会治理［M］. 北京：中国人民大学出版社，2014.

吴俊. 侧重示范应用 加强战略统筹［N］. 人民日报，2016－02－23.

吴曦. 鲁毅：大数据应用管理，这一课要补上［N］. 南方都市报，2017－04－06.

吴哲，谢庆裕，刘倩，等. 生产性服务业与制造业如何相互促进［N］. 南方日报，2016－07－07.

夏旭田. 从iot到IOT：大企业开始布局物联网 感知连接安全等瓶颈待解［N］. 21世纪经济报道，2017－01－19.

解艳华. 互联网教育下一站［N］. 人民政协报，2017－10－12.

新华社. 信息化将如何影响你我生活［N］. 佛山日报，2016－07－28.

新华社. 河北洪灾致130人死亡［N］. 佛山日报，2016－07－25.

徐艳，尹来，巫煊. 八证信息年内共享 无需证明我妈是我妈［N］. 南方都市报，2016－07－28.

徐日丹. "互联网+募捐"亟待立法完善［N］. 检查日报，2017－03－08.

闫国庆，等. 开发区治理［M］. 北京：中国社会科学出版社，2006.

阳桦，刘兵，林焕熙. 用大数据强化在线监管力度［N］. 佛山日报，2016－07－14.

杨国英. 从"互联网+"到人工智能：科技创新助力经济转型［N］. 南方都市报，2017－03－07.

杨汉坤. 启动创建广东大数据综合试验区［N］. 珠江时报，2016－07－26.

杨汉坤，梁成. 构建互联网+公共法律体系［N］. 珠江时报，2016－06－07.

杨状振. 物联网、智能化与电视文化［N］. 中国社会科学报，2016－11－24.

叶峰，何欣荣，程士华，等. 机器人产业：站"风口"更要攻"关口"［EB/OL］. http://www.xinhuanet.com/2017－03/13/c_1120620858.htm.

叶前. 微信小程序来了，它到底能干些什么？［N］. 新华每日电讯，2017－01－10.

袁方成，李爱艳，吴理财，等. 从村民自治到社区自治：基层民主的新发展［M］. 北京：中国社会科学出版社，2014.

曾夏，何家昌. 利用"互联网+"完善求职招聘平台［N］. 珠江时报，2016－02－27.

曾雪莹，禅宣. 运用大数据建一站式旅游平台［N］. 珠江时报，2016－07－27.

曾雪莹，杨智才，段园晖，等. 以专业精神赢得的满意度才最有含金量［N］. 珠江时报，2016－12－22.

张莫. 比邻空间：走入社区的自助仓储［N］. 经济参考报，2016 – 02 – 05.

张少鹏，岑雪莹，周龙凤. 国际化进程中的佛山手笔［N］. 佛山日报，2016 – 08 – 04.

张闻，谢杨柳，郑诚. "妮妲"擦肩而过 佛山安然无恙［N］. 羊城晚报，2016 – 08 – 03.

张霞，张智河，李恒光. 非营利组织管理［M］. 济南：山东人民出版社，2005.

张艳利. 力争今年超百亿的企业达15家［N］. 佛山日报，2016 – 06 – 30.

张洋. "三步走"建设网络强国［N］. 人民日报，2016 – 07 – 28.

张涨. 断开网络过奢侈的一天［N］. 广州日报，2016 – 07 – 30.

招卓臻. 我市首个NB – IOT物联网民生项目正式签约［N］. 珠江时报，2016 – 12 – 03.

赵安然. 广氏菠萝啤：昔年"最潮"饮料"重出江湖"记［N］. 南方都市报，2016 – 07 – 21.

赵越，唐梦. 佛山发布防风紧急动员令［N］. 南方日报，2016 – 08 – 02.

郑德俊. 企业危机信息预警机制研究［M］. 南京：南京大学出版社，2009.

中国管理模式杰出奖委员会. 解码中国管理模式［M］. 北京：机械工业出版社，2011.

钟开斌. 风险治理与政府应急管理流程优化［M］. 北京：北京大学出版社，2011.

周丽燕. 创新驱动 实现人机合力［N］. 人民政协报，2016 – 11 – 06.

周庆智. 在政府与社会之间：基层治理问题研究［M］. 北京：中国社会科学出版社，2015.

朱朝贵，梁晓茵. 为公安工作插上科技的翅膀［N］. 佛山日报，2016 – 07 – 26.

朱成方. 美的和华为在一起了［N］. 南方都市报，2016 – 07 – 13.

朱婷. 互联网直播：期待向上向善［N］. 人民政协报，2017 – 01 – 10.

邹卫. 中国互联网创新已到了"无人区"［N］. 南方都市报，2016 – 10 – 19.

后 记

我在 2011 年 9 月以前，从事科研工作的主要做法是撰写科技论文；如果能争取到，再开展一些科研项目。多年来，无论是在高校工作，还是在企业打拼，我一直坚持这样做。一个朴素的想法：是教授就得干点教授该做的事，是博士也得做点博士该做的事。总之，高级职称和高学位不光是"头上的光环"，闪亮给别人看的，必须干点实事，争取能够"名副其实"。

2011 年 9 月的一天，在四川省都江堰东软软件园，一次中餐后的园区散步，与几个同事聊天，再次激发了埋藏已久的写书的心愿。当场就有年轻同事直言反对，说是陈老师如今哪有人看书啊！你费劲巴力写完了没人看，更没人买，不是自己找没趣嘛！

这位年轻朋友的好心相劝，让我思考了几天时间。后来终于想明白了，必须写；再不写，就有可能成了"终生的憾事"。1968 年我作为知青下乡，那时是初中未毕业。后来努力奋斗了几十年，学历、职称、思维、学识和能力都上升到了一定的高度，是不是该做些"理论拔高"的事情了呢？

我写作目的不是为了赚钱，它是我职场生涯的一个"副业"。一为社会大众做一点科技普及工作；二为职场上的中青年同事们留下一点岗位积淀和感悟；三作为"职场老鸟"的职业情怀，个人要在挚爱的职场上保留下一点印记。可以说，这"三个一点"就是我从事写作的初心。

因此，从 2011 年 9 月开始筹划，2012 年初起笔，到 2013 年 5 月我的处女作《草根族 PK 博士生女儿》公开出版。这一开写就一发不可收，直到 2018 年初的现今，撰写出版了六本教育和经济专著，作为主编和其他同事一同出版了《大学生职业发展与就业指导》教材，作为第一副主编出版了《大道至简》高校教学科研论文集。

六年多的实践使我深切认识到，书籍的构思、写作、定稿和出版的所有过程都很不容易！除了这些不容易的事之外，还有以下三个方面也是挺难的：

一是身在职场业余时间写作，要占用大量或者全部的休息和娱乐时间；周末、节假日和高校的寒暑假变成了写作和田野调查的"黄金时间"；在六年多的时间里，作者几乎没有什么"大块"的休息和放松机会。

二是作者从本科到研究生所学专业都是以理工科为主。由于多年来在职场中从事的是学校事务管理和企业管理等工作，所以写书和搞科研又必须以教育和管理实践为基础；也就是说理工科出身的人，从事人文和社科书籍写作和科研。这样一来，所写的书籍、所做的科研，对于社科专家或理工专家而言，都感到是"非驴非马"很不适应；因此，在专家评审或遴选中总是处于不利地位。尽管社会大环境总是鼓励"跨界"，总是提倡"混搭"；但在实践过程中"跨界"和"混搭"很痛苦，处于不利位置是"常态"，这一点作者是深有体会。如今的社会人士张口闭口都是谈创新、想创新，可是一旦搞点创新，真的是处处受难，谁要不信自己试下就知道了。

三是在我们中国有许多好的优良传统，有不少甚至让技术比较先进的西方国家都羡慕，这里有很多很多好的东西，不再赘述了。可是几千年的封建思想统治，确实也留下了一些糟粕性的思维和积弊。比如"枪打出头鸟"，比如"嫉贤妒能"；我不想做或者做不了的事，最好你也别做。本来你干的对社会、对本单位都有益，可是会被理解为在变相的"贬低别人"，接着的就是不时入耳的指责或者非议。我的实践证明，你要想业余从事写作，还要有一颗"强大的心脏"；因为你有能力克服种种困难去完成写作，但不好说是否能扛得住"刺耳的噪声"。

一直很敬佩佛山市社会科学联合会的高瞻远瞩，设立了人文和社科研究著作资助基金。从 2012 年以来，克服种种困难，支持了一批愿意为佛山发展做贡献的社会科学人士著书立说，为地方学术保留下一笔笔浓墨重彩的历史印迹。为社科联领导和工作人士的思维远见和工作热情所感染，我怎能不积极投入到佛山社科开展和普及的多种活动中？

没有佛山市社科联的指导和资助，就不会有本书面世的可能。

非常感谢我出彩的大学校友，中国企业联合会、中国企业家协会副理事长刘鹏先生也为本书作序。刘鹏先生早年从事技术工作，后应聘中国企业联合会岗位，经"过五关斩六将"如愿以偿。多年来踏踏实实、一步一个脚印从基层走上了副司长领导岗位。在业务中面对着国家千千万万个企业、面对着那么多中外知名的企业家；从善如流，张弛有度，胜似闲庭信步，可见其能力和人品非同寻常人啊！

刘鹏先生还是典型的性情中人，为人十分谦和与诚恳。多年来无论对于我本人还是其他需要帮助的人，只要能做到，总是施以援手。他的这种为人处世的态度，自然也得到了众多企业和企业家们的赞赏和拥戴。从心里感谢刘鹏校友对我以前的相助和此次作序，与他相识、相交是我的缘分。

还需要说明的是，分外感激我的年轻同事广东东软学院数字艺术系教师范利阳。本人出版的著作中，《只有学到老才能活到老》《中国大学科技园发展及治理问题研究》两本都是由他制作了封面设计，很有创意，面世后在读者中产生了相当好的反响。而《佛山家风家教研究》《佛山政府、企业"互联网+"——兼论城市社区治理与服务》两本书，在遵循中山大学出版社美编整体设计风格的情况下，又是利阳老师构思了两本书的封面，还指导他的学生2014级视觉传达艺术设计专业的陈嘉伟，为各章节设计了有特色的插图。广东东软学院师生又一次联袂完成《佛山政府、企业"互联网+"——兼论城市社区治理与服务》新著的出版。我们高兴地看到，广东东软学院的大学生以更多的动作，参加了佛山市的社科普及活动。

还有要感谢广东东软学院院长助理、科研部部长李建辉博士，他是很有功底的中年IT技术专家。作者虽然早年毕业于东北工学院（现东北大学）无线电技术专业，毕竟多年来以教育和管理工作为主，对于专业技术隔得远了。李博士审核了本书的专业技术论述部分，在一些关键点，做了更正，使描述更为准确了。

要感谢我们东软学院计算机系的刘虹老师。我有时外出开讲座，她帮我制作授课PPT，效果很好。这次出书我遇到使用计算机编辑方面的问题，又是小刘老师几次帮我整理和编辑。还有学校科研部年轻的张姣老师、蒋媛媛老师，质保部的盘金海老师，也是时不时协助我解决用计算机撰写书稿的难题。有人说年轻人要向"职场老鸟"请教，我这个"职场老鸟"在实践中感悟到，要向年轻人学习之处也很多。

这里，也要感激参考文献的作者们，马化腾、姜奇平、周其仁、陈志武等出版的关于互联网+等著书，使我对互联网专业技术及其应用有了更深刻的了解。

黎智洪、周庆智、邱道勇、王宏伟和吴锦良几位教授学者，他们撰写的力作使我加深了对基层社区管理模式的认识，对于公共危机与应急管理情况有了大致的理解。还有就是邱梦华、秦莉、李晗和孙莉莉共同编著的《城市社区治理》高校教材，也给了我很好的启发。

另外，对于参考文献中各期刊、各报刊的作者和记者们也要表示深深的谢意！没有你们平时辛劳的耕耘，我的著作不可能丰富。我深深知道，自己是"站在巨人的肩膀上"前行的。

还要感谢腾讯公司的百度搜索引擎,协助查询到一些技术词汇和内容;有了如此网络查询利器,现在做科研真的是很方便!

这里要致谢中山大学出版社,尤其是要感谢本书的责任编辑李海东先生,他为人谦和有礼,干事认真负责,合作精神很强,能与李海东先生合作我很高兴和愉快!

其实,在写作和出版过程中还有不少曾经协助或鼓励我的同事、好友,不能一一致谢了,敬请谅解!

尽管在后记中,我说了点抱怨的话,但自己很清楚,世上还是好人多。无论社会进步到何种程度,个别人总会有的;要是按照他们的意愿行事,这辈子保证你啥也干不成。我们用一句调侃的话语来结束这段文字:"我就喜欢光脚走路,让别人穿鞋去吧!"

陈万里

2018 年 6 月

作者介绍

教授/教授级高工，双正高职称
产业经济学博士
教育学/管理学双硕士
国际注册高级职业经理人
国际注册管理咨询师（CMC）
工商管理/项目管理双硕士生导师
佛山市家庭教育研究会会长
佛山市社会科学联合会主席团成员
佛山市首届社科专家委员会委员
佛山市第一批社会科学入网专家
佛山市作家协会/都江堰市作家协会会员

  陈万里，现任广东东软学院（二本，佛山市）副院长，学院学术委员会副主任。齐齐哈尔市生人，祖籍吉林省九台县。黑龙江生产建设兵团五师（原农垦九三管理局）农建大队知青，中共党员。毕业于齐齐哈尔市公园路小学、齐齐哈尔第一中学、东北大学。

  辽宁省管理科学研究会常务理事，广东省高校思想政治教育研究会理事，四川省企业联合会信息化委员会理事。

  曾任东北大学校办产业管理处处长、东大科学园建设办公室主任、校团委书记、计算机系副书记兼副主任、计算机软件研究与开发中心副主任，沈阳北商技术股份有限公司（上市公司）副总裁，沈阳长白工控有限公司董事总经理，数字网络社区产业联盟秘书长，沈阳西东控制集团公司副总裁，沈阳万工世纪公司董事长，东软集团成都培训基地总经理，成都东软学院（二本，都江堰市）业务总监等。

  多年来完成及在研各级科研项目18项，公开发表学术论文67篇；已出版《草根族PK博士生女儿》《中国大学科技园发展及治理问题研究》《只有学到老才能活到老》《和颜悦色的教育经》《佛山家风家教研究》《佛山政府、企业"互联网+"——兼论城市社区治理与服务》6部专著，主编《大学生职业发展与就业指导》教材1本，副主编（执行）《大道至简》大学教育论文集1本。

陈万里博士公开出版的专著

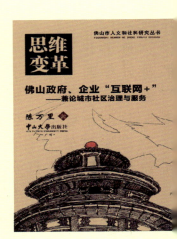

作者沟通、联系方式：
(1) 百度搜索→百度百科→陈万里（广东东软学院）
(2) 新浪博客：http://blog.sina.com.cn/neusoftchenwar
(3) 新浪微博：东软陈万里V
(4) 电子邮箱：chenwanli51@sina.com
　　　　　　2282892712@qq.com